Pratique de l'écriture

Niveau intermédiaire 2

Diane Beelen Woody

Department of French Studies, York University

Série dirigée par
Alain Favrod

Department of French Studies, York University

Addison-Wesley Publishers Limited

Don Mills, Ontario • Reading, Massachusetts
Menlo Park, California • New York • Wokingham, England
Amsterdam • Bonn • Sydney • Singapore • Tokyo • Madrid
San Juan • Paris • Seoul • Milan • Mexico City • Taipei

Executive Editor: Joseph Gladstone
Managing Editor: Linda Scott
Acquisitions Editor: John Clelland
Editor: Suzanne Schaan
Linguistic Review: Aline Germain-Rutherford
Design/Page Layout: Peter Maher
Production Coordinator: Melanie van Rensburg
Manufacturing Coordinator: Sharon Latta Paterson
Cover Design: Anthony Leung

Canadian Cataloguing in Publication Data

Woody, Diane Beelen, 1951–
    Pratique de l'écriture, niveau intermédiaire 2

(Série ateliers)
ISBN 0-201-83601-7

1. French language — Rhetoric — Problems, exercises, etc. 2. French language — Textbooks for second language learners. I. Title. II. Series

PC2420.W66 1995   488.2'4   C95-932680-4

Copyright © 1996 Addison-Wesley Publishers Limited
All rights reserved. No part of this publication may be reproduced, or stored in a database or retrieval system, distributed, or transmitted in any form or by any means, electronic, mechanical, photocopying, recording or otherwise, without the prior written permission of the publisher.

ISBN 0-201-83601-7

Printed and bound in Canada.

A B C D E -MP- 99 98 97 96 95

Acknowledgements

p. 3: *MÉMO*, © Larousse (Paris) 1993.
pp. 12–13 and 13–14: *Arts et culture, Encyclopédie THÉMA*, © Larousse (Paris) 1991.
p. 27: Excerpt from *Le meurtre d'un étudiant*, by Georges Simenon, edited by Frederic Ernest. © 1971 Holt, Rinehart and Winston, Inc. Reprinted by permission of the publisher.
p. 40: Roch Carrier, «La Mort imbécile» dans *Les enfants du bonhomme dans la lune*, Éditions Stanké.
pp. 50 and 55: Roch Carrier, *Il est par là, le soleil*.
p. 61: *La maison du jeune homme seul*, de Patrick Besson, Albin Michel.
p. 69: *L'Express* (Toronto), 28 mars 1995.
pp. 74 and 78: Sylvie Halpern, «L'école: comment brasser la cage», dans *L'actualité*, 15 avril 1995.
p. 78: Luc Chartrand, «Écoles: le pouvoir aux parents», dans *L'actualité*, 1er mars 1995.
p. 79: Gilberte Niquet, *Écrire avec logique et clarté*, Collection Profil Formation, © Hatier, Paris.
pp. 84–85: Luc Chartrand, «Faut-il vacciner les médias?», dans *L'actualité*, 1er mai 1995.
p. 86: Gilberte Niquet, *Structurer sa pensée, structurer sa phrase*, Hachette.
pp. 90–91: J. Rostand, Préface à *Sauver l'humain* de Édouard Bonnefous, Flammarion.

TABLE DES MATIÈRES

	LA SÉRIE ATELIERS	v
	INTRODUCTION	vii
un	L'ÉCRIT INFORMATIF	1
deux	L'ÉCRIT INFORMATIF (SUITE)	11
trois	L'ÉCRIT DESCRIPTIF	24
quatre	L'ÉCRIT DESCRIPTIF (SUITE)	36
cinq	L'ÉCRIT NARRATIF	47
six	L'ÉCRIT NARRATIF (SUITE)	59
sept	L'ÉCRIT ARGUMENTATIF	70
huit	L'ÉCRIT ARGUMENTATIF (SUITE)	82
	RÉPONSES AUX EXERCICES	95

LA SÉRIE ATELIERS

La série *Ateliers* a pour but de fournir aux étudiant(e)s et aux professeur(e)s de français langue seconde des «manuels-cahiers» qui ciblent chacun une seule compétence linguistique, et ceci à chaque niveau de l'apprentissage.

Cette série de manuels-cahiers met l'accent sur:

1. **la qualité du contenu**
   - textes contemporains francophones
   - mise en page claire
   - exercices conçus pour faire pratiquer au maximum
   - exercices variés
   - pédagogie adaptée au contexte universitaire

2. **la flexibilité de l'emploi**
   - les manuels-cahiers peuvent former la base d'un cours
   - les manuels-cahiers peuvent compléter un autre livre dans lequel une compétence linguistique n'est pas enseignée
   - les manuels-cahiers peuvent compléter un autre livre où manquent les exercices pratiques
   - les manuels-cahiers peuvent s'utiliser indépendamment pour la révision, le rattrapage ou la préparation aux examens

3. **l'évaluation**
   - de nombreux exercices peuvent se corriger indépendamment à l'aide du corrigé
   - les chapitres comprennent soit des tests soit des exercices d'évaluation

4. **un prix avantageux**
   - le prix de chaque manuel-cahier représente à peu près un quart du prix des manuels présentement sur le marché
   - le prix de chaque manuel-cahier représente à peu près la moitié du prix des cahiers d'exercices présentement sur le marché

Alain Favrod

INTRODUCTION

Ce manuel-cahier, *Pratique de l'écriture*, est né de l'idée que les étudiants du français langue seconde (FLS) au niveau universitaire peuvent bénéficier d'un manuel de rédaction qui tienne compte à la fois de leur niveau intellectuel et des difficultés linguistiques particulières auxquelles ils se heurtent. Ils veulent être capables de rédiger rapidement, avec clarté et efficacité, en respectant les règles de morpho-syntaxe bien sûr, mais aussi en exploitant les ressources de la langue française à des fins pratiques de communication. On estime que l'étudiant du FLS rédigera avec plus de confiance et de plaisir s'il possède des stratégies et des techniques fiables pour traverser les étapes de ce processus compliqué qui a tendance à le surcharger mentalement et linguistiquement.

Objectifs

Tout d'abord, on cherche à donner à l'étudiant une appréciation des différents types d'écrit et des étapes du processus de rédaction. Une telle appréciation démystifie le processus, ce qui ne peut qu'augmenter l'assurance de l'étudiant. Il appréciera mieux l'activité créatrice qu'est toute rédaction; en formulant ses idées, il réussit à les faire sortir du néant puisqu'il leur donne une forme. En acquérant des stratégies, il deviendra plus débrouillard et persévérant et, on l'espère, prendra plaisir à l'acte de s'exprimer. L'étudiant se rappelera que le brouillon n'est qu'une étape et il découvrira qu'en rédigeant vite à partir d'un plan, il pourra donner libre cours à son esprit et à son imagination. Le moment d'élaguer viendra après lors du travail de révision et d'autocritique. Il lui faudra alors viser systématiquement les différents éléments qui assureront un contenu riche et bien structuré, la précision et l'harmonie lexicales, l'unité de ton, la richesse stylistique et la correction grammaticale.

Les objectifs de ce manuel-cahier sont donc les suivants:

1. Résumer les étapes du processus de rédaction afin d'outiller l'étudiant qui fait face au danger réel d'une surcharge mentale et linguistique.

2. Amener l'étudiant à identifier ses facteurs inhibiteurs ainsi que les étapes du processus qui lui posent des problèmes particulières. On cherche ainsi à donner à l'étudiant le plus d'autonomie possible, parce que celle-ci est une des clés de sa motivation et de son progrès. La rédaction reste forcément un processus solitaire et individuel. Si recette il y a, il faut toujours qu'elle soit adaptée, modifiée, taillée selon les intérêts, les ressources, les forts et les faibles de l'individu.

3. Rappeler à l'étudiant les différents types d'écrit pour qu'il sache identifier le but de sa rédaction et la manière dont il peut s'y prendre.

4. Offrir des conseils pratiques à l'étudiant afin de lui permettre de préciser sa propre méthodologie avec des techniques fiables pour le sortir des nombreux dilemmes de la rédaction: le manque d'idées, ou bien la pléthore d'idées en désordre, la paralysie devant la feuille blanche, la pauvreté du vocabulaire, les ratures et les recommencements. Plus l'étudiant individualise ses techniques et stratégies, plus elles lui rendront service.

Approche pédagogique

Ce manuel-cahier est fait selon le principe pédagogique de l'apprentissage par la pratique. On a choisi de subordonner les éléments théoriques aux besoins pratiques de l'étudiant. On veut lui fournir les techniques qui lui permettront d'aborder méthodiquement et avec confiance les différents types d'écrit à toutes les étapes de la production: du *brainstorming* initial aux dernières retouches. À cette fin, les exercices pratiques sont nombreux; on fournit aussi un corrigé et des modèles pour la plupart des exercices afin de favoriser le travail indépendant.

En ce qui concerne le contenu, on aborde quatre types d'écrit: informatif, descriptif, narratif et argumentatif. Les huit chapitres sont groupés en paires, chaque paire étant consacrée à un type d'écrit. Un certain nombre des exercices d'application peuvent constituer, par la suite, des éléments des rédactions plus longues suggérées à la fin du deuxième chapitre de chaque paire. L'étudiant apprend ainsi à profiter du travail de correction et de réécriture qu'il fait.

Déroulement du chapitre

Quant au format du manuel-cahier, on introduit le matériel sous quatre rubriques:

Au niveau du texte: On présente le type d'écrit en question en insistant sur les qualités et les exigences de cet écrit ainsi que sur les possibilités de structuration du matériel. Dans chaque chapitre on reproduit un texte-modèle qui offre un exemple concret du type d'écrit en question. L'étudiant peut y puiser de l'inspiration quant au contenu, la structuration du matériel, le vocabulaire et les structures syntaxiques.

Au niveau de la phrase: On offre à l'étudiant des stratégies d'enrichissement lexical et syntaxique pour qu'il puisse s'exprimer avec clarté et efficacité.

Au niveau du paragraphe: On travaille des techniques de développement à l'intérieur d'un paragraphe et aussi l'emploi des charnières qui annoncent la suite des idées et assurent la cohérence de l'ensemble.

Au niveau de la production, de la révision et de la correction: On offre à l'étudiant des conseils qui lui permettront de procéder systématiquement sans essayer de tout faire en même temps.

En ce qui concerne **la production**, on aborde premièrement l'étape du *brainstorming*: comment débloquer sa créativité, que faire si rien ne jaillit, comment trouver un contenu qui mérite d'être lu et enfin où rechercher le vocabulaire nécessaire. Pour faire son plan, l'étudiant doit être capable d'identifier un principe organisateur qui dicte la sélection des détails, incidents, idées ou arguments. Il apprendra à identifier les élément-clés de sa rédaction, à jouer avec des agencements différents de ces éléments et à sélectionner un ordre qui assure la transmission efficace du message. Enfin, on offre des conseils pour faire le brouillon rapidement, d'un seul jet si possible, sous le coup de l'inspiration, sans se soucier outre mesure de la forme. On suggère des stratégies pour surmonter le stress réel de cette étape. Il est souvent très difficile de traduire la perception globale et approximative du plan en expression linéaire concrète.

En ce qui traite de **la révision**, on souligne que l'autocritique est une compétence essentielle qui s'apprend par la pratique. À l'aide de fiches d'autoévaluation, l'étudiant apprend à se relire d'un œil critique. Une première fiche d'évaluation vise la révision globale du contenu et de la structure, ce qui assure la clarté et la cohérence de l'ensemble. Une deuxième fiche vise la richesse de l'expression linguistique sur les plans lexical, stylistique et syntaxique.

Lors de la dernière relecture systématique, l'étudiant vérifie **la correction morpho-syntaxique** de l'écrit. On reproduit dans ce manuel-cahier des textes-échantillons préparés par des étudiants du FLS, comme ceux que l'étudiant aurait pu produire lui-même. Ces échantillons fournissent des modèles accessibles et mettent en évidence les difficultés typiques. En les corrigeant, l'étudiant apprend à se relire afin d'aboutir à un texte grammaticalement plus correct et stylistiquement plus riche, bref un texte plus efficace et plus agréable à lire. On espère que ces textes-échantillons donneront à l'étudiant la possibilité d'acquérir ces compétences sans qu'il subisse à chaque fois le stress de l'évaluation. On inclut aussi des mises en garde contre certains pièges de morpho-syntaxe, notamment quand l'interférence de l'anglais cause des difficultés entièrement prévisible.

Nous espérons que l'étudiant ressentira un plaisir réel et une satisfaction intérieure en relisant ses propres rédactions revues et remaniées. C'est ainsi qu'il cultivera une attitude très positive envers la rédaction et qu'il développera les qualités de patience et de persévérance si nécessaires au processus. La découverte d'un processus personnel de rédaction sera un enrichissement pour l'étudiant. C'est un atout dont il tirera profit et satisfaction dans sa vie personnelle et professionnelle.

Les étudiants désireux de poursuivre leurs lectures et de perfectionner leurs techniques de rédaction consulteront avec profit les ouvrages suivants:

Besson, Robert. *Guide pratique de la communication écrite*. Paris: Casteilla, 1991.
Niquet, Gilberte. *Écrire avec logique et clarté*. Paris: Hatier, 1983.
Niquet, Gilberte. *Structurer sa pensée, structurer sa phrase*. Paris: Hachette, 1987.
Simard, Jean-Paul. *Guide du savoir écrire*. Montréal: Les Éditions Ville-Marie, 1984.

Remerciements

À mes collègues et étudiant(e)s de l'université York, avec qui j'ai eu de nombreuses discussions fructueuses sur le processus de la rédaction, j'offre ici des mots sincères de reconnaissance. En particulier, je tiens à remercier M. Alain Favrod, qui m'a suggéré le cahier et qui a su me guider lors de sa préparation. Je suis redevable aussi à toute l'équipe d'Addison-Wesley, surtout à Suzanne Schaan, qui m'a initiée au processus de la publication. Enfin, je remercie vivement mon mari et mes trois enfants de leur appui et de leurs qualités de compréhension.

un L'ÉCRIT INFORMATIF

Au niveau du texte

Dans l'écrit informatif, on cherche à transmettre, d'une manière claire et logique, de l'information précise. Cette catégorie d'écrit inclut toutes les rédactions à but pratique où le message à transmettre est primordial. Ce message se veut utile, direct et d'usage immédiat. En d'autres termes, la présentation objective du message l'emporte sur tout autre aspect. Le ton est donc de préférence neutre et objectif.

L'imagination et l'émotion ne disparaissent pas complètement, mais elles jouent un rôle réduit. Le but principal de l'écrit informatif n'est pas de distraire ni de persuader, ni même d'exprimer ses sentiments, mais de transmettre au lecteur, d'une façon directe et claire, un contenu concret (des faits, des informations) ou abstrait (des idées ou des opinions).

Tableau 1.1   Buts de l'écrit informatif

	Buts	Exemples
A	**instruire** le lecteur	les recettes de cuisine le mode d'usage d'un appareil un article d'encyclopédie
B	**informer** le lecteur	un fait divers une circulaire un curriculum vitæ
C	**expliquer** au lecteur	un rapport la correspondance

À VOUS

A Exercice d'application *(réponses, p. 95)*

Suggérez d'autres exemples de l'écrit informatif qui visent à:

a. instruire _____

b. informer _____

c. expliquer _____

LES ÉLÉMENTS-CLÉS DE L'ÉCRIT INFORMATIF

L'essentiel dans l'écrit informatif est de savoir s'exprimer clairement pour faciliter la compréhension immédiate et complète du message. Les trois éléments-clés sont:
- **la structure linéaire**
- **la concision**
- **la clarté**

Tableau 1.2   Éléments-clés de l'écrit informatif

A   *La structure linéaire*
Un procédé logique soutient l'écrit informatif; il s'agit d'amener le lecteur d'un point de départ déjà connu vers une destination précise, en passant par un développement progressif. Toutes les parties de l'écrit informatif trouvent leur fonction à partir de ce procédé logique linéaire.

Ainsi, **l'introduction** sert à rappeler au lecteur tous les points de repère du message et si nécessaire, la raison pour laquelle il en a besoin. **Le développement** introduit en séquence linéaire tous les renseignements pertinents. **La conclusion** sert à récapituler l'essentiel du message et, dans certains cas, à indiquer l'action requise du destinataire.

B   *La concision*
La concision exige qu'on vise directement l'essentiel, sans détours, sans digressions. Tout détail superflu doit être soigneusement écarté, et on ne retient que les données pertinentes. En outre, on élimine systématiquement les introductions trop longues, les redondances et les répétitions, les tournures fleuries et les adverbes vides de sens. Le texte dépouillé qui en résulte donne un maximum d'information en un minimum de mots.

C   *La clarté*
La clarté du texte résulte surtout de la démarche déjà indiquée: se diriger vers l'essentiel de la manière la plus directe et la plus concise. Deux autres facteurs sont à considérer: la précision du vocabulaire et l'agencement des données.

C'est par **la précision du vocabulaire** qu'on assure l'exactitude des informations transmises au lecteur. Il faut se mettre inlassablement à la recherche du mot juste et chercher systématiquement le précis et le concret en évitant autant que possible le général et l'abstrait. L'emploi du mot juste élimine les ambiguïtés qui peuvent engendrer de la confusion chez le lecteur.

L'agencement des données, ou l'ordre de leur présentation, est aussi d'une importance capitale. Les renseignements pertinents à transmettre peuvent être nombreux et détaillés; il faut prendre soin alors de les agencer selon l'ordre qui en facilite la compréhension. On annonce clairement et explicitement au lecteur toutes les rubriques qui servent à classer les informations. En structurant ainsi son texte, on en assure la très haute lisibilité.

À VOUS

B | Exercices d'application

(réponses, p. 95)

1. Dressez la liste des étapes à suivre lorsqu'on fait une demande d'entrée à l'université.

2. Préparez la liste des changements que vous avez vécus depuis votre arrivée à l'université. Précisez la séquence de ces changements. Ensuite, estimez leur effet cumulatif et essayez de les grouper selon un schéma autre que chronologique.

TEXTE MODÈLE

LE STRESS

Le stress est un état physico-psychique réactionnel à toute agression. L'homme, considéré en tant qu'espèce écologique, s'adapte difficilement au monde qu'il transforme sans cesse. Cet environnement artificiel, rempli de contraintes (sociales, morales, juridiques), dresse des barrières à l'extériorisation de nos désirs et de notre énergie.

Principales causes. Beaucoup de stress sont liés au monde du travail: le travail engendre un surmenage nerveux (cadences infernales, bruit, crainte des accidents professionnels, respect des horaires, rapports avec les supérieurs). Le chômage est également un facteur important de stress. La foule, les transports, les embouteillages, l'insécurité, la disparition de la «pause repas» à l'heure du déjeuner sont des causes classiques de stress.

Conséquences. Ce sont les troubles nerveux, en augmentation (dépression, insomnies, troubles sexuels). Ils favorisent une élévation de la consommation de tranquillisants, d'alcool, de tabac, de café, qui souvent amplifient les troubles au lieu de les atténuer. Les maladies cardio-vasculaires (hypertension, infarctus...) et l'ulcère gastrique sont également favorisés par le stress.

(Tiré de *Mémo Larousse*)

Analyse du texte modèle

Ce texte suit **la structure linéaire** qui favorise la compréhension du message:
1. L'introduction donne une définition du terme «stress» et explique pourquoi l'homme en souffre.
2. Le développement examine d'abord les principales causes et ensuite les conséquences.
3. Il n'y a pas de conclusion ici parce que cet extrait sert d'introduction générale à d'autres articles sous la rubrique générale «Santé et environnement».

La concision se voit dans le choix des informations et surtout dans le choix des exemples qui servent à illustrer les catégories d'analyse. Par exemple, on inclut entre parenthèses des adjectifs qui expliquent les différents types de contraintes qui agissent sur l'homme. De la même façon, on énumère entre parenthèses les différents stress liés au monde du travail et les troubles nerveux auxquels la personne stressée est vulnérable. Le lecteur n'a aucune difficulté à distinguer les idées principales et les éléments qui y sont subordonnés.

La clarté du texte découle aussi de l'emploi des sous-titres «Principales causes» et «Conséquences», qui annoncent le contenu du développement. Le lecteur sait exactement à quoi s'attendre. De plus, à l'intérieur de chaque paragraphe du développement, les divisions internes sont clairement indiquées. On énumère les causes principales du stress (le monde du travail, le chômage et des facteurs divers) et ensuite les conséquences (des troubles nerveux et des maladies physiques).

La précision du vocabulaire contribue aussi à la clarté du texte. L'auteur(e) prend soin d'illustrer une idée générale à l'aide d'exemples précis. Ainsi les «troubles nerveux» et les «maladies cardio-vasculaires» sont suivis d'exemples concrets.

Au niveau de la phrase

Comment atteindre les objectifs de concision et de clarté au niveau de la phrase? Comment réduire au minimum les possibilités de confusion chez le lecteur? Tout d'abord, on se sert d'un vocabulaire accessible et précis. Ensuite, on choisit un ton qui favorise la compréhension immédiate du message.

LES EXPRESSIONS IMPERSONNELLES

Le ton préféré est plutôt neutre et objectif. On l'atteint souvent à l'aide des expressions impersonnelles.

Tableau 1.3   Expressions impersonnelles

A	Suivies d'un substantif (avec ou sans préposition)	
	il y a	*Il y a de nouvelles informations.*
	il s'agit de	*Il s'agit d'un emploi en télémarketing.*
B	Suivies de la préposition *de* + infinitif	
	il s'agit de	*Il s'agit de trouver une solution avant le mois prochain.*
	il est important de	*Il est important de respecter les délais indiqués dans le formulaire.*
	il est question de	*Il est question de créer un nouveau poste.*
C	Suivies d'une proposition subordonnée sans le subjonctif	
	il est évident que	*Il est évident que le temps alloué ne suffira pas.*
	il en résulte que	*Il en résulte que les délais n'ont pas été respectés.*
D	Suivies d'une proposition subordonnée avec le subjonctif	
	Exemple: *Il convient que vous veniez à la réunion.*	

l'importance	**le besoin**
il est important que	il faut que/il est nécessaire que
il importe que	il est essentiel que
peu importe que	il est indispensable que

la convenance	**le jugement**
il convient que	il est désirable que
il est de règle que	il vaut mieux que

4 Pratique de l'écriture

l'avantage
il est avantageux que
il est utile que

la possibilité
il se peut que/il est possible que
il est impossible que
il est rare/peu probable que

le doute
il est douteux/improbable/incertain que
il est contestable/discutable que

Avertissement

Il faut cependant faire attention à l'utilisation trop fréquente des expressions impersonnelles parce qu'elles risquent d'alourdir le texte. Il faut aussi faire attention à l'expression passe-partout *il y a*. Dans un brouillon, lorsqu'on cherche à identifier et à exprimer les différents éléments de son message, on a tendance à se servir fréquemment de cette expression. Mais il faut que dans la copie finale l'usage en soit plutôt modéré. Il est souvent possible de paraphraser la même idée en évitant la tournure répétée. On peut substituer un verbe plus expressif ou reformuler toute la phrase.

Il y aura trois invités qui nous donneront leur point de vue.
→ *Trois invités nous donneront leur point de vue.*
ou → *Nous aurons l'occasion d'écouter le point de vue de nos trois invités.*

C Exercices d'application   (réponses, p. 95)

À VOUS

1. Mettez l'infinitif entre parenthèses aux temps et mode qui conviennent.
    a. Je doute que ce (être) _____ possible.
    b. Il est évident que le rapport (ne pas être) _____ prêt avant la fin du mois.
    c. Il importe de (rappeler) _____ à tout le monde la date et le lieu de la réunion.
    d. Il vaut mieux que le procès-verbal (être) _____ relu avant qu'on ne le distribue aux membres du comité.
    e. Il se peut que la séance (prendre) _____ trois heures.

2. Éliminez l'expression *il y a* des phrases suivantes.
    a. Il y a deux solutions possibles.
    _____
    b. Il y a plusieurs problèmes que le comité doit résoudre.
    _____
    c. Il y une cafétéria au rez-de-chaussée.
    _____
    d. Il y a trois rédactions à faire avant la fin du semestre.
    _____
    e. Il y a toujours un délai.
    _____

LE TOUR PRÉSENTATIF ET LE TOUR RÉCAPITULATIF

Deux expressions impersonnelles formées avec le verbe *être* permettent de présenter et de récapituler des informations.

Tableau 1.4   Tour présentatif et tour récapitulatif

A   Tour présentatif composé de *il est* + adjectif masculin + préposition *de* + infinitif
   Il est préférable de prendre l'autobus.
   Il est normal de passer par des hauts et des bas.
   Il est bon de parler et mieux de se taire.

On appelle cette tournure le «tour présentatif» parce qu'il sert à **présenter**, ou **introduire** une idée qui sera exprimée sous forme de fait général.

En français oral, on substitue fréquemment *c'est* à *il est* dans le tour présentatif. En langue écrite, on a intérêt à respecter l'usage conventionnel afin de mieux guider le lecteur.

B   Tour récapitulatif composé de *c'est* + adjectif masculin + préposition *à* + infinitif
   J'ai enfin déniché un emploi d'été. C'est tellement difficile à faire de nos jours.

On appelle cette tournure le tour récapitulatif parce qu'il sert à exprimer un commentaire sur une idée **déjà présentée** dans la phrase précédente.

À VOUS — Exercice d'application   (réponses, p. 95)

Complétez les phrases suivantes avec la tournure *il est... de* ou *c'est... à*.

a.   _____ facile _____ comprendre cette attitude.
b.   Se permettre des voyages, _____ facile _____ faire si on est riche.
c.   _____ parfois impossible _____ négocier un compromis.
d.   Seront-ils d'accord? _____ difficile _____ dire.
e.   Marc veut poursuivre ses études. _____ difficile _____ dire s'il a le talent et la persévérance qu'il faut.

Au niveau du paragraphe

Tout comme on cherche à guider le lecteur par la structure de phrase directe et linéaire, on veut éviter l'ambiguïté au niveau du paragraphe. Au lieu de suggérer subtilement les rapports sémantiques et syntaxiques entre les données qu'on transmet au lecteur, on les exprime d'une façon explicite. Pour assurer l'efficacité de l'écrit informatif, on doit en quelque sorte anticiper la paresse du lecteur en lui facilitant la tâche au maximum.

LES CHARNIÈRES D'EXPLICATION : LES CONJONCTIONS

On se sert fréquemment de charnières ou de mots de liaison qui guident le lecteur et qui lui permettent de saisir d'emblée, lors de la première lecture, les rapports entre les renseignements communiqués.

Dans l'écrit informatif, un rapport qu'il faut souvent expliciter est la relation de cause. Cette relation peut s'exprimer par les conjonctions de coordination et de subordination.

Tableau 1.5 Les conjonctions

Conjonctions de coordination

car	*Je préfère ne pas aborder cette question maintenant, car nous n'avons pas encore reçu toutes les informations.*
en effet	*Nous pourrons laisser tomber ce sujet; en effet, il nous éloigne trop de notre but principal.*
	• Ces conjonctions permettent d'éviter l'effet alourdissant d'une accumulation de propositions subordonnées avec *que*.

Conjonctions de subordination

parce que	*Nous avons dû changer de logiciel parce que l'ancien ne répondait plus à nos besoins.* • Cette conjonction prend l'indicatif. • On a tendance à la suremployer. • Cette conjonction doit suivre la proposition principale • On peut employer *c'est parce que...* ou *c'est que...* au début d'une nouvelle phrase.
puisque	*Puisque vous êtes pressé, nous vous enverrons la marchandise par courrier spécial.* • Cette conjonction se place avant la proposition principale. • Elle exprime souvent une cause évidente, déjà connue du lecteur
comme	*Comme elle avait oublié sa carte, elle n'a pas pu sortir les documents de la salle.* • Cette conjonction se place avant la proposition principale. • Elle est synonyme de *puisque*.
vu que	*Vu que tu as trois heures de route à faire, je te prête ces cassettes pour agrémenter ton voyage.* • Cette conjonction se place avant la proposition principale. • Elle exprime une cause ou un fait non contestable.

Exercices d'application

(réponses, p. 95)

1. Complétez les phrases suivantes à l'aide d'une conjonction de coordination (*car, en effet*).
   a. Moi aussi, j'aimerais fermer la porte; _____ il y du courant d'air.
   b. Ils vont sûrement nous aider _____ ils ont le même but que nous.
   c. Elle ne pourra pas vous rappeler tout de suite _____ elle est en réunion.
   d. Elle n'aura pas de difficulté à remporter la victoire; _____ elle s'entraîne depuis des mois.
   e. Je n'irai pas au cinéma ce soir _____ j'ai des tas de lectures à faire.

2. Complétez les phrases suivantes à l'aide d'une conjonction de subordination (*parce que, comme, puisque, vu que, étant donné que*).
   a. _____ tu seras très occupé durant le deuxième semestre, tu devrais te débarrasser de plusieurs devoirs au premier semestre.
   b. Les étudiants s'énervent _____ tous les tests se donnent en même temps.
   c. _____ les livres ne sont pas encore disponibles, nous ferons d'abord un autre module.
   d. _____ c'est un sujet qui te plaît, prends-le pour ta présentation.
   e. _____ tu as tout fait pour éviter cette situation malheureuse, tu n'as rien à te reprocher.

LES CHARNIÈRES D'EXPLICATION : LES PRÉPOSITIONS

Une autre façon d'introduire une explication ou une cause est d'avoir recours à des prépositions suivies d'un substantif.

Tableau 1.6 Les prépositions

à cause de	*À cause de la neige, les routes étaient désertes.* • Cette préposition s'emploie à l'oral et à l'écrit. • La conjonction *à cause que* n'existe pas.
étant donné	*Étant donné le mauvais temps, nous sommes rentrés tôt.* • Cette préposition s'emploie à l'oral et à l'écrit.
grâce à	*Grâce à tes efforts infatigables, notre équipe a pu terminer le projet dans le délai prévu.* • Cette préposition marque la cause d'un résultat heureux ou positif.
faute de	*Faute de temps, je n'ai pas terminé l'examen.* • Cette préposition indique un manque ou un défaut qui est la cause.

À VOUS

F Exercices d'application *(réponses, p. 95)*

1. Complétez les phrases suivantes à l'aide d'une préposition (*à cause de, étant donné, grâce à, faute de*).
    a. _____ la chaleur étouffante, on a dû évacuer l'amphithéâtre.
    b. _____ tes efforts, le rapport a vu le jour.
    c. Nous avons annulé l'excursion _____ la pluie.
    d. _____ patience il n'obtient pas les résultats escomptés.
    e. _____ son horaire surchargé, il a dû remettre son voyage.

2. Complétez les phrases suivantes à l'aide d'une charnière (*conjonction ou préposition*) qui exprime la cause.
    a. _____ je ne comprends pas le russe, je n'ai rien compris à sa conférence.
    b. _____ son intervention, la situation s'est améliorée.
    c. Je préfère travailler chez moi _____ il fait excessivement chaud à la bibliothèque.
    d. _____ il a obtenu une bourse, il a pu poursuivre ses études.
    e. Je n'ai pas réussi à finir le projet _____ toutes les interruptions.

Au niveau de la production

La préparation de tout écrit comporte une série d'étapes qu'on peut diviser arbitrairement en deux catégories: trois étapes de production et trois autres de révision.
1. la production des idées
2. la production d'un plan
3. la production d'un brouillon
4. la révision du contenu et de la structure de l'ensemble
5. la révision stylistique de l'ensemble
6. la correction morpho-syntaxique

La rédaction est donc un processus extrêmement compliqué, et de nombreuses études récentes suggèrent que l'étudiant bénéficie de stratégies précises à chaque étape du processus. Nous jugeons utile d'en résumer ici quelques-unes pour démystifier les étapes de la production. C'est à l'étudiant d'identifier les stratégies qui lui conviennent, puisque chaque individu a ses forts, ses faibles, ses préférences et ses bêtes noires. Pour que les stratégies deviennent vraiment utiles, il faut les individualiser.

Tableau 1.7 Étapes à suivre

A *La production des idées*
- Formuler le message global en quelques mots-clés.
- Chercher à définir les mots-clés du message en consultant un dictionnaire.
- Noter toutes les circonstances du message (à qui, pour qui, quand, où, pourquoi, etc.).
- Noter tout en vrac sur un papier, sans trier, sans essayer d'imposer un ordre quelconque.
- Chercher des exemples concrets, des chiffres, des comparaisons.

- Accepter qu'il faut allouer du temps à cette étape; si on commence le plus tôt possible, on peut laisser mijoter les idées.

B *La production du plan*
- Reformuler le message global en une seule phrase, si possible.
- Parmi tous les détails notés en vrac sur papier, repérer ceux qui semblent les plus pertinents; être rigoureux et raturer tout détail superflu.
- Essayer de justifier la pertinence des détails sélectionnés afin de découvrir les principes organisateurs du texte entier.
- Grouper ensemble les détails qui se retiennent mieux réunis.
- Identifier trois possibilités d'agencement des détails sélectionnés (l'idée-maîtresse suivie d'idées secondaires, un ordre chronologique, etc.).
- Déterminer quels sont les avantages et les inconvénients de chacune des possibilités et identifier le plan le plus promettant.
- Accepter que le plan aussi doit mijoter et que sa forme (schémas, phrases complètes, esquisses) varie selon les préférences de l'individu.

C *La production du brouillon*
- Reconnaître que l'étape du brouillon est une des plus compliquées, puisqu'il s'agit de traduire en mots et en structures linéaires les idées et les détails notés préalablement dans le plan.
- Utiliser le plan avec souplesse, comme un guide mais pas comme un carcan; préparer d'abord ce qui semble le plus clair ou ce qui débloque le reste.
- Préparer cette première ébauche d'un seul jet si possible; on arrive ainsi plus rapidement à une vue d'ensemble.
- Imaginer un interlocuteur avec lequel on peut dialoguer en rédigeant.
- Fixer un délai ferme pour faire le brouillon. (Un délai artificiel permet souvent de se débloquer, parce qu'on se met plus rapidement à la tâche, et une fois la rédaction entamée, on prend le goût de la poursuivre.)
- Ne rien raturer: accumuler des façons de formuler la même idée afin de choisir la meilleure.
- Accepter que le brouillon n'est qu'une première ébauche; c'est durant cette première tentative de mise en texte que les idées vont se préciser. Il est normal d'avoir des répétitions, des maladresses et des erreurs dans un brouillon; il faut avoir confiance qu'on peut les repérer par la suite.

À VOUS

G Exercice d'application

Parmi les stratégies suggérées au niveau de la production des idées, du plan et du brouillon, identifiez celles que personnellement vous jugez les plus utiles et mettez-les en application en préparant une rédaction sur un des sujets suivants.

a. Choisissez une émission télévisée populaire et expliquez sa popularité en présentant ses composantes: personnages, conflit, humour, drame, etc.
b. Expliquez les étapes d'un projet scolaire que vous avez complété récemment et qui vous a donné une satisfaction particulière.
c. Résumez les principes pédagogiques d'un de vos cours. Expliquez le «pourquoi» de chacune des composantes de ce cours.

deux
L'ÉCRIT INFORMATIF (SUITE)

Au niveau du texte

Puisque dans l'écrit informatif on cherche à transmettre un message d'une manière facilement compréhensible, on doit savoir présenter clairement des informations. Le principe organisateur d'un tel écrit est souvent celui d'une idée principale à laquelle tout le reste sert de soutien, que ce soit sous forme d'exemple, d'explication détaillée ou d'enrichissement quelconque. Exposer clairement une situation, un problème ou un point de vue signifie savoir le résumer succinctement et puis le découper pour en présenter les éléments constituants.

LE PROCÉDÉ ANALYTIQUE DU DÉCOUPAGE

Avec le procédé analytique, on passe de l'idée globale à ses éléments constituants. L'idée générale constitue le nœud central de toute la rédaction; ainsi, elle doit être clairement présentée au lecteur dans l'introduction et récapitulée dans la conclusion. C'est dans le développement qu'on attache à ce nœud central une constellation d'éléments secondaires. Ceux-ci sont des informations plus détaillées qui peuvent remplir différentes fonctions selon le type particulier d'écrit informatif qu'on prépare.

Tableau 2.1   Les fonctions des éléments constituants

Fonctions	*Exemples*
un soutien	des chiffres, des statistiques
un cadre	un bref aperçu historique
les circonstances	le lieu, la date, l'agent, etc.
les facteurs	les causes d'un problème
une explication	une comparaison ou un contraste
une illustration	un ou plusieurs exemples concrets

LE RÔLE DE L'EXEMPLE

L'exemple s'avère particulièrement utile pour illustrer une idée ou un problème, ce qui explique pourquoi on y a très souvent recours. D'abord, l'exemple concrétise l'information; il ramène l'abstrait à la réalité concrète du lecteur. Ce faisant, il illustre la situation ou le problème discuté. Pour qu'un exemple remplisse bien ces fonctions, il faut s'assurer de sa clarté et surtout de sa pertinence.

Les emplois de l'exemple

Il y a plusieurs façons de se servir de l'exemple dans l'écrit informatif.

Tableau 2.2   Emplois de l'exemple

A	Un seul exemple bien développé peut concrétiser et illustrer le problème ou la situation en question.
B	Plusieurs exemples énumérés en ordre d'importance croissante peuvent illustrer comment une situation évolue.
C	Un exemple développé, suivi d'autres qui ne sont que mentionnés en passant, peut illustrer l'étendue d'un problème.

À VOUS

A   Exercice d'application   *(réponses. p. 95)*

Donnez trois exemples pour concrétiser et illustrer chacune des généralités suivantes.

a.   la technologie de pointe _____
     _____

b.   les stéréotypes dans la publicité _____
     _____

c.   la violence dans la société _____
     _____

d.   la crise environnementale _____
     _____

e.   les loisirs _____
     _____

TEXTE MODÈLE

> *LE JOURNAL TÉLÉVISÉ*
>
> Partout où la télévision s'est développée, le journal télévisé est devenu, chaque soir, le rendez-vous majeur, la «grande-messe», pour des millions de téléspectateurs, et figure en tête des palmarès d'audience. Le journal télévisé (J.T.) montre ainsi le rôle essentiel que tient la télévision comme source d'information et de cohésion sociale. Dans le secteur de l'information, il accentue la suprématie de la télévision sur les autres médias. C'est de plus en plus la télévision qui leur donne le ton. Jadis la presse écrite disait de quoi il fallait parler. C'est désormais de plus en plus souvent la télévision qui remplit cette fonction d'agenda.

Pratique de l'écriture

Le poids du J.T. conduit souvent à mettre en cause le rôle des journalistes de télévision, qui paraissent disposer d'un effrayant pouvoir, et sur qui pèsent, en tout état de cause, de lourdes responsabilités. L'étude des techniques et des mécanismes professionnels montre pourtant que ces médiateurs privilégiés n'ont pas le sentiment d'avoir une grande marge de manœuvre. Les sujets, les formats, la mise en scène s'imposent de plus en plus souvent à eux dans un contexte de concurrence accrue où la recherche du succès et des ressources publicitaires dicte le mouvement de la télévision tout entière, où, de surcroît, sur le long terme, le nombre des sources internationales d'information a considérablement diminué.

La pluralité des chaînes n'entraîne pas automatiquement le pluralisme, c'est-à-dire la variété des points de vue nécessaire à une information démocratique. Tel est aujourd'hui le défi majeur du journalisme de télévision.

(Tiré de *Arts et culture: Encyclopédie Théma*)

Analyse du texte modèle

Ce texte discute du rôle du journal télévisé dans la vie quotidienne. Plusieurs éléments constituants font passer le message central:

1. L'introduction offre au lecteur deux images ainsi que des statistiques pour expliquer l'importance du journal télévisé.
2. On identifie le double rôle du journal télévisé (source d'information et facteur de cohésion sociale).
3. On explique ces deux fonctions. (En tant que source d'information, le J.T. établit le ton et l'agenda. En tant que facteur de cohésion sociale, le J.T. réussit à imposer une certaine homogénéité au niveau de la pensée.)
4. Dans la conclusion on soulève un danger. (A-t-on la variété de points de vue nécessaire à une information démocratique?)

Les éléments secondaires du texte remplissent plusieurs fonctions. Ils précisent:

1. un soutien → les chiffres quant au nombre de téléspectateurs
2. le cadre → le rappel de l'importance de la presse écrite dans le passé
3. les facteurs qui expliquent la situation décrite → la marge de manœuvre réduite des médiateurs ainsi que l'impact de la concurrence et des ressources publicitaires

B Exercice d'application

(réponses, p. 95)

À VOUS

L'ordre des paragraphes suivants sur le rôle de la télévision a été bousculé. Identifiez l'information contenue dans chacun des paragraphes et reconstituez l'ordre normal.

a. Le petit écran fait peur. Et les sociologues s'inquiètent de l'inversion des valeurs culturelles et de l'altération des facultés logiques et rationnelles dont il serait responsable. Mais c'est surtout que la télévision est une immense machine à rêve: elle est d'abord un instrument de loisir quotidien, mais qui place sans doute les spectateurs moins en état de dépendance qu'on ne se plaît à le dire.

b. Dans les années 1960, la télévision s'est définitivement imposée comme le média des pays développés. La fréquentation du cinéma, la lecture de la presse et, depuis peu, la lecture des livres ont diminué. La radio est devenue un média d'accompagnement, individuel et mobile. Mais la télévision est seule à toucher chaque jour, au retour du

deux: L'écrit informatif (suite)

travail et parfois à midi, dans presque tous les foyers, un public considérable. La durée d'écoute par individu est en général supérieure à 2 h 30.

c. En France, la télévision recueille plus du quart des dépenses de publicité, et sa part relative ne cesse de croître. En matière d'informations, de mode, elle commande les choix et les orientations d'autres médias. Elle joue désormais un rôle clef dans le financement du cinéma. Elle est un point de passage obligé pour toutes les activités publiques. Les artistes de variétés, les acteurs, les écrivains, les hommes politiques, et même les intellectuels, longtemps méfiants: il en est peu dont la carrière, aujourd'hui, ne passe pas par la télévision — quand ils ne sont pas complètement dépendants d'elle. Parmi les grandes institutions, il en est peu qui ne jalousent la télévision et ne la considèrent comme une rivale: ainsi le Parlement ou l'Éducation nationale.

(Tiré de *Arts et culture: Encyclopédie Théma*)

Au niveau de la phrase

L'efficacité de la phrase dans l'écrit informatif découle de l'introduction habile des exemples et aussi du dynamisme de la phrase à la voix active.

COMMENT INTRODUIRE UN EXEMPLE

Il faut, bien sûr, veiller à ne pas bombarder le lecteur d'exemples; un choix judicieux et un développement clair feront mieux l'affaire. Le bon choix effectué, plusieurs formules existent pour introduire habilement l'exemple dans l'écrit.

Tableau 2.3 Formules pour introduire un exemple

Formules courtes
- Ainsi...
- De cette façon...
- Considérons/Considérez par exemple...
- Imaginons/Imaginez par exemple...
- Prenons/Prenez l'exemple de...

Formules plus longues
- Si l'on prend le cas de...
- Tel est le cas, par exemple, de...
- L'exemple de... confirme que...
- On peut citer à cet effet le cas de...
- Un exemple significatif nous est fourni par...

À VOUS

C | Exercice d'application *(modèle, p. 95)*

Reprenez les exemples que vous avez donnés dans l'exercice d'application *À Vous! A* de ce chapitre. Formulez un des sujets sous forme de constatation générale. Rédigez ensuite des phrases pour introduire vos exemples.

_____
_____
_____
_____
_____
_____

L'EMPLOI DE LA VOIX ACTIVE ET DE LA VOIX PASSIVE

Le français a tendance à préférer l'emploi de la voix active et l'usage modéré de la voix passive.

Tableau 2.4   La voix active et la voix passive

Voix active

A   Privilégier la voix active est une technique sûre pour exprimer clairement l'agent d'une action. En limitant au strict minimum l'usage de la voix passive, on arrive à dynamiser sa phrase.

> *Je prendrai une décision avant la fin de la semaine.*
> au lieu de: *Une décision sera prise avant la fin de la semaine.*
>
> *Je vous communiquerai tous les détails dans 15 jours.*
> au lieu de: *Tous les détails vous seront communiqués dans 15 jours.*

B   Même si le sujet ou l'agent n'est pas connu, il vaut mieux avoir recours au sujet *on* afin d'éviter la voix passive.

> *On prendra une décision avant la fin de la semaine.*
> *On vous communiquera tous les détails précis dans 15 jours.*

C   Il convient également de se rappeler qu'un verbe pronominal en français permet souvent d'éviter un passif inélégant.

> *Le programme se divise...* (mieux que *est divisé*)
> *Les séances s'échelonnent...* (mieux que *sont échelonnées*)

Ainsi dans le texte modèle, on lit: «Les sujets, les formats, la mise en scène *s'imposent* de plus en plus souvent [aux médiateurs] dans un contexte de concurrence accrue.»

Voix passive

A   La voix passive a tout de même sa place, quoique réduite, par rapport à l'anglais. On l'utilise, par exemple, quand l'agent n'est pas connu ou n'a pas d'importance. Parfois le passif permet d'éviter des accusations («L'ordre du jour n'a pas été distribué à l'avance.») Pour former correctement le passif, on prend le complément d'objet direct comme sujet de la phrase passive; le verbe *être* est suivi du participe passé qui devient un adjectif.

> *On relira tous les documents.*
> → *Tous les documents seront relus.*
>
> *On fixera le jour et l'heure ultérieurement.*
> → *Le jour et l'heure seront fixés ultérieurement.*

B L'emploi de l'infinitif à la voix passive s'avère fort utile.
> *J'ai peur d'être retenu ce jour-là.*
> *Le rapport vient d'être publié.*

C L'important, c'est de se rappeler qu'au contraire de l'usage anglais, la voix passive s'emploie plutôt rarement en français. Et seuls les verbes transitifs directs (c'est-à-dire ceux qui acceptent un complément d'objet direct) peuvent se mettre à la voix passive. Ainsi, la phrase «Il nous a téléphoné hier soir.» ne peut pas se mettre à la voix passive avec le sujet *nous* puisque c'est un complément d'objet indirect.

D Exercices d'application *(réponses, p. 95)*

1. Mettez les phrases suivantes à la forme active.
   a. Trois édifices ont été détruits par l'incendie.

   b. La lettre doit être signée par le directeur.

   c. Ces dossiers seront analysés par deux psychologues.

   d. Toutes les serrures seront remplacées.

   e. Vous serez accompagné d'un représentant de notre compagnie.

2. Mettez les phrases suivantes à la forme passive toutes les fois que c'est possible.
   a. On va bientôt informatiser ce service.

   b. On vous remboursera les frais de transport.

   c. Le directeur a installé une nouvelle photocopieuse.

   d. On vient de régler cette question.

   e. On a demandé au directeur d'intervenir personnellement.

Au niveau du paragraphe

Très souvent dans l'écrit informatif, on a besoin d'énumérer les éléments constituants d'un message, que ce soit des détails d'ordre pratique, des exemples, des facteurs dont il faut tenir compte, des aspects différents selon lesquels on va analyser une situation, etc. Dans ces cas, on a recours aux charnières de l'énumération.

LES CHARNIÈRES DE L'ÉNUMÉRATION

Normalement on place la charnière au début d'une phrase pour qu'elle marque le lien entre la nouvelle information et celle dévoilée dans la phrase ou le paragraphe précédent.

Tableau 2.5   Les charnières de l'énumération

d'abord tout d'abord en premier lieu premièrement	• Ces charnières servent à introduire le premier élément d'une série.
deuxièmement, etc. en deuxième lieu, etc.	• Ces charnières servent à introduire une séquence numérotée.
puis ensuite en outre de plus en plus par ailleurs	• Ces charnières servent à introduire un ajout sans qu'on numérote les éléments.
aussi également	• Ces charnières ne peuvent pas se placer au tout début d'une proposition.*
enfin finalement en conclusion	• Ces charnières servent à annoncer le dernier élément d'une série ou une conclusion.

* *Aussi* placé au tout début d'une proposition introduit une conséquence et exige l'inversion du sujet:
> *Les résultats du sondage ne seront pas disponibles avant la semaine prochaine.*
> *Aussi a-t-on remis la réunion jusqu'au mois prochain.*

Dans ce cas, *aussi* est synonyme de *donc*.

L'énumération avec gradation

L'énumération comporte toujours le danger de cataloguer tout simplement des informations. Parfois c'est tout ce qu'il faut. Mais dans d'autres écrits, il faut savoir intensifier l'ajout, c'est-à-dire établir une progression vers un élément plus important. Les expressions suivantes permettent d'introduire un ajout qui dépasse la simple énumération.

Tableau 2.6   Les charnières de l'énumération avec gradation

surtout en particulier particulièrement	*L'invité nous parlera des derniers résultats, particulièrement de ceux de nos étudiants spécialistes.* • Ces charnières servent à attirer l'attention sur un élément qui risque de passer sans recevoir toute l'attention voulue.
par surcroît qui plus est	*Ce rapport est complet et bien rédigé. Qui plus est, il aborde précisément les questions qui nous préoccupent en ce moment.* • Ces charnières se placent en tête de la proposition.
surtout que d'autant plus que	*Nous n'aborderons pas cette question délicate, surtout que les individus intéressés seront absents ce jour-là.* • Ces charnières servent à intensifier une cause ou une explication.

À VOUS — Exercices d'application   *(modèle, p. 96)*

1. Rédigez un court paragraphe sur les inconvénients de l'hiver canadien, en vous inspirant des exemples ci-dessous. Essayez d'abord d'en faire une simple énumération et ensuite de les grouper selon une gradation.

   les trottoirs-miroirs
   les courants d'air sournois
   les gants perdus
   les tuyaux gelés
   les voitures en panne
   les vitamines, pastilles et sirop contre la toux
   la note de chauffage
   le déneigement
   le ménage du printemps

   (D'après Louise Gendron, «L'hiver est un virus», dans *L'actualité*, 1er mars 1995)

2. Imaginez que vous travaillez dans le secteur des services (dans un restaurant, magasin, etc). Énumérez quatre types de clients à qui vous avez affaire quotidiennement. Essayez d'illustrer chaque type à partir d'un exemple concret. Déterminez un ordre qui marque une gradation selon une perspective positive ou négative.

Au niveau de la production

La rédaction en général est un processus récursif, c'est-à-dire que les étapes ne se suivent pas nécessairement de façon linéaire. Au contraire, le scripteur est toujours en train de modifier son plan, de raffiner ses idées et d'améliorer son expression. Inévitablement, on commence à réviser son texte même en le produisant. Et tout en révisant le contenu, par exemple, on note l'emploi des charnières et des éléments lexicaux et stylistiques. Il n'empêche qu'on obtient les meilleurs résultats en effectuant systématiquement des révisions en trois étapes:

1. la révision du contenu et de la structure
2. la révision stylistique
3. la correction morpho-syntaxique

Avant d'aborder les étapes de la révision, rappelons-nous l'importance capitale de trois conditions: le recul, le temps et la focalisation.

Le recul, c'est la distance qu'il faut prendre à l'égard de son texte afin de pouvoir l'évaluer. Les études montrent qu'on repère plus facilement les faiblesses et les fautes dans le texte de quelqu'un d'autre que dans le sien. Un facteur qui favorise le recul indispensable à l'autocritique, c'est le temps. De préférence, on attend un ou plusieurs jours après la préparation du brouillon avant d'entamer les révisions.

Le temps qu'il faut varie énormément selon l'individu. L'important c'est de gérer son temps et de réserver un délai suffisant pour faire des révisions systématiques. Il faut aussi être prêt à investir du temps à apprendre à réviser; une méthodologie qui peut sembler lente et lourde au départ deviendra plus rapide et même automatique avec la pratique.

C'est justement la méthodologie qui permet d'avoir un point de départ précis, ce que nous appelons une **focalisation**. En d'autres mots, si on ne vise rien en particulier, on risque de ne pas repérer les faiblesses et les erreurs dans le texte.

LA RÉVISION DU CONTENU ET DE LA STRUCTURE

La première révision est une révision globale; on vise en particulier le contenu et la structure de l'ensemble. On essaie de s'assurer que l'information est digne d'intérêt et qu'elle est bien structurée. Une approche systématique élimine le hasard et permet d'évaluer à tour de rôle les divers aspects du contenu et de la structure.

Pour encourager la focalisation nécessaire, nous proposons ici une série de questions sous forme de grille d'évaluation. De façon générale, il suffit de s'arrêter lorsqu'on est insatisfait. Cette insatisfaction, même si elle reste très vague, signale que quelque chose ne va pas dans le texte. Il faut alors réfléchir et identifier la nature du problème: s'agit-il peut-être d'une lacune, d'une inconséquence, d'une répétition? Même si on ne peut pas corriger le problème tout de suite, il est bon de noter tous les endroits qui provoquent du mécontentement. Lorsqu'on aura terminé de lire le texte entier, on sera en mesure d'identifier les problèmes qui se présentent.

Pour corriger les problèmes identifiés, il ne suffit pas de changer quelques mots ici et là. Il faut être prêt à modifier son plan, supprimer des éléments ou en ajouter d'autres. Il faut surtout être prêt à *réécrire* certaines parties de son texte, que ce soit une phrase, tout un paragraphe ou plusieurs paragraphes. C'est pour cette raison que cette première étape de révision doit nécessairement se faire avant qu'on passe à la révision stylistique de l'ensemble. On évite ainsi de travailler des phrases qui seront peut-être éliminées de la version finale.

Tableau 2.7   Grille d'évaluation: la révision du contenu et de la structure

---

A   *L'introduction*
- A-t-on clairement indiqué la nature de la rédaction, le sujet précis, et si nécessaire, sa raison d'être?
- A-t-on donné une idée de ce qui va suivre?

B   *Le développement*
- A-t-on découpé le sujet en éléments constituants pour en faciliter la compréhension?
- Y a-t-il un principe organisateur qui soutient la division en paragraphes et qui permet au lecteur de comprendre d'emblée les informations données?
- Chaque paragraphe a-t-il un sujet précis qu'on développe à l'aide d'explications ou d'exemples?
- A-t-on introduit des exemples pertinents et clairs qui soutiennent le message central?
- A-t-on oublié de donner des informations ou des détails importants?
- Y a-t-il des répétitions, des contradictions ou des ambiguïtés?

C   *La conclusion*
- A-t-on résumé l'essentiel du message?
- L'introduction et la conclusion forment-elles un tout et encadrent-elles bien le développement?

LA RÉVISION STYLISTIQUE DE L'ENSEMBLE

La deuxième révision a pour but d'examiner la formulation du message. En général, il ne s'agit pas de réécrire son texte mais plutôt de faire des révisions dites «locales», c'est-à-dire de modifier des mots et expressions qui sont incorrects, inappropriés ou inadéquats.

Lors de cette révision, il est indispensable d'avoir à sa disposition un bon dictionnaire et une grammaire ou un aide-mémoire dans lesquels on peut vérifier ses connaissances. Le procédé peut s'avérer long au point de départ, mais si on y consacre le temps nécessaire, de multiples bénéfices en découleront. La révision sera plus efficace. Avec la pratique, elle se fera plus rapidement. Enfin, au fur et à mesure que les stratégies deviennent des réflexes, on écrira mieux dès l'étape de la première ébauche. Tout comme pour la révision du contenu, une grille d'évaluation permet de se focaliser sur des éléments particuliers.

Tableau 2.8   Grille d'évaluation: la révision stylistique de l'ensemble

A   *Le ton*
- A-t-on adopté un ton approprié (neutre, objectif) qui favorise la compréhension du message?

B   *Le vocabulaire*
- Le vocabulaire est-il précis, concret, non-jargonesque?
- Y a-t-il des répétitions monotones (par exemple, la conjonction *que*, ou n'importe quel autre mot)?
- A-t-on évité le mot banal (*très, beaucoup, choses*), les expressions passe-partout (*il y a*)?
- Y a-t-il des anglicismes?

C   *La syntaxe*
- Les idées-clés sont-elles présentées d'une façon qui en indique l'importance (par exemple, à l'aide de mises en relief et de parallélismes)?
- La syntaxe est-elle en général simple, directe et assez variée?
- Les phrases complexes sont-elles bien structurées?
- A-t-on composé des phrases dynamiques et efficaces en évitant le passif dans la mesure du possible?
- Y a-t-il des phrases difficiles à comprendre lors de la première lecture?
- A-t-on été conséquent dans l'emploi des temps verbaux?
- Y a-t-il des charnières et des phrases de transition qui enchaînent les différents paragraphes? Les charnières guident-elles bien le lecteur? Sont-elles assez variées?

LA CORRECTION MORPHO-SYNTAXIQUE

La dernière relecture veut assurer la correction au niveau de la forme des mots (leur morphologie) et de la construction des phrases (la syntaxe). Il s'agit des erreurs qu'on appelle conventionnellement des erreurs «grammaticales» (d'orthographe, de genre, d'accord, de structure de phrase, etc.).

Inévitablement, on repère de telles erreurs lors de la révision stylistique de l'ensemble, mais une dernière relecture systématique s'impose. C'est parce que des fautes se glissent très facilement dans le texte de l'étudiant qui écrit en français langue seconde. Le malheur c'est que ces fautes dérangent énormément le lecteur et empêchent la transmission efficace du message.

Cette dernière relecture est donc primordiale. Encore une fois, des stratégies de focalisation permettent une approche systématique. On élimine ainsi une des difficultés principales, qui est justement celle de relire très rapidement le texte qu'on *croit* avoir écrit, sans lire le texte qu'on a réellement sous les yeux. Les études montrent qu'on a tendance à fournir automatiquement les mots ou les accords qui manquent. Une façon de dépasser ce stade qui laisse des quantités de «fautes d'étourderie» dans la copie finale, c'est de procéder systématiquement en visant à tour de rôle les aspects qui risquent d'être problématiques.

Conseil pratique

On peut anticiper certains «pièges» de la langue française. Les fautes de morpho-syntaxe les plus communes relèvent généralement des confusions dues à l'homophonie. Par exemple, très souvent le pluriel et le féminin sont marqués dans la langue écrite tandis qu'ils ne le sont pas dans la langue parlée. La morphologie des verbes qui se terminent en *-er* est particulièrement difficile parce que l'infinitif, le participe passé et le présent de l'indicatif (deuxième personne du pluriel) se prononcent tous de la même façon mais ont trois formes différentes à l'écrit. Souvent, il suffit de faire rapidement un test de substitution avec un verbe en *-re* comme *prendre* qui distingue nettement entre ces trois formes à l'oral aussi bien qu'à l'écrit: *prendre, pris, prenez*. (Ce petit test de substitution ne règle évidemment pas la question de l'accord du participe passé).

En général, il suffit de s'arrêter un instant pour réfléchir puisqu'on sait parfaitement bien la réponse correcte. À d'autres moments, il faut prendre le temps de consulter un dictionnaire, un aide-mémoire ou une grammaire.

Le plus utile, c'est de prendre conscience des types d'erreurs qu'on a tendance à faire. Le tableau ci-dessous résume des confusions qui apparaissent fréquemment dans les copies des étudiants.

Tableau 2.9   Confusions dues à l'homophonie

a/à	ou/où
et/est	sa/ça
ce/se	c'est/s'est/ses/ces
son/sont	on/ont
mais/mes/m'est	sans/s'en
leur/leurs	si/s'y
peu/peut/peux	la/là/l'as/l'a
les terminaisons verbales *er/ez/ai/é/ée/ées/és*	
les terminaisons verbales *e/es/ent*; et *ais/ait/aient*	
les marques du pluriel et du féminin	

Exercices d'application

(réponses, p. 95)

1. Corrigez les fautes de morpho-syntaxe dans l'échantillon suivant préparé par un étudiant de français langue seconde. Ensuite, comparez votre copie au corrigé donné. Dans ce premier échantillon, les erreurs ont été soulignées.

   Ma première année (1) <u>a</u> l'université était vraiment difficile. C'était une expérience complètement différente de (2) <u>toute</u> celles que j'avais (3) <u>eu</u> auparavant (4) <u>est</u> je ne savais pas à quoi m'attendre. Quelques conseils auraient pu me (5) <u>guidé</u> et me (6) <u>rassuré</u>. J'aimerais vous les offrir, à vous, les nouveaux étudiants, pour que vous (7) <u>bénéficier</u> de mon expérience.

   Sur le plan académique, je vous conseille de faire tous les devoirs à l'heure pour ne pas avoir de problèmes à (8) <u>l'a</u> fin du semestre. Alors, il faut lire tous les chapitres et faire tous les devoirs. La seule façon d'y arriver (9) <u>s'est</u> de vous (10) <u>réservez</u> les heures nécessaires à la réussite académique.

    Résistez à la tentation de travailler à temps partiel pour avoir de l'argent supplémentaire. (11) <u>C'est</u> vrai que tout coûte cher: les livres, les frais de scolarité, la résidence. Mais si possible, n'ayez pas d'emploi pendant la première année; un travail (12) <u>peu</u> causer un stress énorme parce qu'il prendra trop de votre temps. Vous risquez de vous (13) <u>trouvez</u> (14) <u>coincer</u> entre les pressions du travail et celles des études, (15) <u>se qui</u> éliminerait toute possibilité de divertissement social.

1._____   6._____   11._____
2._____   7._____   12._____
3._____   8._____   13._____
4._____   9._____   14._____
5._____   10._____   15._____

2. Repérez et corrigez les 15 fautes que contient l'échantillon suivant.

    La vie sociale, surtout sous forme de sorties avec vos amis, vous permettra de vous défoulez et de vous amusez. Attention cependant aux excès! Ne buvez pas trop de boissons alcoolique; elles vous rendront malade est vous manquerez les cours de 8 h 30 le vendredi matin. Faites attention surtout s'il s'agit du cours de français! Aussi rappelez-vous que les sorties dissipées et frivoles ne suffiront pas.

    Vous aurez besoin de vrais amis qui vous soutiendront sur le plan psychologique. N'oubliez pas que la première année est difficile pour tout le monde; alors soyez calme parce que la situation va s'amélioré. C'est important qu'il y a quelqu'un qui puisse vous écoutez et vous aidez si vous vous sentez débordé.

    Finalement, souvenez-vous que, malgré vos difficultés et vos inquiétude, vous allez réussir. Soyez prêt a faire du travail sérieux, mais quand sa devient trop, prenez des heures pour vous-même. Faites-vous des amis sur lesquels vous pouvez compté et cherchez de l'aide supplémentaire s'y la situation devient impossible. Au cirque académique vous serez des jongleurs et des artistes de la corde raide!

1._____   6._____   11._____
2._____   7._____   12._____
3._____   8._____   13._____
4._____   9._____   14._____
5._____   10._____   15._____

3. Préparez une rédaction (de 250 à 300 mots) sur un des sujets suivants. Révisez-la à l'aide des grilles d'évaluation ci-dessus (Tableaux 2.7 et 2.8).
    a.   Sans la justifier ni la condamner, expliquez ce qu'est que la procrastination. Essayez d'inclure une définition et des exemples pour illustrer ce comportement.
    b.   Expliquez les étapes d'une décision que vous venez de prendre (louer un appartement, acheter ou vendre une voiture, accepter un emploi à temps partiel, faire partie d'une équipe de sport, etc.). *Attention:* Il s'agit d'expliquer la décision (les étapes, les facteurs) sans toutefois essayer de persuader quelqu'un d'autre de faire de même.
    c.   En reprenant la liste de différents types de clients que vous avez identifiés (*À Vous! E*, exercice 2, de ce chapitre), expliquez pourquoi il est difficile ou agréable de travailler dans le secteur des services.

trois
L'ÉCRIT DESCRIPTIF

Au niveau du texte

L'écrit descriptif a pour but de décrire un objet, un lieu, un paysage, un phénomène naturel, une situation, un animal, une personne, etc. On a souvent recours à la description dans d'autres types d'écrit tels l'écrit informatif ou l'écrit narratif. Dans ces cas, la qualité de la partie descriptive influence grandement la qualité de toute la rédaction.

Une autre raison pour travailler la description est au fond une justification intellectuelle. L'écrit descriptif exige un vocabulaire très précis et une très grande cohérence de l'ensemble, deux qualités qui sont des atouts dans n'importe quelle rédaction.

Tableau 3.1   Buts de l'écrit descriptif

L'écrit descriptif permet de
- dépeindre le décor où se déroulera un récit
- brosser le portrait d'un personnage avant qu'on ne passe à une analyse de son caractère dans une dissertation littéraire
- présenter une situation qui illustre un problème qu'on cherche à résoudre, par exemple, la sécurité des étudiantes sur un campus universitaire
- bien identifier un article défectueux dont on se plaint dans une lettre de réclamation
- présenter un spectacle de la nature qui suscite les réflexions notées dans un journal intime

---

LES ÉLÉMENTS-CLÉS DE L'ÉCRIT DESCRIPTIF

Vu que le but d'une description est d'évoquer un objet, un lieu, une personne, de façon à ce que le lecteur puisse l'imaginer, le vocabulaire doit être aussi **précis** et **évocateur** que possible. On atteint ce but à l'aide de trois techniques:
- **trouver le mot juste**
- **chercher le concret**
- **faire appel à tous les sens**

Tableau 3.2   Trouver le mot juste

A   *Que signifie «trouver le mot juste»?*
Trouver le mot juste signifie appeler les couleurs, les formes, les meubles, etc., par leur nom exact au lieu de se servir de mots passe-partout du type *chose, objet, instrument, article*.

B   *Difficulté*
Trouver le mot juste peut poser un problème puisque, même si on possède le mot précis dans une autre langue, la nécessité de tout chercher dans un dictionnaire bilingue risque d'être un exercice long et frustrant.

C   *Raccourci*
Un raccourci très efficace, qui permet en même temps de combler des lacunes au niveau des connaissances générales, est de consulter un dictionnaire spécialisé, à savoir le visuel. Ce dictionnaire offre une image ou un dessin de l'objet en question, avec toutes les composantes étiquetées, souvent en deux ou même plusieurs langues. On enrichit son vocabulaire puisqu'on acquiert à la fois des mots tout nouveaux ainsi que des traductions des mots précis qu'on possède déjà dans une autre langue. Pour se servir d'un dictionnaire visuel, on n'a qu'à consulter les index thématiques ou la table des matières pour trouver la page qui donne les renseignements désirés. Ainsi on trouve rapidement le vocabulaire de divers domaines: la scène de théâtre, les meubles, l'ordinateur, une prison, une automobile, etc.

D   *Ressources*
Un exemple de dictionnaire visuel bilingue est le *Visuel*, par Jean-Claude Corbeil et Ariane Archambault (Éditions Québec/Amérique, 1992). Il en existe aussi une édition multilingue: *The Macmillan Visual Dictionary: Multilingual Edition* (1994).

À VOUS

A   Exercices d'application   *(réponses, p. 96)*

1.   Après avoir consulté un dictionnaire visuel, énumérez les différentes parties...
   a.   d'un appareil-photo _____
   _____

   b.   du tableau de bord d'une auto _____
   _____

   c.   d'un ordinateur personnel _____
   _____

2.   Éliminez le mot *chose* des phrases suivantes.
   a.   Fumer est une mauvaise <u>chose</u>. _____
   _____

   b.   J'ai vu une <u>chose</u> tragique ce matin. _____
   _____

   c.   Tu m'annonces une <u>chose</u> surprenante. _____
   _____

d. J'ai trop de choses à faire._____

e. Le téléjournal nous met au courant des choses importantes._____
_____

Tableau 3.3   Chercher le concret

A   *Technique de base*
    Une autre technique de base de l'écrit descriptif est d'éviter l'abstrait et toute généralité en cherchant systématiquement le concret. Cette technique permet de retrouver un vocabulaire plus précis tout simplement parce que les questions qu'on se pose engendrent des réponses axées sur un monde réel et tangible. Il est donc souvent très utile de faire un dessin car cet exercice permet de visualiser, dans tous ses détails concrets, le lieu ou l'objet à décrire.

B   *Comment trouver les détails concrets*
    Quelle est la forme de cet objet?
    Quelles en sont les dimensions?
    De quelle matière est fait l'objet?
    De quelle couleur est-il?
    L'objet est-il vieux ou moderne?
    De quel style est-il?
    Quelles en sont les différentes parties?
    Quelle est la valeur de cet objet?

C   *Résultat*
    De cette manière, on est automatiquement porté à éviter les adjectifs et expressions trop vagues comme *petit, grand, beaucoup de, peu de*. Il faut se rappeler qu'il y a une relation inverse entre la précision d'un mot et le nombre de ses collocations. Les collocations d'un mot sont les contextes dans lesquels il peut apparaître. Par exemple, un adjectif comme *petit* qui apparaît dans un très grand nombre de contextes est beaucoup moins précis que les adjectifs *minuscule* ou *microscopique* qui acceptent moins de collocations.

À VOUS ········· **B Exercice d'application**   *(réponses, p. 96)*

Suggérez des détails concrets et des adjectifs précis qui peuvent servir à décrire les objets suivants.

a. un arbre_____
_____

b. la façade d'une maison _____
_____

c. un bureau_____
_____

d. une tasse _____
_____

26 Pratique de l'écriture

Tableau 3.4 Faire appel à tous les sens

A *L'appel au sens*

L'appel au sens visuel joue un rôle primordial dans la description, mais il ne faut pas oublier de faire appel aussi aux autres sens: l'ouïe, l'odorat, le toucher et parfois le goût. On arrive souvent à faire un remue-méninges (*brainstorming*) rapide et efficace en se posant des questions qui fournissent les détails nécessaires pour faire la description.

B *Comment faire appel à tous les sens*

Quels sont les bruits qu'on entend?
D'où proviennent-ils?
Sont-ils agréables ou non?
Quelles sont les odeurs?
D'où émanent-elles?
Sont-elles agréables ou non?
Qu'est-ce qu'on ressent en touchant cet objet?
Est-ce une sensation agréable ou non?

À VOUS

C Exercices d'application

1. À partir de la phrase d'introduction donnée, notez les mots et les détails qui vous viennent à l'esprit.

    La vue de la neige étincelante m'enchantait.

2. Si on modifie la phrase d'introduction de la façon suivante, quels détails devriez-vous éliminer ou modifier?

    La vue de la neige accumulée pendant la nuit ensevelissait mes espoirs.

TEXTE MODÈLE

> Il y avait un portefeuille de petit modèle, de ceux qui se glissent dans la poche revolver, un crayon à bille, une pipe, une blague à tabac qui contenait du tabac hollandais très blond, un mouchoir, de la monnaie et deux cassettes de bandes magnétiques.
>
> [...]
>
> Le portefeuille était en crocodile d'excellente qualité, le crayon à bille en argent, le mouchoir marqué d'un «A» brodé à la main.
>
> [...]
>
> [Maigret] prit l'ascenseur, et une partie de la pluie qui imprégnait son pardessus et ses pantalons forma une mare à ses pieds. L'immeuble, comme la plupart de ceux de l'île, avait été remis à neuf. Les murs étaient en pierre blanche, l'éclairage fourni par des torchères en bronze ciselé. Sur le palier de marbre, le paillasson portait en rouge une grande lettre «B».
>
> (Tiré de Georges Simenon, *Le Meurtre d'un étudiant*)

trois: **L'écrit descriptif**

Analyse du texte modèle

Dans ce passage, Simenon donne les précisions qui permettront au lecteur de visualiser la scène. Au lieu de dire, par exemple, que l'inspecteur Maigret a trouvé des «objets» dans la poche de l'étudiant mort, il précise: «un portefeuille de petit modèle, [...] un crayon à bille, une pipe, une blague à tabac [...], un mouchoir, de la monnaie et deux cassettes de bandes magnétiques».

De même, lorsque l'inspecteur monte chez les parents de l'étudiant en question, Simenon prend soin de donner des détails exacts:

- la pluie *imprégnait* (pas *mouillait*)
- son *pardessus* et ses *pantalons* (pas ses *vêtements*)
- une *mare* (pas *de l'eau* tout simplement)
- les *torchères* (pas *lumières*)
- le *palier* (pour préciser l'endroit)
- le *paillasson* (pas *tapis*)

Les détails qui font appel au sens visuel et au toucher abondent: «le portefeuille [...] en crocodile», «le crayon à bille en argent», «le mouchoir marqué d'un "A" brodé à la main», «les murs [...] en pierre blanche», «les torchères en bronze ciselé», «le palier de marbre» et le paillasson avec sa grande lettre "B" en rouge.

Au niveau de la phrase

Comme le vocabulaire est d'une importance capitale dans la phrase descriptive, les «recherches» qu'on fait avant d'entamer une description consistent souvent de recherches lexicales. Pour les faire, le cerveau utilise simultanément plusieurs approches. On peut toutefois en privilégier trois pour lesquelles il existe des outils:

- **la traduction**
- **la dérivation**
- **le champ sémantique**

Tableau 3.5   Les recherches lexicales

A   *La traduction*

La traduction permet à l'étudiant de se servir de ses connaissances lexicales dans une autre langue. Il s'agit de chercher une traduction dans un dictionnaire bilingue ou dans un dictionnaire visuel.

B   *La dérivation*

La dérivation est le procédé qui permet de former de nouveaux mots par ajout de préfixes ou suffixes à un mot de base. En modifiant la forme du mot de base, on peut créer d'autres parties du discours et engendrer de nouveaux mots à partir d'un mot déjà connu. Par exemple, à l'adjectif *facile* correspondent l'adverbe *facilement*, le verbe *faciliter*, le substantif *la facilité*, l'adjectif antonyme *difficile*. Les outils pour vérifier la dérivation correcte sont les dictionnaires unilingues comme le *Petit Robert*, le *Petit Larousse* ou des dictionnaires spécialisés comme le *Robert méthodique*.

C Le champs sémantique

La dernière approche, celle de l'exploration d'un **champ sémantique**, cherche des ressemblances au niveau du contenu sémantique. En termes traditionnels, on cherche les synonymes d'un mot. Par exemple, le dictionnaire unilingue indique toute une série de mots qu'on peut considérer comme des synonymes de *facile*: «aisé, commode, élémentaire, enfantin, simple, faisable, possible» (le *Petit Robert*). Le dictionnaire signale que le contexte est primordial: il y a très peu de mots qui sont parfaitement interchangeables. Quand l'adjectif *facile* s'applique à une personne, les synonymes sont «accommodante, arrangeante, conciliante, douce, malléable, tolérante».

D L'importance des dictionnaires

Toutes les grandes maisons d'édition publient des dictionnaires de synonymes. Ils ont l'avantage de fournir des contextes et donc d'attirer à l'attention de l'étudiant aux nuances de chaque mot. En général, les dictionnaires de synonymes groupent les mots selon les parties du discours en donnant d'autres adjectifs pour un adjectif, d'autres verbes pour un verbe, etc.

Si on veut aborder un champ sémantique sans se limiter à la même partie du discours, un outil merveilleusement riche mais légèrement plus compliqué à utiliser est le *Thésaurus Larousse*. Au lieu de fournir seulement d'autres adjectifs qui sont synonymes de l'adjectif *facile*, le *Thésaurus* donne tous les mots et expressions qui servent à exprimer la notion de *facilité*. On peut ainsi rechercher tout le vocabulaire (adjectifs, adverbes, noms, verbes, expressions idiomatiques, groupes prépositionnels) qui expriment le contenu sémantique en question.

E Conclusion

En exploitant les trois approches (la traduction, la dérivation et le champ sémantique), on arrive à une plus grande richesse d'expression, parce qu'on repère ainsi beaucoup de mots qui restent trop souvent ensevelis au niveau des connaissances passives.

À VOUS Exercices d'application   *(réponses, p. 96)*

1. Trouvez des dérivés des mots suivants.
   a. grand _____
   b. petit _____
   c. léger _____
   d. lourd _____

2. Reprenez les adjectifs de l'exercice 1 et cherchez des mots et expressions qui expriment le même contenu sémantique.
   a. grand _____

b. petit_____

c. léger_____

d. lourd _____

LE RÔLE DE L'ADJECTIF

Parmi tous les éléments lexicaux, on ne saurait surestimer le rôle de l'adjectif dans la phrase descriptive. C'est l'adjectif précis qui transmet au lecteur les détails concrets de la description. En français, l'adjectif est sujet à certaines contraintes.

Tableau 3.6 Les adjectifs courts et courants qui précèdent le nom

bon	beau	dernier
gentil	grand	gros
haut	jeune	joli
long	mauvais	meilleur
nouveau	petit	pire
premier	vieux	vilain
vrai		

Ces adjectifs précèdent le nom qu'ils modifient. De façon générale, tous les autres adjectifs qualificatifs suivent le nom:

un coussin multicolore, une vue magnifique

On peut grouper plusieurs adjectifs autour d'un nom en respectant leur placement habituel:

un petit coussin multicolore
un beau manteau chaud et élégant

E Exercices d'application (modèles, p. 96)

À VOUS

1. Suggérez 5 adjectifs pour chacun des substantifs suivants.
   a. un arbre_____
   b. la neige _____
   c. des fleurs_____
   d. une porte _____
   e. une façade _____

2. Essayez de grouper deux adjectifs autour de chaque substantif de l'exercice 1.
   a. un arbre_____
   b. la neige _____
   c. des fleurs_____
   d. une porte _____
   e. une façade _____

30 Pratique de l'écriture

Les adjectifs de couleur

Pour faire appel au sens visuel, on a souvent recours aux adjectifs qui expriment les couleurs. En français, les adjectifs qui expriment les couleurs peuvent se diviser en trois sous-groupes.

Premièrement, il y a l'adjectif simple variable, c'est-à-dire qui s'accorde avec le nom.

Tableau 3.7 Les adjectifs simples désignant une couleur

rouge	violet(te)	beige
écarlate	pourpre	gris(e)
cramoisi(e)	jaune	blanc(he)
vermeil(le)	doré(e)	noir(e)
roux(-sse)	vert(e)	brun(e)
rose	bleu(e)	châtain(e)

Exemples: *une robe bleue, des étoffes vertes*

Par la dérivation, grâce au suffixe *-âtre*, on peut introduire une nuance péjorative qui déprécie la couleur en question.

une nappe blanchâtre (qui n'est pas tout à fait propre)
une fumée grisâtre (d'un gris sale)

Deuxièmement, il y a l'adjectif simple invariable qui ne s'accorde pas avec le nom. C'est le cas de tout adjectif simple qui est en fait un substantif employé comme adjectif.

Tableau 3.8 Les adjectifs invariables qui désignent une couleur

orange	marron	cerise
crème	poivre et sel	citron
safran	olive	kaki

Exemples: *des feuilles orange, des rubans crème*

Troisièmement, il existe l'adjectif composé qui permet de désigner des couleurs plus nuancées. L'adjectif composé est formé d'un adjectif de couleur, modifié par un autre adjectif ou complété par un nom. Dans les deux cas, l'ensemble reste invariable. Les adjectifs dont on se sert très souvent sont *foncé, clair* et *vif*:

une robe bleu clair *des ballons rouge vif*

Quand on se sert d'un nom pour compléter un adjectif, on introduit implicitement une comparaison:

des tissus vert forêt *un robe rouge framboise*
une couverture bleu nuit *un imperméable vert olive*

Le *Thésaurus Larousse* fournit une liste très complète des nuances de couleur dont dispose la langue française.

À VOUS

F. Exercices d'application (modèles, p. 97)

1. Aux substantifs suivants, ajoutez (i) un adjectif de couleur simple variable; (ii) un adjectif de couleur simple invariable et (iii) un adjectif de couleur composé.
   a. un tapis _____
   b. des rideaux _____
   c. une couverture _____

2. Composez une phrase qui puisse servir de contexte à chacune des expressions suivantes.
   a. une lumière jaunâtre _____
   b. un mur grisâtre _____
   c. un manteau noirâtre _____

Au niveau du paragraphe

Même si l'adjectif qualificatif joue un très grand rôle dans le paragraphe descriptif, il faut être conscient de la monotonie qui peut résulter d'une accumulation d'adjectifs. Il est bon de varier la présentation des détails en variant la structure des phrases. La dérivation s'avère très utile lorsqu'on cherche à modifier une syntaxe devenue répétitive.

LA DÉRIVATION: LE VERBE ET L'ADJECTIF

Beaucoup d'adjectifs qualificatifs correspondent à des verbes qui se terminent en *-ir*. C'est le cas des adjectifs de couleur: *rougir (rouge), jaunir (jaune), blanchir (blanc), noircir (noir)*. Mais il y a d'autres verbes aussi.

Tableau 3.9   Verbes en *-ir*

rajeunir (jeune)	vieillir (vieux)	embellir (beau)	enlaidir (laid)
enrichir (riche)	appauvrir (pauvre)	durcir (dur)	aplatir (plat)
grandir (grand)	grossir (gros)		

Il est très utile de savoir introduire des dérivés verbaux, car on atteint ainsi une plus grande richesse lexicale et syntaxique, parce qu'on peut éliminer à la fois un adjectif devenu banal et un verbe passe-partout.

Un beau tapis oriental se trouvait dans la pièce.
→ *Un tapis oriental embellissait la pièce.*
Les fenêtres semblaient rendre le vestibule plus large.
→ *Les fenêtres semblaient élargir le vestibule.*

32 Pratique de l'écriture

Notons que d'autres adjectifs correspondent à des verbes du groupe -er: c'est en effet de cette manière qu'on forme tous les adjectifs qui se terminent en é (*étonné, fatigué, irrité*, etc.).

G Exercices d'application

(réponses, p. 97)

1. Donnez les verbes en *-ir* qui correspondent aux adjectifs suivants. Identifiez les cas où un verbe pronominal exprime le sens de *devenir* + l'adjectif en question.

    Modèle: *large → élargir* (rendre large)
    large → s'élargir (devenir large)

    a. riche _____ f. lourd _____
    b. vieux _____ g. doux _____
    c. maigre _____ h. sombre _____
    d. jeune _____ i. beau _____
    e. aigre _____ j. laid _____

2. Donnez les verbes en *-er* qui correspondent aux adjectifs suivants.

    Modèle: *triste → attrister, s'attrister*

    a. meilleur _____
    b. calme _____
    c. long _____
    d. clair _____
    e. enthousiaste _____

LE SUREMPLOI DES PROPOSITIONS RELATIVES

Dans le paragraphe descriptif, les propositions relatives sont extrêmement utiles en ce qu'elles permettent d'éviter une accumulation de phrases simples très courtes.

Ainsi, les deux phrases «J'adore cette photo. Elle me rappelle les étés sans souci de mon enfance.» peuvent être combinées en une seule phrase: «J'adore cette photo qui me rappelle les étés sans souci de mon enfance.»

Une mise en garde s'impose cependant. Il faut toujours relire à haute voix sa copie pour s'assurer qu'on n'a pas introduit trop de pronoms relatifs (*qui* et *que* en particulier) qui risquent d'alourdir la description. Si c'est le cas, le recours au champ sémantique peut offrir une solution. Souvent il existe un adjectif qui résume toute la proposition relative.

   une musique qui manque de variété → une musique monotone
   une couleur qui a beaucoup d'éclat → une couleur brillante
   une peinture qui manque d'éclat → une peinture terne
   un jardin où il y a de l'ombre → un jardin ombragé

La dérivation peut aussi offrir une solution parce que beaucoup d'adjectifs (en fait des participes présents utilisés comme adjectifs) expriment succinctement le sens de toute une proposition relative.

trois: L'écrit descriptif **33**

Tableau 3.10 Adjectifs qui remplacent une proposition relative

A *Description du bruit*

un bruit qui perce	→ perçant
un bruit qui assourdit	→ assourdissant
un bruit qui retentit	→ retentissant

B *Description de la lumière*

une lumière qui aveugle	→ aveuglante
une lumière qui éclate	→ éclatante
une lumière qui éblouit	→ éblouissante

C *Description d'une nouvelle*

une nouvelle qui choque	→ choquante
une nouvelle qui étonne	→ étonnante
une nouvelle qui surprend	→ surprenante

H | Exercices d'application *(réponses, p. 97)*

1. Éliminez les propositions relatives des phrases suivantes en introduisant un adjectif descriptif.
   a. un jardin où il y a du soleil _____
   b. une lumière qui aveugle _____
   c. une frénésie qui détruit _____
   d. un bruit qu'on ne peut guère entendre _____
   e. un bruit qui rend sourd _____

2. Éliminez les propositions relatives qui alourdissent les phrases suivantes.
   a. Les rayons de soleil qui brillaient se réverbéraient sur les toits.
   b. Les murs qui étaient blancs sont aujourd'hui jaunâtres.
   c. Cet enfant qui me sourit fait renaître l'espoir.
   d. C'est une histoire qui nous fascine.
   e. Je fixais la dame qui restait immobile sur le quai.

Au niveau de la production

La réussite dans l'écrit descriptif dépend surtout du vocabulaire utilisé et de la cohérence de l'ensemble. Les étapes de la production doivent donc cibler ces deux objectifs.

Tableau 3.11 Étapes à suivre

A *La production des idées*
- Noter autant de détails que possible sur l'objet ou le lieu à décrire.
- Pour stimuler la pensée, faire un dessin.
- Consulter des dictionnaires pour trouver le vocabulaire exact, précis et nuancé dont on a besoin.
- Enrichir les détails concrets tels que les dimensions, les matériaux, les couleurs, en visant systématiquement tous les sens (la vue, l'ouïe, l'odorat, le toucher, le goût).
- Noter tout ce qui vient à l'esprit et laisser passer un bout de temps avant de faire un plan.

B *La production du plan*
- Identifier l'impression dominante qu'on veut transmettre au lecteur.
- Préciser quels sont les détails concrets qui vont traduire cette impression dominante.
- Identifier deux ou trois possibilités d'ordre pour la présentation de ces détails; déterminer quel ordre serait le meilleur.
- Vérifier que le vocabulaire disponible est apte à traduire l'impression dominante et à indiquer clairement les relations spatiales de la description.

C *La production du brouillon*
- À partir du plan détaillé, préparer le brouillon le plus rapidement possible afin de libérer son imagination.
- Exagérer délibérément l'impression dominante à transmettre au lecteur. (Il sera facile de la rendre subtile par la suite, et on découvre ainsi de nouveaux détails qui pourront s'avérer précieux.)
- Chercher à introduire plusieurs images dans le brouillon. (À force d'en introduire, on en trouve de plus originales.)
- Ne pas se brimer, ne rien raturer: si plusieurs mots se présentent en même temps, bien les noter.

À VOUS

I Exercices d'application

1. Décrivez votre réaction positive au printemps ou à l'automne. Énumérez cinq détails concrets qui servent à évoquer cette impression positive.

2. Rédigez un paragraphe de description à partir de vos réflexions sur un des sujets mentionnés dans l'exercice *À Vous! C*.
   a. *La vue de la neige étincelante m'enchantait.*
   b. *La vue de la neige accumulée pendant la nuit ensevelissait mes espoirs.*

quatre
L'ÉCRIT DESCRIPTIF (SUITE)

Au niveau du texte

L'emploi du mot juste et l'introduction de détails concrets fournissent une description qui permettra au lecteur de visualiser l'objet ou le lieu décrit. Il faut tout de même qu'il y ait des principes qui guident la sélection des détails et l'ordre de leur présentation. Les trois questions suivantes proposent les approches qu'on doit utiliser:
- Comment va-t-on choisir les détails sur lesquels on mettra l'accent?
- Dans quel ordre va-t-on présenter ces détails?
- Comment développer une image afin de communiquer une impression dominante?

Ce sont justement ces décisions qui assureront la cohérence de l'ensemble et donc la réussite de l'écrit descriptif.

Tableau 4.1   Les détails: lesquels choisir?

A   *Le choix des détails*
Le choix des détails se fait en fonction de l'impression générale qu'on veut créer. En d'autres mots, les détails objectifs doivent passer par le filtre de l'impression subjective. C'est le point de vue psychologique de la description. On veut évoquer chez le lecteur les mêmes sentiments que ressent le scripteur devant l'objet, la scène ou le lieu décrit.

B   *Le vocabulaire descriptif*
Le vocabulaire descriptif dont on se sert doit être évocateur sur le plan expressif, aussi bien que signifiant sur le plan référentiel.

C   *Exemple*
La description d'une chambre pourrait évoquer, par exemple, un lieu où l'on étouffe. On choisirait alors d'insister sur les petites fenêtres, les rideaux fermés, les meubles qui dominent la pièce, les fleurs séchées, un silence mortel.

Par contre, on pourrait décrire la chambre comme un lieu de refuge. On mettrait alors l'accent sur tous les détails susceptibles de renforcer l'aspect sécurisant: les fenêtres ouvertes, les rayons de soleil, les couleurs vives, le bric-à-brac, le parfum des fleurs, les photos de parents et d'amis.

D   *Ce qu'on fait dans le brouillon*
    Dans le brouillon, il est souvent très utile d'exagérer l'impression générale. On peut par la suite la rendre plus nuancée et plus subtile. Il ne faut surtout pas oublier que l'impression dominante que l'on cherche à transmettre se dégage des détails choisis et du vocabulaire particulier qui sert à les exprimer.

À VOUS

A Exercice d'application *(modèles, p. 97)*

Indiquez cinq détails précis qui vous permettent d'évoquer la bibliothèque universitaire...

a. comme un lieu de stimulation et de découverte intellectuelle.

b. comme un lieu où l'on étouffe et où l'on se sent emprisonné.

Tableau 4.2   Les détails: dans quel ordre les présenter?

A   *Introduction*
    De la même façon qu'on identifie un point de vue psychologique, il faut aussi identifier un point de vue physique ou spatial. Celui-ci permet de choisir, parmi plusieurs possibilités différentes, l'ordre le plus riche et prometteur pour la présentation des détails.

B   *Le point de vue physique ou spatial dans l'écrit descriptif*
    Dans l'écrit descriptif, le narrateur peut
    - se déplacer lorsqu'il décrit ce qu'il voit, tout en indiquant au lecteur ces déplacements
    - promener son regard sur la scène décrite, par exemple de gauche à droite
    - suivre un ordre temporel en décrivant les changements graduels lors d'un coucher du soleil, par exemple
    - passer d'un détail particulier saisissant au plan d'ensemble
    - passer d'une impression générale aux détails qui créent cette impression
    - décrire en séquence toutes ses impressions: visuelles, auditives, olfactives
    - décrire les émotions qu'il ressent et expliquer les détails qui provoquent ces émotions

C   *Ordre de présentation*
    L'important, c'est de sélectionner consciemment un ordre de présentation; c'est ainsi qu'on arrive à enchaîner les détails de façon à ce que le lecteur puisse les noter successivement. Il faut se méfier du danger de donner un simple catalogue au lecteur. L'ordre de la présentation des détails doit contribuer à l'impression dominante.

À VOUS

B | Exercice d'application

Reprenez les détails de l'exercice *À Vous! A* et suggérez deux points de vue physique différents pour la description de la bibliothèque: d'abord, comme lieu de découverte, et ensuite, comme prison.

Tableau 4.3   Comment créer une impression dominante

A   *L'apport du vocabulaire*
L'impression dominante se traduit tout d'abord par le vocabulaire. On prend soin d'inclure les détails concrets qui y contribuent tout en restant dans le champ ou le réseau sémantique qui exprime l'émotion qu'on veut transmettre au lecteur.

B   *Le développement d'images-clés*
Une autre façon de procéder, légèrement plus subtile, est de développer une image susceptible de renforcer la cohérence émotionnelle du texte. Par exemple, dans une chambre où on a l'impression d'étouffer, des fleurs séchées peuvent être comparées à des rêves morts ou à des ambitions refoulées. On peut même choisir une image-clé qui se développe progressivement dans la description.

Ainsi, on peut faire une comparaison, par exemple en comparant la bibliothèque universitaire à une prison. Ou bien, on peut avoir recours à une métaphore. Une chambre peut alors devenir un refuge où on peut être pleinement soi-même, ou par contre, une cage où l'on étouffe.

La technique de l'image-clé exige une certaine rigueur. Il faut écarter tous les détails qui contredisent l'image choisie. Ainsi, si on décrit une chambre comme un lieu où on étouffe, il importe d'éviter de parler des fenêtres ouvertes; il faut insister sur la petitesse des fenêtres, sur le peu d'air qui entre, etc.

C   *Ressources*
L'image-clé de la description se développe surtout sur le plan du vocabulaire. La consultation du dictionnaire, tel le *Thésaurus*, permet de repérer le vocabulaire utile. Si on veut exploiter le réseau autour du mot *prison*, par exemple, on cherche le mot dans l'index; celui-ci indique que le réseau est donné sous la rubrique «Détention». On y trouve toute une série de mots tels que «emprisonnement, enfermement, incarcération, captivité, peine, cellule, cage, cachot, détenu, prisonnier, gardien, surveillant». Le vocabulaire trouvé fournit un bon point de départ; on peut alors planifier comment l'image sera introduite et développée dans la description.

RÉDACTION DE LA DESCRIPTION

Pour écrire une bonne description, le schéma classique reste toujours un bon guide.

Tableau 4.4   Plan de la description

- **L'introduction** sert à évoquer l'impression dominante et surtout à éveiller l'intérêt du lecteur.
- **Le développement** donne les détails qui concrétisent l'impression dominante et suscitent les émotions qu'on veut faire ressentir.
- **La conclusion** mène le lecteur à un point culminant, par une synthèse des éléments, une exhortation ou une réflexion personnelle.

C | Exercices d'application

1. Imaginez deux possibilités d'impression dominante pour chacune des descriptions suivantes.
   a. une promenade en automne
   b. l'arrivée soudaine du printemps

2. Quelles images pourrait-on introduire dans les descriptions ci-dessus pour mieux évoquer les possibilités identifiées?

TEXTE MODÈLE

> Je traversais les grandes dunes au sud de Ouargla [au Sahara]. C'est là un des plus étranges pays du monde. Vous connaissez le sable uni, le sable droit des interminables plages de l'Océan. Eh bien! figurez-vous l'Océan lui-même devenu sable au milieu d'un ouragan; imaginez une tempête silencieuse de vagues immobiles en poussière jaune. Elles sont hautes comme des montagnes, ces vagues inégales, différentes, soulevées tout à fait comme des flots déchaînés, mais plus grandes encore, et striées comme de la moire. Sur cette mer furieuse, muette et sans mouvement, le dévorant soleil du sud verse sa flamme implacable et directe. Il faut gravir ces lames de cendre d'or, redescendre, gravir encore, gravir sans cesse, sans repos et sans ombre. Les chevaux râlent, enfoncent jusqu'aux genoux, et glissent en dévalant l'autre versant des surprenantes collines.
>
> (Tiré de Guy de Maupassant, «La Peur»)

Analyse du texte modèle

Dans ce texte, Maupassant choisit d'accabler progressivement le lecteur par des détails précis: l'immensité déroutante du désert, la tempête de vagues en poussière jaune, la chaleur exténuante du soleil dévorant, le déplacement si pénible qu'il épuise l'âme en même temps que le corps.

    Les détails évoquent le désarroi de ceux qui, en traversant le Sahara, s'exposent à la nature furieuse, impitoyable, toute-puissante. L'immensité du désert se traduit par une série de détails: les grandes dunes, le sable droit des interminables plages, les vagues de poussière jaune. L'auteur prend soin de préciser tout ce qui rend ce voyage exténuant et désespérant: le soleil dévorant, ces lames de cendre d'or, les chevaux qui râlent et enfoncent jusqu'aux genoux.

Une image en particulier traduit l'immensité et la puissance du désert. Après avoir évoqué les interminables plages de l'océan, Maupassant fait un appel direct à l'imagination du lecteur en introduisant sa métaphore: «Figurez-vous l'Océan lui-même devenu sable au milieu d'un ouragan; imaginez une tempête silencieuse de vagues immobiles en poussière jaune.»

D Exercice d'application

(réponses, p. 97)

Identifiez le point de vue physique des phrases descriptives suivantes. Identifiez ensuite les repères spatiaux et temporels, et reconstituez l'ordre des phrases pour qu'elles forment un paragraphe. Enfin, répondez aux questions ci-dessous.

a. Le long de ces chemins où la voiture s'avançait lentement, s'accrochant le ventre dans les ornières, apparaissait, de temps à autre, dans un espace grugé dans la forêt drue, une maison de bois que le temps avait rendu gris: il en surgissait une troupe d'enfants qui couraient pour nous regarder passer.

b. Nous nous engagions dans des routes où, souvent, il n'y avait même pas de poussière parce qu'elles étaient construites de terre toujours humide.

c. Ces enfants de tous les âges, nu-pieds, étaient habillés de vêtements trop vastes qui me semblaient des sacs.

d. Le lendemain, nous partions dans sa Ford noire et le village, à l'arrière, comme un chapeau sur la montagne, s'effaçait dans la poussière de la route de gravier.

(Tiré de Roch Carrier, «La Mort imbécile», dans *Les Enfants du bonhomme dans la lune*)

_____
_____
_____

1. Identifiez les détails par lesquels l'auteur fait appel aux sens.
_____
_____

2. Identifiez deux images dans le paragraphe.
_____
_____

3. Quels détails concrets révèlent la pauvreté des enfants qui viennent regarder passer la voiture?
_____
_____

Au niveau de la phrase

Puisque dans la phrase descriptive l'adjectif joue un rôle primordial, il est bon de savoir varier l'intensité des adjectifs. Il est très important aussi de savoir combiner plusieurs adjectifs dans un but expressif.

40 Pratique de l'écriture

POUR VARIER L'INTENSITÉ DES ADJECTIFS

Pour modifier l'intensité d'un adjectif, on a recours à un adverbe qui peut le renforcer ou le diminuer.

Tableau 4.5   L'adverbe modifiant l'intensité de l'adjectif

A   *Le choix de l'adverbe*

L'adverbe *très* modifie l'intensité de l'adjectif, mais d'une façon plutôt banale et inefficace. Il vaut mieux introduire d'autres adverbes tels que *fort*, *bien* et *tout* pour renforcer l'intensité.

   *un coffret à bijoux **bien** solide ou **fort** solide*
   *un coffret à bijoux **tout** orné*

Si on veut indiquer un extrême, on introduit l'adverbe *trop*, et pour diminuer l'adjectif, on a recours à l'adverbe *peu*.

   *un coffret à bijoux **trop** orné*
   *un coffret à bijoux **peu** solide*

Des adverbes plus longs tels *plus ou moins*, *relativement* et *excessivement* servent aussi à marquer l'intensité d'un adjectif.

   une chambre relativement propre
   un meuble extrêmement poussiéreux

B   *Avertissements*

Il faut cependant être conscient de l'effet alourdissant de ces adverbes plus longs, et il vaut mieux ne pas y avoir recours trop libéralement.

   Certains adjectifs qualificatifs, qui dénotent déjà un degré supérieur, n'acceptent pas du tout ces adverbes. Il s'agit des adjectifs comme *magnifique*, *formidable*, *éclatant*, *ravissant*, *superbe*. On peut toutefois ajouter une expression comme *tout à fait*.

   une vue tout à fait magnifique

À VOUS — Exercice d'application   *(modèles, p. 97)*

Variez l'intensité des adjectifs suivants à l'aide de deux adverbes différents.

a.   un vase fragile _____
b.   un brouillard épais _____
c.   des meubles poussiéreux _____
d.   une pente raide _____
e.   un manteau laid _____

POUR GROUPER LES ADJECTIFS

On peut grouper plusieurs adjectifs autour d'un même substantif à condition d'éviter une accumulation qui ne serait qu'une simple liste. Il s'agit de grouper les adjectifs dans un but expressif particulier.

Tableau 4.6   Les adjectifs en série

A L'euphonie de la phrase veut qu'en général, les adjectifs polysyllabiques suivent les adjectifs plus courts. On aboutit ainsi à des phrases mieux équilibrées.
un style simple et contemporain
un meuble sale et poussiéreux

B Souvent cet ordre introduit automatiquement une progression des adjectifs en série vers un point culminant.
un chant gai, léger et mélodieux

C On peut aussi marquer une nuance d'opposition entre deux adjectifs à l'aide des conjonctions *mais* ou *quoique*.
un chant triste mais mélodieux
des meubles élégants quoique poussiéreux

F   Exercice d'application   *(réponses, p. 97)*

Combinez les adjectifs suivants en série.
a. un chemin (boueux/étroit) _____
b. une pluie (fine/incessante) _____
c. un bâtiment (ancien/solide) _____
d. un tissu (décoloré/joli/usé) _____

Au niveau du paragraphe

Si on veut exprimer clairement le point de vue physique dans un écrit descriptif, il faut avoir recours aux mots et expressions qui indiquent les repères spatiaux. Le plus souvent, il s'agit de prépositions et de formes verbales.

LES PRÉPOSITIONS

Les prépositions apportent des précisions quant à l'espace physique dans la description.

Tableau 4.7   Emplois des prépositions

A Un bon nombre de prépositions de base font déjà partie du répertoire de l'étudiant. On peut citer par exemple *devant, derrière, sur, sous, à côté de, au milieu de*.

B D'autres prépositions permettent une plus grande précision.
contre le mur   **en face de** la cheminée
au-dessus du lit   **autour de** la fenêtre
le long de l'allée

C Souvent, les prépositions s'emploient en combinaison avec des formes verbales (les participes passés) pour préciser davantage l'emplacement des objets dans le cadre physique.

> des tableaux **accrochés au** mur
> un tapis **étendu sur** le plancher
> une façade **exposée au** soleil
> un chandelier **fixé au** plafond
> une allée **bordée d'**arbres
> une maison **équipée d'**un système d'alarme
> un jardin **entouré d'**une grille en fer forgé

G Exercice d'application

(réponses, p. 97)

Complétez les substantifs de la colonne A en y attachant une expression de la colonne B.

A	B
une pièce	couvert(e) d'une nappe damassée
un jardin	tourné(e) vers le midi
un meuble	entouré(e) de remparts
un portrait	entouré(e) d'une clôture
une façade	encadré(e) d'or
un château	baigné(e) de lumière
une table	couvert(e) de poussière

LA RÉPÉTITION PORTEUSE DE SENS

C'est également au niveau du paragraphe qu'on établit la cohérence de la description. Pour le faire, on peut introduire de la répétition, soit d'un mot, de ses dérivés ou de son champ sémantique. La répétition d'un même mot ou d'une même structure, habilement introduite, peut être porteuse de sens. On peut aussi introduire un mot-clé et un bon nombre de ses dérivés. Si on décrit, par exemple, la tombée de la nuit, la répétition habile de l'adjectif *noir* et de ses dérivés *noircir* et *noircissement* peut très bien traduire l'aspect impénétrable de l'ombre qui envahit l'espace qu'on décrit. Enfin, on peut exploiter tous les termes d'un champ sémantique donné. Les trois techniques assurent l'harmonie sur le plan lexico-sémantique.

H Exercice d'application

(modèles, p. 97)

Trouvez cinq adjectifs qui décrivent un tunnel d'où on ne peut pas sortir. Faites la liste des dérivés de ces adjectifs: choisissez cinq des dérivés et composez des phrases descriptives qui traduisent la panique.

Au niveau de la production

Comme pour tous les écrits, la révision de l'écrit descriptif se fait mieux si on tient compte du recul, du temps et de la focalisation. En attendant quelques jours avant de relire son brouillon, on obtient suffisamment de recul pour faire une autocritique efficace. Les grilles d'évaluation ci-dessous permettent la focalisation nécessaire.

LA RÉVISION DU CONTENU ET DE LA STRUCTURE

Lors de cette première révision, on essaie de juger le contenu dans son ensemble. Pour bien le faire, on vise systématiquement les différents aspects de la description. Les faiblesses identifiées nécessitent souvent qu'on modifie le plan, qu'on fasse des ajouts et des retraits et qu'on réécrive des parties de son texte.

Tableau 4.8   Grille d'évaluation: la révision du contenu et de la structure

- L'introduction suscite-t-elle l'intérêt du lecteur?
- Les détails choisis sont-ils concrets? Font-ils appel aux sens: au visuel surtout mais aussi aux autres sens?
- Y a-t-il une répétition des détails? Certains détails importants ont-ils été oubliés?
- L'ordre de présentation des détails est-il efficace et facile à suivre? Y a-t-il des détails qui semblent mal placés?
- Y a-t-il une impression dominante qui se dégage de l'ensemble?
- Les détails sélectionnés contribuent-ils tous à cette impression dominante?
- Les images introduites dans le texte, renforcent-elles l'impression dominante?
- La conclusion donne-t-elle une impression claire de la scène ou l'objet décrit?
- L'introduction et la conclusion sont-elles harmonieuses? Encadrent-elles bien le développement?

LA RÉVISION STYLISTIQUE DE L'ENSEMBLE

La deuxième révision vise en particulier la richesse lexicale et stylistique de l'ensemble. En général, il faut travailler les phrases pour effectuer des révisions locales.

Il serait bon aussi d'avoir à sa disposition un dictionnaire ou même plusieurs dictionnaires de différents types pour travailler le vocabulaire de la description. De même, c'est en consultant une grammaire qu'on enrichit la syntaxe des phrases.

Tableau 4.9 Grille d'évaluation: la révision stylistique de l'ensemble

- Y a-t-il un vocabulaire précis sans mots passe-partout comme *chose*, *objet* et *très*?
- Y a-t-il un vocabulaire concret qui touche le lecteur?
- Le vocabulaire cadre-t-il avec l'impression dominante?
- A-t-on consulté un dictionnaire des synonymes pour varier les expressions et pour trouver toutes les nuances possibles?
- Y a-t-il des connotations qui se contredisent et qui, par conséquent, diminuent la cohérence de l'ensemble?
- Y a-t-il un bon emploi des temps verbaux?
- La structure des phrases est-elle assez variée sans la répétition monotone de l'ordre sujet-verbe-complément?
- Y a-t-il des mises en relief, des oppositions ou des parallélismes?
- A-t-on fait une lecture à haute voix des phrases avec des propositions relatives pour s'assurer qu'elles sont efficaces sans alourdir le style?

LA CORRECTION MORPHO-SYNTAXIQUE

La dernière relecture a pour but de repérer les erreurs de morpho-syntaxe. Vu que l'adjectif joue un rôle primordial dans la description, il serait prudent de vérifier très attentivement les accords des adjectifs avec les substantifs qu'ils modifient. Lors d'une relecture rapide, on a tendance à ajouter automatiquement les accords qui ne sont pas là. Une technique pour s'efforcer de faire une relecture au ralenti, c'est de relire sa copie à haute voix. Autrement dit, on s'arrête pour attacher chaque adjectif à son substantif et chaque verbe à son sujet pour en vérifier les accords. L'investissement de temps requis au départ en vaut la peine; la technique se transformera vite en réflexe automatique.

À VOUS I Exercices d'application *(réponses, p. 97)*

1. Corrigez les fautes de morpho-syntaxe soulignées dans l'échantillon suivant. Il s'agit surtout d'accords au niveau des adjectifs (les marques du féminin et du pluriel), mais il y a aussi des fautes dues à l'homophonie et des erreurs dans les formes verbales.

1._____	8._____	15._____
2._____	9._____	16._____
3._____	10._____	17._____
4._____	11._____	18._____
5._____	12._____	19._____
6._____	13._____	20._____
7._____	14._____	

Ce matin, lorsque je suis sortie, j'ai découvert un monde (1) <u>transformer</u>. On n'était qu'à la dernière semaine d'octobre, en principe la saison des feuilles (2) <u>multicolore</u> et des (3) <u>récolte</u> (4) <u>abondant</u>. Mais l'hiver avait (5) <u>fais</u> une arrivée (6) <u>prématuré</u>. J'ai cherché mon auto (7) <u>bleu</u> (8) <u>bien-aimé</u>, mais à (9) <u>ça</u> place (10) <u>habituel</u> (11) <u>s'élevais</u> une petite colline blanche joliment (12) <u>arrondi</u>. J'ai essayé de (13) <u>marché</u> vers mon auto (14) <u>enseveli</u> mais (15) <u>s'était</u> impossible. Mes jambes (16) <u>s'enlisait</u> dans la blancheur profonde et je ne voyais rien du tout. J'étais (17) <u>aveuglé</u> par les (18) <u>rayon</u> du soleil qui se réverbéraient sur la couverture blanche et (19) <u>pur</u> (20) <u>étendu</u> à perte de vue.

2. Repérez et corrigez les 20 erreurs de morpho-syntaxe que contient l'échantillon suivant.

   Ce matin, lorsque je suis sortie, j'ai découvert un monde transformé. Le printemps chétivement arriver depuis une semaine annonçais ça victoire définitif sur l'hiver. Une lumière intense, presque aveuglant, m'éblouissais; il n'y avait pas un seul nuage qui brisait l'azur du ciel. Le vert brillant des bourgeon indiquait clairement que les arbre ce réveillait. Les tiges délicate des fleurs a venir s'aventurait courageusement de la terre fertile malgré quelque plaques obstiné de neige jaunâtre. Un sentiment de bonheur profond ma envahie: mes rêves, endormi depuis si longtemps que je les avais crus mort, allait renaître — j'en avait la certitude.

1._____	8._____	15._____
2._____	9._____	16._____
3._____	10._____	17._____
4._____	11._____	18._____
5._____	12._____	19._____
6._____	13._____	20._____
7._____	14._____	

3. Rédigez un texte descriptif d'à peu près 250 mots sur un des sujets suivants. Révisez le brouillon à l'aide des grilles d'évaluation ci-dessus (Tableaux 4.8 et 4.9). Prenez soin de développer une image qui assurera la cohérence de votre texte.

   a. une promenade en automne
   b. une scène qui vous a fortement impressionné lors d'un voyage que vous avez fait récemment
   c. un objet (vieux chandail, animal en peluche, paire de chaussures usées, sac à main usé) dont vous ne pouvez pas vous défaire
   d. la bibliothèque universitaire ou votre chambre

cinq
L'ÉCRIT NARRATIF

Au niveau du texte

Dans l'écrit narratif qu'on appelle communément le récit, on cherche à raconter les circonstances et les actions d'un événement réel ou fictif. Le récit ne nous est pas étranger; on y a très souvent recours dans la vie, que ce soit pour raconter une plaisanterie, une anecdote, un voyage ou n'importe quelle expérience personnelle.

L'écrit narratif, tout en ayant le but de communiquer avec le lecteur, se distingue de l'écrit informatif et de l'écrit descriptif. L'écrit informatif veut communiquer les faits ou les circonstances d'une façon directe; l'écrit narratif, par contre, veut transmettre une séquence d'actions qui constituent une histoire. Quant à la description, elle met l'accent sur le lieu, la situation ou le personnage décrit. Le récit met l'accent sur la trame de l'intrigue, la suite des actions accomplies par un personnage dans un décor particulier.

Parfois dans le récit, c'est la séquence d'actions qui compte par-dessus tout. C'est le cas d'un récit qui s'insère dans une lettre de réclamation lorsqu'on choisit de raconter un incident qui explique pourquoi on est mécontent d'un article ou d'un service quelconque.

Mais à d'autres moments, ce n'est pas seulement la séquence d'actions qui compte: il y aussi la narration, c'est-à-dire comment on raconte l'histoire. C'est le cas de toute histoire dite littéraire, mais aussi des plaisanteries et de toute histoire qu'on raconte pour amuser ou influencer autrui. Le récit implique non seulement l'histoire (la séquence d'actions qu'on relate) mais aussi la narration (tout ce qui détermine comment on va raconter l'histoire).

Dans le récit, différents types d'écrit se combinent forcément. La description s'insère inévitablement dans le récit pour présenter le personnage et le décor. Le dialogue aussi peut entrer en jeu ainsi que le discours indirect si on décide de rapporter indirectement les paroles ou les pensées du personnage. À son tour, le récit fait partie d'autres types d'écrit.

Tableau 5.1   Le récit comme élément constituant d'autres écrits

---

Le récit permet de raconter

- une expérience personnelle qui provoque des réflexions sérieuses lors d'une entrée de journal intime
- un incident qui offre un exemple saisissant d'un problème qu'on veut analyser dans un devoir d'idées
- un incident malencontreux dans une lettre de réclamation
- des voyages ou d'autres expériences personnelles dans les lettres qu'on écrit aux parents et aux amis

TROUVER LES ÉLÉMENTS DE L'HISTOIRE

L'histoire à raconter se compose de plusieurs éléments qui répondent à des questions de base:

- Qui? → le(s) personnage(s)
- Où? → le lieu, que l'on peut appeler le cadre spatial
- Quand? → des indications temporelles
- Quoi? → les événements ou incidents qui tous ensemble constituent la trame de l'intrigue

De ces quatre éléments il faut reconnaître la primauté du *quoi*. Autrement dit, la trame de l'intrigue dirige le processus de sélection de détails à inclure dans le récit.

Le cadre spatial et temporel

Les réponses aux questions *Où?* et *Quand?* donnent le cadre spatial et temporel dans lequel se déroulera le récit. On aura forcément appel aux techniques de la description pour évoquer avec précision et clarté le décor de l'action. Mais ceci ne veut pas dire qu'on a besoin d'y consacrer des paragraphes qui risquent d'alourdir et de ralentir le récit. Ce qui est préférable c'est l'utilisation discrète de phrases descriptives qui donnent les détails concrets à partir desquels le lecteur pourra visualiser la scène.

De même, pour les indications temporelles, il est bon de se limiter aux détails précis dont le lecteur aura besoin; tout détail superflu doit être éliminé. La clarté et l'efficacité du récit dépendent de cette hiérarchie; le cadre spatio-temporel n'a pas d'importance ou d'existence en soi. Il est là pour servir les besoins de l'intrigue.

Le(s) personnage(s)

Le personnage aussi est assujetti au récit; c'est-à-dire que le lecteur n'a pas nécessairement besoin de connaître à fond tous les personnages. On a intérêt à ne pas faire de longs paragraphes de description. Il vaut mieux noter ce qui est caractéristique; on le fait en évoquant les détails précis qui permettent au lecteur de se former une image claire du personnage et de comprendre son comportement.

À VOUS — A | Exercice d'application

Pensez à un film d'aventure que vous avez vu récemment. Quel en était le cadre spatio-temporel? Quels détails particuliers ont servi à l'évoquer? Quels étaient les traits dominants du personnage principal?

La trame de l'intrigue

Le comportement du personnage est inextricablement lié à la trame de l'intrigue, c'est-à-dire la séquence d'incidents et d'événements qui tous ensemble font l'histoire. Une notion très utile pour comprendre l'agencement du récit est celle de **déclencheur**. Les déclencheurs sont les incidents ou péripéties qui en provoquent d'autres et qui déterminent tout le déroulement du récit. Autrement dit, pour faire un récit, il faut annoncer des possibilités d'action et les déclencher, c'est-à-dire les mettre en mouvement.

À VOUS

B Exercice d'application

Préparez le schéma des actions d'un incident de jeunesse lorsque vous avez été puni injustement.

LA STRUCTURE DU RÉCIT

Le titre et l'introduction

Le rôle de l'introduction et du titre en particulier est de saisir l'intérêt du lecteur. On peut le faire de plusieurs façons: en éveillant sa curiosité, en le choquant, en le faisant rire, en lui faisant peur. Le but est de capturer l'intérêt du lecteur pour qu'il veuille continuer à lire.

L'introduction doit aussi accomplir un deuxième but essentiel, à savoir présenter la situation initiale qui ouvre une possibilité d'action. Ainsi, l'introduction évoque le lieu, le moment et le personnage de façon précise et détaillée sans les lourdeurs du superflu. L'important c'est de concrétiser une possibilité d'action à partir du personnage et du cadre spatio-temporel présentés.

Le développement: le nœud

Dans un récit, le développement s'appelle le **nœud** de l'action. Ce terme explique clairement qu'on cherche à raconter comment la situation se complique à partir d'une circonstance initiale. Ainsi, un trait de personnalité peut mener à des confusions ou des conflits qui doivent être résolus; le plus souvent, une situation s'aggrave et tourne en crise.

La complexité (confusion, conflit, ou autre) se trame à partir de la situation initiale et d'une série de déclencheurs qui concrétisent la possibilité d'action présentée au début. Les déclencheurs choisis déterminent l'ordre du déroulement et introduisent une possibilité de résolution.

La conclusion: le dénouement

Le terme **dénouement** décrit très bien la façon dont la conclusion doit réintroduire l'harmonie ou la résolution après une situation de confusion ou de déséquilibre. De la même façon qu'une plaisanterie réussit grâce à la phrase-clé (*«punchline»*) à la fin, le récit ne saurait se passer d'un dénouement. Il y a plusieurs possibilités de dénouement: la situation de crise peut se résoudre harmonieusement; un personnage peut subir les conséquences de ses actions ou il peut s'en échapper; on peut aussi introduire une réflexion générale ou une leçon pratique à tirer de l'expérience racontée. L'important c'est que le dénouement soit rapide et saisissant, bref qu'il fasse une impression forte sur le lecteur.

À VOUS

C Exercices d'application

1. Reprenez le film d'aventure de l'exercice *À Vous! A*. Identifiez les déclencheurs de l'action et le dénouement.

2. Reprenez le schéma des actions d'un incident de jeunesse lorsque vous avez été puni injustement (*À Vous! B*). Identifiez cinq éléments imprévus ou pittoresques que vous pouvez ajouter afin de mieux définir le cadre spatio-temporel et les personnages.

TEXTE MODÈLE

Philibert n'oubliera jamais ce bruit de papier froissé, ce papier vert à dessins vifs, neige, bonshommes rouges, biches et sapins allumés, que sa mère, d'année en année, récupère, défroisse au fer à repasser et range pour la Noël suivante. Il a trouvé sous le lit de ses parents, dans la poussière, une boîte recouverte du papier de Noël. Attendre, pour l'ouvrir, la nuit de Noël... Philibert ne le peut pas... Il déchire le papier. Sous ses doigts impatients le papier fait un bruit dont il se souviendra toute sa vie. Dans la boîte, une auto-jouet. Philibert la prend entre ses mains et heureux, il se précipite dans la cuisine pour embrasser sa mère. Son père le saisit par le bras («Ce jouet est pour Noël. Pas avant»), lui arrache le jouet, le lance par terre et l'écrase du pied, ce gros pied de cuir qui fait trembler l'escalier, qui ébranle le plancher sur ses poutres taillées à la hache, ce gros pied qui, dans la neige, creuse un trou qui peut contenir Philibert tout entier comme une fosse.

— Non! Non! hurle l'enfant.

L'homme ouvre la porte et lance le jouet, écrabouillé dans la neige:

— Dans la vie, dit la grosse voix, il faut apprendre à attendre...

L'enfant cherche ses débris dans la neige qui poudroie. L'auto est perdue; inutile de ramper, de retourner la neige d'une main engourdie.

Noël s'approche avec une gueule de loup: Philibert n'aura pas de cadeau. Mais sous le sapin, parmi les autres boîtes multicolores, une étiquette porte son nom. Ses mains affolées déchirent le papier. Son âme est ivre de ce bruit fou de papier.

La boîte est vide.

C'est la boîte de l'auto-jouet.

Tous les jours, il creuse la neige pour retrouver le jouet perdu. Au printemps, il scrute la neige fondante, il attend, il espère... Quand apparaît l'herbe jaune, il doit accepter que, même si c'est impossible, le jouet a fondu avec la neige.

(Tiré de Roch Carrier, *Il est par là, le soleil*)

Analyse du texte modèle

Dans le texte de Carrier, des détails précis servent à établir le cadre spatio-temporel. La saison de Noël s'annonce par le papier à dessins vifs et par le sapin sous lequel se trouvent les boîtes multicolores. On peut visualiser le moment où l'enfant trouve le cadeau dans la poussière sous le lit de ses parents. On peut aussi visualiser dans la cuisine le père qui ébranle le plancher sur ses poutres taillées à la hache.

Le personnage du père est esquissé en quelques détails précis: sa grosse voix et son gros pied de cuir qui fait trembler l'escalier. On se forme une impression très claire de l'enfant aussi (son incapacité d'attendre jusqu'au jour de Noël, ses doigts impatients, sa joie lorsqu'il se précipite dans la cuisine, ses efforts de chercher son jouet avec sa main engourdie). Une série de verbes expressifs traduit les actions: «déchire, se précipite, saisit, lance, écrase».

En identifiant les déclencheurs, on s'aperçoit qu'à chaque moment on aurait pu avoir une autre histoire:
- si l'enfant n'avait pas ouvert le cadeau
- s'il l'avait replacé sous le lit après l'avoir ouvert
- si sa mère avait été seule dans la cuisine
- si son père avait réagi différemment

Au niveau de la phrase

Dans l'écrit narratif, ce sont les déclencheurs et l'action qui priment. Pour communiquer le déroulement des actions et donc la trame de l'intrigue, on a recours évidemment aux formes verbales et aux adverbes.

LE RÔLE DE L'ADVERBE

L'adverbe permet de bien préciser la façon dont un personnage accomplit une action. Il faut cependant se servir judicieusement de l'adverbe et en introduire quand le récit en a besoin, sans toutefois en abuser. La raison en est que l'adverbe en français se termine souvent en -ment, et une accumulation d'adverbes en -ment risque d'alourdir le récit. Les rôles de l'adverbe sont nombreux.

Tableau 5.2   Les rôles de l'adverbe

A	Modifier un adjectif
	• *Tout, peu, trop, assez, bien* sont préférables à l'adverbe passe-partout *très*.
	    une main tout engourdie
	• Les adverbes plus longs sont possibles aussi.
	    un geste cruellement brusque
	    une excuse honteusement faible

B	Modifier un adverbe
	• *Tout, peu, trop, assez, bien* sont préférables à l'adverbe passe-partout *très*.
	    Il travaille fort bien.
	    Il nous a accueillis peu chaleureusement.
	• Avec les adverbes plus longs, il faut prendre soin d'éviter la répétition inélégante de *-ment*.
	    Elle conduit dangereusement vite.

Parmi les adverbes plus longs, les plus courants sont:

dangereusement	follement
délibérément	infiniment
exceptionnellement	parfaitement
extrêmement	

C   Modifier un verbe

- Attention à l'effet alourdissant de plusieurs adverbes en -ment.
    L'enfant criait désespérément; il boitait péniblement.
- Vérifiez l'euphonie pour éviter cet effet aloudissant.
    L'enfant forme ses lettres lentement et méticuleusement.
    Son copain écrit vite mais lisiblement.

Lorsque l'adverbe modifie un verbe, en règle générale, il suit directement le verbe. Mais il y a souvent des raisons de style qui entrent en jeu et qui provoquent un déplacement de l'adverbe. Par exemple, certains adverbes exigent la mise en relief au tout début de la phrase; on pense automatiquement aux adverbes qui annoncent une action soudaine ou imprévue (*tout à coup, soudain*). Mais ce déplacement se fait aussi avec des adverbes tels que *graduellement, subtilement*. Des fois aussi, on déplace les adverbes si on veut équilibrer une phrase ou en assurer l'euphonie. La lecture et la pratique de la rédaction guideront l'étudiant dans ces choix.

LES LOCUTIONS ADVERBIALES

Parfois, au lieu d'un adverbe simple, on peut avoir recours aux locutions adverbiales qui se composent de plusieurs mots:

en avant	en général
par là	à part
à la fois	tout de suite

Une locution adverbiale très utile se compose de la tournure *d'une façon* ou *d'une manière* suivie d'un adjectif au féminin. Ces locutions permettent d'introduire plusieurs précisions et même des oppositions, tout en évitant une accumulation malheureuse d'adverbes en *-ment*.

Le gamin dessinait d'une façon assidue et méticuleuse.
La journaliste posait ses questions d'une façon gentille mais tenace.

La même structure existe avec d'autres tournures suivies d'un adjectif pour exprimer un adverbe de manière.

*parler **d'un ton** doux mais sérieux*
*regarder **d'un œil** désapprobateur*
*marcher **d'un pas** mesuré*
*parler **d'une voix** haletante*

Une autre locution adverbiale très utile consiste des prépositions *avec* et *sans* suivies d'un substantif sans article.

Il nous expliquait son projet avec enthousiasme.
Elle a rattrapé la balle sans difficulté.

On peut varier ces structures en ajoutant un adjectif (ce qui exige normalement la réinsertion d'un article).

Il nous expliquait son projet avec un enthousiasme contagieux.
Elle a rattrapé la balle sans la moindre difficulté.

L'adverbe a donc le rôle de préciser la signification du mot auquel il est ajouté (adjectif, verbe ou autre adverbe). L'adverbe explique la manière dont une action s'accomplit ou le degré d'intensité d'un qualificatif déjà indiqué par l'adjectif ou l'adverbe. L'adverbe peut aussi préciser le lieu d'une action; dans ce cas-ci, on a souvent recours aux locutions formées d'une préposition et d'une indication de lieu (*dans le garage, sur le tapis*).

Exercices d'application

(réponses, p. 98)

1. Suggérez deux adverbes qui puissent modifier les adjectifs ou adverbes soulignés; n'utilisez pas l'adverbe *très*.

   a. Elle suivait <u>docilement</u> les autres élèves.

   b. Il parle <u>vite</u>.

   c. Elle nous parlait d'un ton <u>calme</u>.

   d. Le maître nous a renvoyés d'un geste <u>impoli</u>.

   e. Ses conseils sont restés <u>clairs</u> dans ma mémoire.

   f. C'est un enfant <u>rebelle</u>.

2. Remplacez l'adverbe en *-ment* par une expression adverbiale.

   a. <u>Habituellement</u>, mes parents me laissent un message.

   b. Ce projet s'accomplira <u>difficilement</u>.

   c. Cette dame s'habille <u>élégamment</u>.

   d. Mon père nous attendait <u>impatiemment</u>.

   e. L'inconnu gardait <u>jalousement</u> le secret de son identité.

3. Combinez les deux phrases suivantes à l'aide d'une locution adverbiale (*d'une façon..., d'une manière..., d'un ton...*).

   a. Elle nous regarde. Elle a l'air triste.

   b. L'enfant s'approche. Son pas est hésitant.

   c. Le juge contemple l'accusé. Son regard est dur et pénétrant.

4. Combinez les phrases suivantes en introduisant une locution adverbiale avec *avec* ou *sans*.

   a. Elle examine l'objet. Elle a l'air intéressé.

   b. Sa belle-mère lui parle. Elle ne met aucune tendresse dans sa voix.

   c. Elle relit le document. Son esprit est inquiet.

Au niveau du paragraphe

Dans le récit, la cohérence du paragraphe dépend de l'emploi correct des temps verbaux et de l'utilisation appropriée des marqueurs chronologiques.

Tableau 5.3   Les temps du passé

A	**L'imparfait** exprime les états qui durent (la description) ainsi que les actions répétées ou celles qui servent d'arrière-plan à une autre action isolée.
B	**Le passé composé** (ou le passé simple dans le récit littéraire) sert à indiquer les actions individuelles complétées dans le passé.
C	**Le plus-que-parfait** indique une action antérieure à une autre qui est déjà au passé (normalement au passé composé ou au passé simple). *J'ai appris qu'on **avait annulé** le vol à cause d'une tempête.* *Comme elle **était déjà partie**, je n'ai pas pu lui parler.*

E   Exercices d'application   *(réponses, p. 98)*

1. Combinez les phrases suivantes en introduisant une conjonction; mettez un verbe au plus-que-parfait.

   a. Il a accepté l'offre de cette université. Elle lui a accordé une bourse.

   b. Je suis arrivé à la gare à 8 heures. Le train est déjà parti.

   c. Nous n'avons pas eu de table. Nous n'avons pas fait de réservation.

   d. Je n'ai pas réagi à sa mauvaise humeur. La nouvelle l'a complètement bouleversé. Je le savais.

54 Pratique de l'écriture

e. Elle était déçue. Nous ne sommes pas descendus en ville.
___
___

2. Récrivez le paragraphe suivant au passé.

Philibert <u>trouve</u> sous le lit de ses parents, dans la poussière, une boîte recouverte du papier de Noël. Attendre, pour l'ouvrir, la nuit de Noël... Philibert ne le <u>peut</u> pas... Il <u>déchire</u> le papier. Sous ses doigts impatients le papier <u>fait</u> un bruit [magique]. Dans la boîte, une auto-jouet. Philibert la <u>prend</u> entre ses mains et heureux, il <u>se précipite</u> dans la cuisine pour embrasser sa mère. Son père le <u>saisit</u> par le bras, [...] lui <u>arrache</u> le jouet, le <u>lance</u> par terre et l'<u>écrase</u> du pied, ce gros pied de cuir qui <u>fait</u> trembler l'escalier, qui <u>ébranle</u> le plancher sur ses poutres taillées à la hache, ce gros pied qui, dans la neige, <u>creuse</u> un trou qui <u>peut</u> contenir Philibert tout entier comme une fosse.

(Tiré de Roch Carrier, *Il est par là, le soleil*)

LES MARQUEURS CHRONOLOGIQUES

Pour que le lecteur puisse suivre le déroulement des actions du récit, on y insère des marqueurs chronologiques. La plupart des marqueurs sont en fait des adverbes qui répondent à la question *Quand?*; d'autres sont des conjonctions. L'emploi de différents marqueurs permet de varier la séquence chronologique afin de la nuancer et l'enrichir selon les besoins du récit.

Tableau 5.4   Les marqueurs chronologiques dans le récit

A *Les adverbes*

1. Une séquence chronologique simple
   - quand les actions d'un récit se suivent d'une façon directe sans détour selon le simple déroulement chronologique:

     d'abord, tout d'abord, en premier, premièrement
     puis, ensuite, de plus
     enfin, finalement

2. Une séquence avec répétitions
   - pour évoquer une action qui se répète:

     encore, de nouveau, à nouveau

3. Une séquence avec actions soudaines et imprévues
   - pour introduire les actions soudaines:

     tout à coup, soudain, soudainement, subitement,
     brusquement, abruptement
   - Ces marqueurs se placent généralement au tout début de la phrase.

4. Une séquence en segments de longueur variée
   • pour préciser des intervalles de longueur différente:
     un peu plus tard, quelques minutes plus tard
     un jour, la veille,
     le lendemain, quelques jours après
     la semaine après, le mois suivant
     longtemps après, des années plus tard
   • des locutions adverbiales composées d'une préposition et d'un substantif pour indiquer une période précise ou un moment:
     durant la matinée   pendant la journée
     au cours de l'après-midi
     au début de la soirée   à la fin de la soirée
     à la nuit tombante   au beau milieu de la nuit

5. Une séquence d'actions simultanées
   • pour marquer la simultanéité de deux ou plusieurs actions:
     en même temps, à la fois, simultanément

B   Les conjonctions

1. Une séquence d'actions simultanées où on met l'accent sur la durée d'une ou plusieurs de ces actions
   • pour marquer la simultanéité de deux ou plusieurs actions dont l'une dure:
     lorsque, quand, comme
     pendant que, en même temps que

2. Une séquence avec actions antérieures ou postérieures
   • pour préciser quand une action se produit par rapport à une autre:
     avant que + le subjonctif
     après que + le plus-que-parfait
     à peine + le plus-que-parfait et l'inversion stylistique

3. Une séquence qui précise le moment précis d'une action en particulier
   • pour préciser le moment précis d'une action:
     au moment où
     à l'instant où

À VOUS

F Exercice d'application

Reprenez le schéma des actions de l'incident d'enfance lorsque vous avez été puni injustement (*À Vous! B* et *À Vous! C*). Choisissez des adverbes pour préciser la séquence des actions (simultanéité, répétitions, durée, moment précis, action imprévue).

Au niveau de la production

Lorsqu'on prépare un récit, le choix de l'incident à raconter est d'une importance primordiale. Un choix heureux dépend d'un équilibre délicat des tensions créatrices. Il est souvent judicieux de partir d'une expérience réelle, parce qu'on raconte mieux ce qu'on connaît bien. La difficulté est que souvent le réel est banalisé, ce qui donne un récit dépourvu d'intérêt. La routine quotidienne, par exemple, peut donner une séquence d'actions terriblement ennuyeuse à lire.

On cherche alors à tourner l'ordinaire en récit, en transformant le réel selon les besoins du récit. On s'inspire du réel en y ajoutant du piquant, du pittoresque et de l'imprévu. On peut aussi transformer la routine ordinaire en y insufflant une émotion forte tel que l'espoir ou l'amour, bref une résonance émotive quelconque.

L'important donc, c'est de savoir animer l'ordinaire qui sert d'inspiration initiale. Il faut faire attention cependant au vraisemblable. Le lecteur doit toujours avoir l'impression que l'histoire aurait pu se dérouler tel que racontée. (Autrement, on peut aborder le merveilleux et la science-fiction, deux domaines qui fonctionnent selon l'irrationnel et l'insolite. La cohérence habituelle à laquelle s'attend le lecteur doit être rompue.)

Tableau 5.5   Étapes à suivre

A   *La production des idées*
- Choisir plusieurs incidents qui peuvent se transformer en récit; identifier le plus prometteur.
- Noter tous les détails qui peuvent être utiles; pour stimuler la pensée, se poser les questions *Qui? Où? Quand? Quoi?*
- S'efforcer de noter des détails concrets: par exemple, au lieu de dire «une journée chaude d'été», préciser que «C'est le 20 juillet durant une période de chaleur intense où les climatiseurs ronronnent sans arrêt.»

B   *La production du plan*
- Raconter l'histoire à haute voix; essayer d'anticiper les réactions d'un interlocuteur imaginaire. Ceci permettra d'identifier les détails à inclure, de préciser le ton du récit et de perfectionner l'agencement des éléments et le *«timing»*.
- Noter sur papier la séquence de déclencheurs identifiés.
- Noter aussi les détails concrets du décor spatial et ceux du moment précis du récit.
- Préciser en un seul mot l'émotion dominante du récit; consulter un bon dictionnaire de synonymes ou un thésaurus afin d'identifier les mots et expressions de ce réseau lexico-sémantique. Il sera plus facile alors de transmettre cette émotion au lecteur.

C   *La production du brouillon*
- Rédiger le brouillon d'un seul jet, si possible, à partir de la liste d'éléments à inclure.
- Donner libre cours à l'imagination et ne rien raturer. C'est en multipliant les façons de dire qu'on finit par trouver l'expression la plus heureuse.

G | Exercices d'application

1. Faites le récit de l'incident d'enfance lorsque vous avez été puni injustement.

2. Racontez un incident d'adolescence qui vous a profondément marqué.

3. Faites le récit d'un cauchemar qui vous a hanté durant votre enfance.

six
L'ÉCRIT NARRATIF (SUITE)

Au niveau du texte

Le choix de l'histoire à raconter implique plusieurs décisions de nature plutôt objective: identifier le(s) personnage(s), déterminer les circonstances de lieu et de temps et établir la séquence chronologique des incidents en précisant bien les déclencheurs de l'action. Mais il faut aussi viser de façon détaillée le processus plus subjectif de la narration, c'est-à-dire comment les éléments de l'histoire deviennent un récit. Ce ne sont pas seulement les «faits» du récit qui sont importants (l'histoire proprement dite); il faut accorder une aussi grande importance au «comment» du récit (les techniques de la narration).

Pour mieux comprendre la distinction entre les éléments de l'histoire et les techniques de la narration, on peut comparer un fait divers et un récit. La personne impliquée dans un accident de la route fera un récit qui différera sensiblement du fait divers du même accident dans le journal. Le fait divers fera le compte-rendu des faits constatés par la police; la personne impliquée aurait tendance à insister sur l'expérience vécue en racontant tout ce qu'elle a ressenti lors de l'arrivée de ces mêmes événements. De même, pour bien raconter une plaisanterie, il ne suffit pas d'énumérer tout simplement les actions en séquence chronologique. Au contraire, il faut tout agencer pour que la phrase-clé («*punchline*») ait son plein effet à la fin.

LES ÉLÉMENTS DE LA NARRATION

Le récit implique donc **l'histoire** (ce qu'on raconte) et **la narration** (comment on raconte l'histoire). Une fois les éléments de l'histoire établies, il faut déterminer qui raconte l'histoire, à qui, et dans quel but, parce qu'on saura alors à quelles émotions faire appel. Si par exemple, on veut créer du suspense, il faudra peut-être bousculer la chronologie de l'histoire.

Qui raconte l'histoire?

Cette question permet d'identifier la voix narrative. S'agit-il d'une narration à la première personne, à la troisième personne? S'agit-il d'un narrateur omniscient? Chaque voix narrative a ses avantages et ses limites. La narration à la première personne, par exemple, permet un très grand impact émotionnel parce que le lecteur aura tendance à s'identifier au *je* de la narration. On peut aussi introduire des éléments de surprise à la fin, parce qu'il y aura toujours des circonstances dont le narrateur aurait été ignorant. Par contre, il faut travailler consciencieusement la variété syntaxique pour éviter que toutes les phrases débutent de la même façon: le sujet *je* suivi d'un verbe.

A qui raconte-t-on l'histoire?

La réponse à cette question déterminera si le narrateur choisira de s'adresser directement au lecteur ou s'il choisira de ne jamais le reconnaître ouvertement. On peut aussi faire faire la narration par un personnage à un autre personnage. Chacune de ces possibilités implique des choix au niveau de la narration.

Quelles émotions veut-on inspirer en faisant cette narration?

L'impact du récit dépend entièrement des décisions qui découlent de la réponse à cette question. Si par exemple, on veut faire peur aux autres en racontant une histoire autour d'un feu de camp, il faut bien choisir les détails qui traduiront les éléments de mystère, confusion et déroute. Il n'en va pas autrement avec le récit en général. Il faut se décider sur le registre émotionnel: la peur, la confusion, la surprise, le choc, la compassion, le malaise, l'humour, etc. C'est justement le ton de la narration qui permet de distinguer entre le simple résumé des éléments de l'histoire et le véritable récit. Par la narration, on cherche à faire revivre l'événement par le lecteur; on veut que celui-ci en devienne un véritable spectateur.

Tableau 6.1   Les éléments de l'histoire dans la narration

A   *Les détails du cadre spatio-temporel*
     On cherche à dévoiler les détails qui serviront à bien situer le récit tout en établissant le ton voulu. Il faut surtout écarter tout détail superflu qui risque d'introduire des longueurs.

B   *Le personnage*
     Encore une fois, un détail caractéristique du personnage l'évoque mieux que toute une longue description qui ralentit le récit. L'idéal est de se limiter aux détails qui inspirent l'émotion désirée, et qui poussent le lecteur à réagir fortement au personnage.

C   *La séquence chronologique*
     On choisira une chronologie simple ou bousculée selon les besoins de la narration. Si par exemple, on veut créer du suspense, on pourra déplacer certaines informations à la fin où elles auront l'effet d'éliminer d'un seul coup la confusion créée délibérément dans l'esprit du lecteur.

En résumé, les détails de l'histoire (le cadre spatio-temporel, les personnages, les déclencheurs et l'agencement des faits) sont soigneusement choisis en fonction de la narration (voix narrative, présence explicite ou non du lecteur, les émotions qu'on cherche à inspirer).

A | Exercice d'application

(modèle, p. 98)

Reprenez l'incident de Philibert (texte modèle du chapitre 5) selon la perspective de la mère ou du père. Quel serait le ton du récit? Comment le récit fait par le père ou la mère serait-il différent du récit écrit par Carrier?

TEXTE MODÈLE

Je ne me rappelle pas de quelle façon, dans la cuisine de *Winterhouse*, avec maman et Pascal, on en est venu à parler cheveux. Coupe de cheveux, quoi. Bref, Pascal a dit qu'il ne supportait pas les femmes aux cheveux courts, et même qu'il ne permettrait jamais à la femme qu'il aime (et Odile de tendre l'oreille) de porter les cheveux courts.

«En effet, a dit maman, ce n'est pas très féminin.»

Pascal n'a pas acquiescé. À noter que c'était indélicat de sa part puisque maman, par pure convenance car ce sujet la laisse indifférente comme tous les sujets qui ne traitent pas directement de parfumerie, abondait dans son sens. Je prends souvent Pascal en flagrant délit d'indélicatesse, en dépit des sourires et des baisemains.

«Il ne s'agit pas de cela, a-t-il précisé. Non. C'est personnel. Les cheveux longs provoquent en moi... une émotion. J'aime leur odeur légère.»

J'ai dit:

— Légère, légère... Et quand ils sont sales?

— On les lave, a répliqué Pascal.

— C'est fatigant de laver les cheveux longs. De ce côté-là, les cheveux courts sont plus pratiques.

— Pratique... Quel mot odieux!

Je crois que j'ai commencé par traiter Pascal de phallocrate. D'une part, au nom d'une «émotion» provoquée par la plaisante «odeur» des cheveux longs, il refusait aux femmes le droit d'avoir une coiffure pratique, c'est-à-dire, si on regarde le fond des choses, de vivre librement (de la même façon qu'au XIXe, au nom d'«émotions» provoquées par les tailles fines et les poitrines rebondies, les hommes enfermaient les femmes dans des corsets); et d'autre part, Pascal se permettait de m'interdire — puisque «la femme qu'il aime», pour l'instant, ça m'a tout l'air d'être moi — d'agir à ma guise en ce qui concerne ma coupe de cheveux...

Ces arguments, il les a accueillis avec un sourire méprisant et l'air de dire: «Tiens, tiens, mais elle *pense* maintenant, la petite Odile? Comme elle est gentiment maladroite! Comme elle est délicieusement sotte! Comme j'aime son petit air pédant!»

Je me suis mise en colère et, bien sûr, j'ai bafouillé, ce qui a eu pour conséquence directe de redoubler ma colère. Pascal, dont l'expression hautaine et ironique avait cédé la place à une moue ennuyée, s'est levé, m'a tapoté l'épaule, m'a dit que c'est moi qui devrais écrire, on publiait beaucoup de ces «sortes de choses» en ce moment. Et il est sorti, son cahier sous le bras.

Ça n'a fait ni une ni deux: je suis montée dans ma chambre, j'ai pris de l'argent dans mon portefeuille, je suis allée chez un coiffeur, j'ai passé une demi-heure au milieu de vieilles peaux qui lisaient *Point de Vue*, à remâcher ma colère. Enfin je me suis assise dans un fauteuil, j'ai fermé les yeux et j'ai dit:

— Coupez tout.

(Tiré de Patrick Besson, *La Maison du jeune homme seul*)

Analyse du texte modèle

Dans ce texte, la narratrice Odile revit la colère provoquée par les remarques de Pascal sur la coupe de cheveux des femmes. D'abord, la façon dont la narratrice décrit Pascal traduit cette émotion dominante de colère:

- «Je prends **souvent** Pascal **en flagrant délit d'indélicatesse, en dépit des** sourires et des baisemains.» (La phrase suggère à la fois l'indélicatesse, l'infidélité et l'hypocrisie du personnage.)
- «un sourire méprisant»
- «[son] expression hautaine et ironique avait cédé la placeà une moue ennuyée»

Sa colère tombe aussi sur les autres clientes chez le coiffeur; la narratrice les appelle «de vieilles peaux qui lisaient *Point de Vue*».

Toutes les actions du récit mènent à un point culminant: une décision prise hâtivement, en pleine furie. La trame du récit se tisse à partir des remarques désinvoltes de Pascal, son inattention à la mère et la façon dont il réagit à Odile (il se moque d'elle, puis s'ennuie et sort tranquillement). Le dernier paragraphe avec ses séquences rapides et l'accumulation de phrases avec le sujet *je* annonce la décision prise en colère: «Coupez tout.»

Notons que l'auteur se sert très astucieusement du discours indirect pour résumer l'argument en général et des guillemets pour exprimer les commentaires les plus moqueurs de Pascal. La narration est faite à la première personne, mais l'auteur prend soin de varier les structures syntaxiques pour éviter que trop de phrases débutent avec le sujet *je*.

B Exercice d'application

(réponses, p. 98)

Les trois paragraphes suivants forment l'introduction à un conte d'Émile Zola. Lisez-les et répondez aux questions ci-dessous.

Il y a huit jours que Lucien Bérard et Hortense Larivière sont mariés. Mme veuve Larivière, la mère, tient, depuis trente ans, un commerce de bimbeloterie, rue de la Chaussée-d'Antin. C'est une femme sèche et pointue, de caractère despotique, qui n'a pu refuser sa fille à Lucien, le fils unique d'un quincaillier du quartier, mais qui entend surveiller de près le jeune ménage. Dans le contrat, elle a cédé la boutique de bimbeloterie à Hortense, tout en se réservant une chambre dans l'appartement; et, en réalité, c'est elle qui continue à diriger la maison, sous le prétexte de mettre les enfants au courant de la vente.

On est au mois d'août, la chaleur est intense, les affaires vont fort mal. Aussi Mme Larivière est-elle plus aigre que jamais. Elle ne tolère point que Lucien s'oublie une seule minute près d'Hortense. Ne les a-t-elle pas surpris, un matin, en train de s'embrasser dans la boutique! Et cela, huit jours après la noce! Voilà qui est propre et qui donne tout de suite une bonne renommée à une maison! Jamais elle n'a permis à M. Larivière de la toucher du bout des doigts dans la boutique. Il n'y pensait guère, d'ailleurs. Et c'était ainsi qu'ils avaient fondé leur établissement.

Lucien, n'osant encore se révolter, envoie des baisers à sa femme, quand sa belle-mère a le dos tourné. Un jour, pourtant, il se permet de rappeler que les familles, avant la noce, ont promis de leur payer un voyage, pour leur lune de miel. Mme Larivière pince ses lèvres minces.

(Tiré d'Émile Zola, *Voyage circulaire*)

1. Identifiez trois détails du cadre spatial.
   _____
   _____

2. Nommez trois détails qui précisent le cadre temporel du récit.
   _____
   _____

3. Quels sont les traits de personnalité de Mme Larivière?
   _____

4. Expliquez les facteurs qui constituent une possibilité d'action. Quel est le déclencheur dans le troisième paragraphe?
   _____
   _____

5. Identifiez la voix narrative. Quels sont les limites et les avantages de cette voix? Comment Zola exploite-t-il les possibilités de cette voix narrative?
   _____
   _____
   _____

6. Quel est le ton de la narration? Quelles émotions inspire-t-on chez le lecteur?
   _____
   _____

Au niveau de la phrase

Selon les besoins de la narration, certains éléments du récit (que ce soit un objet, un détail, une émotion) auront un statut privilégié. Au niveau de la phrase, on a souvent recours à la mise en relief pour rehausser la valeur des détails sélectionnés.

LA MISE EN RELIEF

La mise en relief, qui permet d'intensifier l'effet de certains mots, se fait de plusieurs façons différentes.

Tableau 6.2   La mise en relief

A   *La permutation*
    C'est le déplacement d'un mot de sa place habituelle dans la phrase. Ainsi les adverbes qui indiquent une action soudaine (*soudain*, *tout à coup*) sont souvent placés au tout début de la phrase pour augmenter leur effet.

1. On peut déplacer d'autres adverbes.
   Lentement et péniblement, il s'avançait au micro.
   D'un ton sarcastique, il m'a dit «merci».
   «Jamais elle n'a permis à M. Larivière de la toucher du bout des doigts dans la boutique.» (Zola)

2. On peut déplacer les adjectifs.
   Humilié, l'enfant a éclaté en sanglots.
   Je ne m'attendais pas à ses ingénieux propos.

B *La répétition*
Un procédé légèrement plus compliqué consiste à déplacer un élément et à le reprendre avec un pronom.
1. La répétition du sujet
   Ma mère, *elle*, était stupéfaite.
2. La répétition du complément d'objet direct
   La lettre, *j'étais incapable de l'ouvrir.*
   *«**Ces arguments**, il **les** a accueillis avec un sourire méprisant ...»* (Besson)

C *L'emploi de C'est... qui/que*
Une troisième technique consiste à introduire l'élément en relief à l'aide de *c'est* et à y attacher une proposition avec *qui* (pour le sujet) ou *que* (pour les autres éléments).
1. La mise en relief du sujet
   Ma mère *avait peur.* → *C'est ma mère qui avait peur.*
   Ma sœur *sera déçue.* → *C'est ma sœur qui sera déçue.*
   «En réalité, c'est elle qui continue à diriger la maison.» (Zola)
2. La mise en relief du complément d'objet direct
   Je cherchais le coupe-papier.
   → *C'est le coupe-papier que je cherchais.*
   Je ne pourrai jamais oublier ce moment.
   → *C'est un moment que je ne pourrai jamais oublier.*

À VOUS — C Exercices d'application *(réponses, p. 98)*

1. Dans les phrases suivantes, déplacez l'élément souligné pour le mettre en relief.
   a. Elle nous fixait <u>d'un œil désapprobateur</u>.

   b. Ils devaient arriver <u>à trois heures précises</u>.

   c. Les passagers <u>stupéfaits</u> restaient cloués sur place.

   d. Je distinguais <u>par moments</u> des dessins sur les murs du tunnel.

   e. L'enfant <u>curieux</u> s'est mis à fouiller dans les cartons.

2. À l'aide d'une répétition, mettez en relief les éléments soulignés.
   a. J'ai fait <u>ce cauchemar</u> durant toute mon enfance.

b. Le journaliste ne s'occupe pas de ces détails.
_____

c. J'ai acheté ce porte-feuille à Paris.
_____

d. Je ne saurai jamais ce qui l'a poussé à cette action folle.
_____

e. Il m'a montré la clé avant de la jeter dans le fleuve.
_____

3. Utilisez *C'est... qui/que* pour mettre en relief les éléments soulignés.
   a. J'ai blâmé la directrice.
   _____

   b. L'étudiant a proposé cette solution ingénieuse.
   _____

   c. Mon idée nous semble la plus pratique.
   _____

   d. J'ai reçu la nouvelle atroce le lendemain.
   _____

   e. Le souvenir de cet incident me tracasse le plus.
   _____

Au niveau du paragraphe

Les marqueurs chronologiques seuls ne suffisent pas à tous les besoins de la narration. Souvent on cherche à établir des transitions qui marquent un développement autre que chronologique, par exemple, une indication de manière, une explication ou une opposition.

Tableau 6.3   Les charnières autres que chronologiques

A	*La manière*
	ainsi, de cette manière
	J'ai saisi le document; ainsi j'ai pu avoir l'attention des participants.
	«C'était ainsi qu'ils avaient fondé leur établissement.» (Zola)
B	*Une explication*
	c'est pourquoi
	Je n'ai pas compris ses paroles; c'est pourquoi je n'y ai pas réagi.
C	*L'opposition*
	pourtant au contraire
	cependant par contre
	toutefois par ailleurs
	néanmoins mais (à ne pas suremployer)
	«Un jour, pourtant, il se permet de rappeler que les familles, avant la noce, ont promis de leur payer un voyage pour leur lune de miel.» (Zola)

Pour résumer, les mots charnières sont choisis en fonction de la logique interne de la narration:
- Parfois on mélange la chronologie des événements.
- Parfois on précise la manière dont s'accomplit une action ou on fournit des explications pour une action.
- Parfois on introduit des oppositions ou on traduit une perception confuse ou même erronée de la réalité parce que c'est ainsi que le personnage l'a comprise.

À VOUS — D | Exercice d'application

Composez des phrases originales qui incorporent les marqueurs suivants.

a. ainsi _____

b. c'est pourquoi _____

c. pourtant _____

d. au contraire _____

e. par ailleurs _____

L'UNITÉ DE TON

Le registre émotionnel qu'on choisit pour la narration dicte en très grande partie le vocabulaire, les détails du décor et du personnage, et même l'agencement des actions. Le ton peut varier selon le but du récit. L'important c'est de préciser le but émotionnel.

le choc	l'humour	la surprise
la peur	la panique	le malaise
la nostalgie	le suspense	la déception
la compassion	la confusion	*etc.*

Un dictionnaire des synonymes ou un thésaurus aidera l'étudiant à trouver le vocabulaire varié et nuancé dont il aura besoin. Un exercice très utile est l'association libre à partir d'un mot ou groupe de mots. Ces exercices préliminaires font découvrir le vocabulaire du registre émotionnel choisi. La cohérence du vocabulaire engendre celle du ton, et celle-ci constitue en grande partie la cohérence du récit entier.

À VOUS — E | Exercice d'application *(modèle, p. 99)*

Suggérez des verbes, adverbes, adjectifs et substantifs qui traduisent les émotions suivantes. Consultez un dictionnaire des synonymes ou un thésaurus.

a. la peur
b. la confusion
c. la surprise
d. le choc
e. la déception
f. la panique

Au niveau de la production

La révision aura lieu de préférence quelques jours après la préparation du brouillon, ce qui assure le recul nécessaire. Une focalisation et une démarche systématique caractérisent l'approche la plus fructueuse.

LA RÉVISION DU CONTENU ET DE LA STRUCTURE

En révisant d'abord le contenu et la structure de l'ensemble, on peut faire une évaluation globale de l'impact du récit. Il faut être prêt à ajouter ou à supprimer des détails, à modifier l'agencement des déclencheurs, à changer l'ordre des paragraphes et à réécrire des parties du récit.

Tableau 6.4   Grille d'évaluation: la révision du contenu et de la structure

- Est-ce que le titre et l'introduction éveillent l'intérêt du lecteur? Aura-t-il envie de continuer à lire?
- A-t-on donné suffisamment de détails pour que le lecteur puisse se faire une idée du cadre spatio-temporel et des personnages?
- La séquence d'actions est-elle facile à suivre?
- Guide-t-on suffisamment le lecteur avec des marqueurs chronologiques?
- Y a-t-il une progression vers un point culminant?
- Les détails sont-ils choisis en fonction de cette progression sans longueurs?
- A-t-on réussi à impressionner le lecteur? Quelles émotions suscite le récit?
- Toutes les possibilités de la voix narrative choisie ont-elles été exploitées, par exemple en créant du suspense ou de la compassion à partir d'une identification avec un personnage?

LA RÉVISION STYLISTIQUE DE L'ENSEMBLE

La révision stylistique de l'ensemble se fait une fois qu'on est satisfait de la structure globale du récit. On se prépare à faire des révisions locales en évaluant la précision du vocabulaire, la richesse syntaxique et l'emploi des phrases de transition et des charnières.

Tableau 6.5   Grille d'évaluation: la révision stylistique de l'ensemble

- Quel est le ton du récit? Le vocabulaire qui traduit ce ton est-il suffisamment nuancé?
- Y a-t-il de la cohérence sur le plan lexico-sémantique?
- A-t-on abusé des adverbes qui se terminent en -ment ou des adverbes trop simples comme *très*, *beaucoup*? Est-il possible de varier davantage les adverbes et les locutions adverbiales?
- A-t-on introduit des mises en relief pour mieux insister sur les éléments-clés du récit?
- Y a-t-il des répétitions de détails ou d'éléments lexicaux qui ne contribuent pas à l'impact désiré de l'ensemble?

- La structure syntaxique des phrases est-elle assez variée, surtout s'il s'agit d'une narration à la première personne?
- Les temps verbaux sont-ils bien utilisés? Si le récit est au passé, est-ce que le passé composé, l'imparfait et le plus-que-parfait sont employés correctement?

LA CORRECTION MORPHO-SYNTAXIQUE

La dernière relecture du texte vise à repérer les erreurs de morpho-syntaxe. En relisant le récit, on doit porter une attention particulière à deux éléments:
- le temps et la morphologie des verbes
- les antécédents des pronoms

F Exercices d'application (réponses, p. 99)

1. Corrigez les fautes de morpho-syntaxe soulignées dans les paragraphes suivants.

   J'ai (1) regarder la lettre, les yeux (2) inquiet de ma mère (3) fixer sur moi. J'étais excitée, nerveuse et (4) apeuré. (5) Quel expérience éprouvante! J'étais paralysée par toutes les émotions que je (6) ressentaient. D'un seul coup, j'ai compris la profondeur de mon (7) désire (8) d'assisté à l'université. (9) Cet lettre, petit bout de papier ordinaire, était (10) doté d'un pouvoir immense. Elle me dirait si mon rêve allait (11) ce (12) réalisé.

   Pendant toute ma dernière année au secondaire, j'avais travaillé dur afin d'obtenir les notes (13) excellente qu'il fallait pour faire la demande d'entrée (14) a l'université. Beaucoup de jours j'étais accablée par une grippe ou un gros rhume. Comme (15) s'était difficile de (16) resté alerte! De plus, quand j'étais malade, j'avais d'autant plus de (17) devoir!! Sans me (18) soucié du fait que j'étais fatiguée, je n'avais pas cessé de faire mes devoirs. Seul mon (19) désire intense de poursuivre mes études (20) m'avaient soutenue.

1._____	8._____	15._____
2._____	9._____	16._____
3._____	10._____	17._____
4._____	11._____	18._____
5._____	12._____	19._____
6._____	13._____	20._____
7._____	14._____	

2. Repérez et corrigez les 20 fautes de morpho-syntaxe dans les paragraphes suivants qui terminent le récit entamé dans l'exercice 1.

   Ma curiosité a devenu incontrôlable; j'ai ouvert la lettre sans coupe-papier mais avec mes ongle! J'étais incapable d'ouvrir assez rapidement cet lettre, tant j'avais la tremblote. Quand enfin j'ai pu lire se qui était écrit sur la feuille, mes yeux se son rempli de larmes: «Félicitations! Vous êtes acceptée par l'Université.» Ma mère m'a écrasé dans ces bras, les yeux brillant. J'ai pousser un cri de joie! C'est un moment que je ne pourai jamais oublié.

Je me souviendrai toujours de se jour chaud, claire et ensoleillé. Ma joie démesuré avait des élément de satisfaction, de récompense mérité. Le succès auxquel on arrive suite à des efforts acharné est sensationnel.

1._____	8._____	15._____
2._____	9._____	16._____
3._____	10._____	17._____
4._____	11._____	18._____
5._____	12._____	19._____
6._____	13._____	20._____
7._____	14._____	

3. En 250-300 mots, racontez une action que vous avez prise et que vous avez regrettée tout de suite après. Précisez les émotions que vous avez ressenties (ahurissement, colère, désir de vous venger, etc). Révisez le brouillon à l'aide des grilles d'évaluation ci-dessus (Tableaux 6.4 et 6.5).

4. Lisez le fait divers ci-dessous. Imaginez que vous étiez un des passagers dans l'autocar. En 250-300 mots, faites le récit de cet incident; révisez le brouillon en vous servant des grilles d'évaluation ci-dessus (Tableaux 6.4 et 6.5).

Éjecté de l'autocar en marche:
UN FRANÇAIS CROYAIT SE RENDRE D'OTTAWA À VANCOUVER EN DEUX HEURES!

Bonfield, Ont. (PC) - Un Français voyageant en autocar est décédé vendredi, sur la route d'Ottawa à Sudbury, lorsqu'il a été éjecté du véhicule en mouvement après avoir tenté d'enlever le volant des mains du chauffeur.

Furieux d'apprendre que la traversée du pays prendrait plus de deux heures, le passager, un Parisien âgé de 26 ans, a été éjecté tandis que le chauffeur tentait de reprendre le contrôle du car sur une autoroute de l'Ontario.

«Il a dit qu'il voulait se rendre à Vancouver et il pensait que la ville n'était qu'à deux heures d'Ottawa», a raconté une passagère, souhaitant conserver l'anonymat. Une autre femme a indiqué s'être réveillée et avoir entendu l'homme et le chauffeur se disputer et se bousculer afin de prendre le contrôle du véhicule.

«Que faites-vous?», criait le chauffeur. «Le chauffeur tentait de repousser quelqu'un», a raconté Lil Michaud, 63 ans, de Mattawa, en Ontario. Les 18 passagers ont été secoués pendant que le chauffeur tentait de reprendre le contrôle du car, fonçant sur l'autoroute du Nord.

«C'était vraiment épeurant», a poursuivi Mme Michaud. Après avoir trébuché, le passager enragé «a heurté la poignée de secours et est passé par la porte», a-t-elle dit.

Le chauffeur, David Crowe, 39 ans, n'a subi aucune blessure. Il a toutefois pris congé pour le reste de la journée. L'identité du passager, qui possédait un billet pour Vancouver, n'a pas été rendue publique par la police, celle-ci n'ayant pas encore rejoint la famille.

Le trajet en autocar Ottawa-Vancouver, d'environ 4700 km, s'effectue en à peu près trois jours.

(Tiré de *L'Express* (Toronto))

sept
L'ÉCRIT ARGUMENTATIF

Au niveau du texte

Par écrit «argumentatif», on entend l'écrit dans lequel on soutient et justifie son opinion sur un sujet controversé. Autrement dit, on défend ou on valorise son avis afin d'influencer le lecteur. Le but ultime donc, c'est de convaincre le lecteur de la validité d'une opinion, d'une attitude ou d'un comportement. On peut aussi vouloir le persuader d'adopter le même point de vue, le pousser à une action précise ou, au contraire, le dissuader de prendre certaines mesures.

Inévitablement, dans l'écrit argumentatif, on a recours à d'autres types d'écrit:
- pour donner de l'information avant d'essayer de pousser le lecteur à l'action
- pour faire la description d'une situation problématique ou aberrante afin de provoquer une prise de conscience chez le lecteur
- pour raconter un incident ou événement susceptible de bien illustrer un problème pour lequel on préconise une solution

Les autres types d'écrit peuvent donc s'insérer dans un écrit argumentatif, mais ils joueront un rôle secondaire; ils seront assujettis au but principal: celui d'avancer un argument.

Le sujet de l'écrit argumentatif est de nature controversée, et relève le plus souvent du domaine des valeurs, soit politiques, sociales ou culturelles. Et puisque dans ce domaine tout est relatif, on sort du champ de la démonstration pure. On essaie, bien sûr, de convaincre le lecteur par le raisonnement cohérent de son argument. Mais cette démarche intellectuelle doit être accompagnée d'une démarche persuasive. On fait appel non seulement à la logique du lecteur mais aussi à ses émotions. Ces deux démarches feront l'objet des chapitres 7 (la démarche intellectuelle) et 8 (la démarche persuasive).

LA FORMULATION DU SUJET (DÉMARCHE INTELLECTUELLE)

Comme le sujet de l'écrit argumentatif relève du domaine des valeurs, on peut le discuter et le débattre sans toutefois prouver incontestablement la validité de son point de vue. Il est essentiel de savoir formuler clairement le sujet tout en indiquant ses aspects controversés. C'est normalement lors de la formulation du sujet qu'on découvre l'intérêt de ce qu'on a à dire. S'agit-il de proposer une nouvelle perspective sur un problème qui existe depuis longtemps? Ou d'attirer l'attention sur de nouveaux facteurs négligés jusqu'ici?

La formulation du sujet établit les termes du débat. On annonce la question à discuter et on introduit les façons dont on fera appel à la logique du lecteur. Des opérations intellectuelles permettent de trouver et d'organiser le matériel qu'on présentera au lecteur.

LES OPÉRATIONS INTELLECTUELLES

Les opérations intellectuelles sont des stratégies qu'on adopte pour alimenter et guider sa réflexion sur un sujet donné. On s'en sert pour trouver du matériel et pour approfondir sa compréhension du sujet tout en découvrant sa réponse individuelle à la question controversée. Ce faisant, on trouve des façons possibles d'organiser le matériel et enfin la manière la plus efficace de présenter le tout au lecteur. Ces opérations stimulent à la fois la pensée, la mémoire et l'imagination.

Tableau 7.1   Les opérations intellectuelles

A	définir: la dénotation et la connotation
B	analyser et synthétiser
C	comparer et contraster
D	appuyer

Définir

En définissant les termes, on vérifie et approfondit sa compréhension du sujet. Bien qu'il ne soit pas toujours souhaitable d'inclure la définition dans la copie finale, on peut l'utiliser à l'étape de la production des idées, pour enrichir son vocabulaire et pour préciser sa pensée. Le dictionnaire unilingue fournit d'abord une définition dénotative qu'on peut reformuler à l'aide de synonymes, d'explications courtes ou détaillées. Un dictionnaire comme le *Thésaurus Larousse* introduit tout le champ sémantique des termes en question. Ces dictionnaires touchent aussi (mais pas systématiquement ni exhaustivement) la définition connotative d'un terme, celle qui ajoute une valeur affective à la définition dénotative. La connotation permet souvent de distinguer entre des synonymes.

Exemple:

>raisonner, argumenter, philosopher, analyser, conceptualiser, formaliser, généraliser, démontrer, établir, conclure, déduire, induire, rationaliser, ratiociner, palabrer, pinailler, chercher la petite bête, couper les cheveux en quatre (d'après *Thésaurus Larousse*)

Analyser et synthétiser

Analyser signifie découper un sujet en ses éléments constituants, ce qui permet de dépasser le niveau des généralités et de trouver les composantes individuelles d'un sujet. On peut, par exemple, identifier les différentes circonstances d'un problème: l'agent, le moment, le lieu, la manière, etc. On arrive ainsi à découper une situation pour mieux saisir la multiplicité de facteurs qui entrent en jeu. Inévitablement on cerne aussi l'aspect historique en essayant d'identifier les causes possibles d'une situation. Les réponses aux questions fondamentales (*qui, quand, comment, pourquoi, où*) provoquent souvent une analyse plus théorique.

La synthèse est le processus complémentaire de l'analyse. Après le découpage, il faut rétablir le tout et reformuler la vision d'ensemble. Ceci ne veut pas dire qu'on retrouve les généralités: on se sert du processus de découpage pour identifier de nouvelles perspectives détaillées sur l'ensemble.

Comparer et contraster

Une autre technique pour trouver de nouvelles perspectives sur une généralité, c'est de faire des mises en parallèle. On peut chercher des comparaisons, c'est-à-dire comparer la situation à une autre du même domaine. C'est ce qu'on fait en comparant la bibliothèque universitaire à un autre lieu, par exemple, une prison.

Un procédé semblable consiste à créer une analogie, c'est-à-dire comparer la situation à une autre d'un domaine différent. L'analogie permet d'illustrer une notion abstraite en la comparant à un domaine concret plus familier au lecteur, ce qui facilite la compréhension d'un concept. Si on dit, par exemple, que l'analphabétisme est une prison, on fait comprendre les limites que cette condition impose sur un individu.

Au lieu de chercher des similarités, on peut essayer de différencier deux situations en les contrastant. Ce procédé de mise en opposition stimule aussi la pensée, parce qu'elle exige un examen des aspects qui différencient une situation ou une approche d'une autre.

Appuyer

Dans l'écrit argumentatif, on cherche souvent à appuyer son point de vue à l'aide de témoignages. On peut introduire des exemples, des citations, des anecdotes ou des statistiques. Il faut, bien sûr, faire attention à la fiabilité de ses sources. Il faut aussi s'assurer que le témoignage personnel soit interprété comme un phénomène représentatif, non pas comme un cas isolé. En cherchant de tels appuis, on stimule sa mémoire, et on arrive aussi à identifier son attitude vis-à-vis le sujet à discuter. De tels témoignages, placés dans l'introduction d'un écrit argumentatif, fournissent une manière de prendre contact avec le lecteur. Ils peuvent aussi illustrer un raisonnement sans toutefois constituer des arguments. L'argument est la formulation abstraite d'un principe à partir d'un exemple ou autre illustration.

Toutes ces opérations intellectuelles sont des techniques pour se débloquer, pour trouver de nouvelles façons d'envisager un problème, pour identifier son attitude et pour découvrir une façon cohérente et saisissante de présenter ses idées au lecteur.

LA STRUCTURATION DU MATÉRIEL

Trois possibilités de structuration, liées à des processus cognitifs, prédominent lors du choix de la façon dont on veut présenter son matériel au lecteur.

Tableau 7.2   La structuration du matériel

A   *Du général au particulier*
- C'est le raisonnement par induction.
- On part d'un principe général et on examine comment il s'applique à une situation particulière.

B   *Du particulier au général*
- C'est le raisonnement par induction.
- On part d'une situation particulière pour trouver le principe général qui le soutient.
- Cet ordre peut être très utile quand on veut faire remarquer un phénomène inquiétant qui risque de passer sans recevoir l'attention qu'il mérite.

C   *Selon l'importance des arguments*
- Cet ordre permet d'agencer plusieurs arguments et de les mettre en relief.
- Il faut privilégier l'argument le plus fort en le mettant soit en première position, soit en dernière.
- Le choix ultime dépend du sujet discuté et de la nature des arguments avancés. Si, par exemple, l'argument le plus fort est aussi celui qui risque d'affronter le lecteur, il vaut mieux le placer en dernière position, après avoir préparé le terrain. Mais si c'est l'argument le plus fort qui assure la logique inattaquable de tout l'écrit, il faut absolument le placer en première position.

À VOUS

A   Exercices d'application   *(modèles, p. 99)*

1. Cherchez dans le dictionnaire les définitions des termes suivants; ensuite donnez-en une définition personnalisée.
   a. le capitalisme _____
   _____
   b. l'écologie _____
   _____
   c. un stéréotype _____
   _____
   d. la technologie _____
   _____
   e. le succès _____
   _____

2. Pour chacun des adjectifs suivants, composez deux phrases qui suggèrent des connotations différentes.
   a. traditionnel _____
   _____
   _____
   b. patriotique _____
   _____
   _____

sept: L'écrit argumentatif

       c.   fidèle _____

       d.   discipliné _____

       e.   féministe _____

3. Suggérez une comparaison ou une analogie pour chacun des procédés suivants.
   a. préparer une dissertation _____
   b. trouver un emploi d'été _____
   c. aller chez le dentiste _____
   d. regarder la télévision _____
   e. vivre en résidence universitaire _____

TEXTE MODÈLE

L'ÉCOLE: COMMENT BRASSER LA CAGE

Que ça s'appelle «commission» ou «états généraux», le principe est le même: seule la population peut forcer le gouvernement à agir. Dans les dossiers difficiles — et l'éducation en est un —, l'État n'agit jamais sans la pression du public, surtout à la veille d'une élection! On sait ce que veulent les enseignants, les commissaires scolaires: ils sont organisés pour le dire. Mais les étudiants, les parents, les contribuables sont une masse informe qui n'est pas structurée pour s'exprimer. Alors nous avons tout imaginé pour qu'ils viennent nous parler, jusqu'à aller nous poster avec des pizzas dans les centres commerciaux!

    Ensuite, comme tout gros système, l'éducation est de nature conservatrice: elle transmet le passé. Il n'est pas certain que les réformes à petits pas, par lesquelles on introduit habituellement le changement social, conviennent le mieux pour modifier un système aussi complexe et résistant au changement.

    Nous ne voulions pas faire de prêchi-prêcha, ni proposer les centaines de recommandations usuelles qui ne livrent aucun message clair sur les grandes directions à prendre. C'est pourquoi nous nous en sommes tenus à quatre stratégies clés pour mettre la machine en marche et forcer le changement de façon irréversible. Premièrement, la scolarisation optionnelle à partir de trois ans. Deuxièmement, un renforcement de la formation des maîtres et la création d'un ordre des enseignants. Troisièmement, l'introduction massive des techniques de l'information dans toutes les classes et à tous les niveaux. Et enfin, des alliances nouvelles entre l'école et la collectivité pour associer toutes sortes de gens et décharger les maîtres. Mais tout se tient! Notre rapport forme un tout: il y a une synergie et il faut en tenir compte.

(Tiré de «L'École: comment brasser la cage»,
une interview avec Monique Bégin par Sylvie Halpern, dans *L'actualité*)

Analyse du texte modèle

Le texte modèle reproduit des extraits d'une interview avec Monique Bégin qui explique les réformes qu'elle propose au système d'éducation en Ontario. Le texte démontre clairement l'importance de trois aspects de l'écrit argumentatif: la formulation du sujet, les opérations intellectuelles qui guident la découverte du matériel et la structuration de ce matériel lors de la présentation au lecteur.

En ce qui concerne la formulation du sujet, Monique Bégin annonce clairement les aspects controversés de son sujet qui est la réforme scolaire:

- L'éducation est un dossier difficile.
- L'éducation, comme tout gros système, est de nature conservatrice.
- Les réformes à petits pas ne sont pas efficaces.
- Les listes de recommandations qu'on donne habituellement ne sont pas efficaces non plus.
- Il faut bousculer la machine et *forcer* le changement de façon irréversible.

On voit aussi les opérations de découpage, de contraste et de comparaison. Mme Bégin oppose deux groupes d'agents: elle souligne que les enseignants et les commissaires scolaires ont amplement l'occasion de dire ce qu'ils veulent; par contre, les élèves, leurs parents et les contribuables en général constituent une masse informe qu'on n'entend pas. Elle tient à signaler que sa commission a fait tous les efforts possibles pour écouter ces derniers.

L'expression «mettre la machine en marche et forcer le changement de façon irréversible» établit une comparaison entre le modèle de réforme scolaire proposé et une machine qui ne s'arrête pas avant que la tâche ne soit accomplie. Mme Bégin a aussi recours au contraste: elle oppose son intervention à d'autres tentatives qui ont déjà été faites et qu'elle juge inefficaces: «Nous ne voulions pas faire de prêchi-prêcha, ni proposer les centaines de recommandations usuelles qui ne livrent aucun message clair sur les grandes directions à prendre.»

Quant à la structuration du matériel, il s'agit essentiellement d'un principe général — «seule la population peut forcer le gouvernement à agir» — appliqué à une situation en particulier, en l'occurrence, la réforme scolaire. Mme Bégin définit les termes du débat et justifie la réforme globale qu'elle propose avec ses quatre stratégies clés.

Au niveau de la phrase

Dans l'écrit argumentatif, la clarté du message dépend surtout de l'harmonie et de l'équilibre de la phrase. Le parallélisme dans la structure est primordial. Par des mises en parallèle, on cherche à indiquer, sous des formes semblables, les idées qui sont d'une importance égale. Autrement dit, on signale, sur le plan formel, les éléments de l'argumentation.

L'ÉQUILIBRE DE LA PHRASE

La mise en parallèle assure l'harmonie de la phrase et donne un certain plaisir intellectuel, tout en facilitant la compréhension des idées présentées. Elle peut se faire de plusieurs façons.

D'abord, on peut utiliser des propositions infinitives. Dans le texte modèle, par exemple, Mme Bégin utilise deux infinitifs coordonnés par la conjonction négative *ni* pour dire ce qu'elle n'a pas fait: «Nous ne voulions pas **faire** de prêchi-prêcha, ni **proposer** les centaines de recommandations usuelles.»

Très souvent, la mise en parallèle se fait à l'aide de nominalisations. Il s'agit d'employer le substantif qui correspond au verbe. Dans le texte modèle, Mme Bégin se sert de la nominalisation pour exprimer les quatre stratégies clés de la réforme qu'elle propose:

- *la scolarisation* optionnelle à partir de trois ans
- *un renforcement* de la formation des maître et *la création* d'un ordre des enseignants
- *l'introduction* massive des techniques de l'information dans toutes les classes et à tous les niveaux
- *des alliances* nouvelles entre l'école et la collectivité

Ces nominalisations à partir des verbes *scolariser, renforcer, créer, introduire, allier*, renforcées par les charnières d'énumération (*premièrement*, etc.), expriment très clairement les quatre stratégies de la réforme.

Une mise en garde s'impose cependant à l'égard des nominalisations. De façon générale, les verbes sont plus dynamiques, et il faut éviter d'abuser des nominalisations. Celles-ci risquent de devenir des «mots-valises» qui permettent d'introduire un concept sans qu'on soit obligé d'articuler sa pensée de façon vraiment précise. Puisque des idées très originales peuvent se perdre derrière des nominalisations, il faut en faire un usage calculé.

Une nominalisation fort utile puisqu'il ne comporte pas le danger d'une conceptualisation trop abstraite est celle qui permet l'emploi d'un adjectif comme un substantif, surtout au pluriel. On évite ainsi la répétition monotone des mots comme *personnes* et *individus*:

       les bons, les méchants
       les jeunes, les vieux
       les pauvres, les riches
       les optimistes, les pessimistes, les réalistes
       les fanatiques, les extrêmistes

La nominalisation se fait aussi avec les adjectifs formés des participes:

       les participants, les débutants
       les démunis, les nantis

À VOUS

B Exercice d'application

(réponses, p. 99)

Corrigez les phrases suivantes en introduisant des mises en parallèle.

a. Je trouve que les activités culturelles sont utiles parce qu'elles fournissent un moment de repos <u>aussi que d'être intéressantes</u>.

_____

b. Il semble que l'existence de cette nouvelle catégorie de délinquants soit seulement un des résultats de la ségrégation économique des pauvres et de <u>ce qu'on discrimine contre certaines races</u>.

_____

c. Chaque jour, on entend parler de meurtres, <u>de personnes qui volent</u>, et de batailles dans la rue.
_____
_____

d. La récession, le divorce et <u>regarder la télévision</u> contribuent tous à l'augmentation de la violence dans la famille.
_____
_____

e. Les conférenciers doivent parler avec enthousiasme et <u>comme s'ils avaient confiance en eux-mêmes</u>.
_____
_____

SAVOIR PRÉCISER ET NUANCER

La logique de la phrase dépend aussi de l'utilisation appropriée des termes qui indiquent des gradations ou des différences subtiles. Dans l'écrit argumentatif, leur emploi correct revêt une importance critique; le lecteur se méfiera de trop d'approximations qui frôlent l'exagération. Par contre, l'utilisation appropriée de ces termes signale l'honnêteté intellectuelle. Par exemple, les deux séries suivantes traduisent des différences importantes — d'une diffusion très limitée à une popularité très répandue:

- *ne jamais → rarement → parfois → souvent → toujours*
- *peu de gens → quelques personnes → beaucoup de gens → la plupart des gens → tout le monde*

C Exercice d'application

À VOUS

Composez des phrases pour distinguer entre les expressions suivantes.

a. ne pas/ne point _____
_____

b. pas/pas du tout _____
_____

c. parfois/de temps en temps _____
_____

d. souvent/régulièrement_____
_____

e. possible/probable_____
_____

f. plusieurs fois/à maintes reprises _____
_____

g. semblable/identique_____
_____

sept: L'écrit argumentatif **77**

Au niveau du paragraphe

La cohérence du paragraphe dépend surtout de deux facteurs: **l'unité** et **le développement**. Par unité, on entend l'idée principale, qu'on appelle souvent l'idée-clé ou l'idée-maîtresse du paragraphe. Très souvent, c'est dans la première phrase du paragraphe qu'on l'annonce.

LE DÉVELOPPEMENT DE L'IDÉE-CLÉ

Même si toutes les phrases se rattachent à une seule idée-clé, le paragraphe peut toujours manquer de cohérence s'il n'y a pas de développement de l'idée. La répétition ou même la reformulation d'une idée ne constitue pas un développement. Ce dernier implique un approfondissement quelconque. On peut illustrer une idée ou un argument à l'aide d'un exemple; on peut en faire une analyse en éléments constituants; on peut établir une comparaison, une analogie ou un contraste. Souvent, après le développement, on choisit de reformuler l'argument sous une forme nuancée dans la phrase de conclusion.

À VOUS — Exercices d'application

(réponses, p. 99)

1. Identifiez l'idée-maîtresse et la technique de développement du paragraphe suivant tiré lui aussi de l'interview avec Mme Bégin.

   Le but premier de l'école est de transmettre aux enfants l'amour d'apprendre — d'où le titre de notre rapport — et de permettre leur développement cognitif et intellectuel. Elle doit former les jeunes aux savoirs de base (compter, lire, écrire) en plus de favoriser le développement de l'esprit critique, l'apprentissage du travail en équipe et la maîtrise de l'informatique.

   _____
   _____
   _____

2. Faites le même exercice avec le paragraphe suivant tiré d'une interview avec le sociologue Gary Caldwell, qui parle aussi de l'éducation.

   Le décrochage n'est pas un problème d'école. Une commission royale d'enquête en Ontario a constaté que le problème, c'est qu'on demande à l'école de faire des choses auparavant assumées par la famille. Par exemple, une certaine proportion d'élèves de l'élémentaire et du secondaire est inadéquatement socialisée. Mais ce n'est pas à l'école d'y veiller. Son rôle est de leur transmettre un héritage de connaissances culturelles et techniques. Aujourd'hui, on abuse des profs en leur demandant de se substituer aux parents. Ce qui est désastreux, c'est que de plus en plus de parents pouvant se le permettre sortent leurs enfants des écoles publiques.

   (Tiré de «Écoles: le pouvoir aux parents»,
   une interview avec Gary Caldwell par Luc Chartrand, dans *L'actualité*)

3. Identifiez le cheminement de la pensée du paragraphe suivant. Énumérez les arguments avancés pour appuyer la déclaration exprimée dans la phrase d'introduction.

> Le sport développe les grandes vertus morales et sociales. Et d'abord, il habitue à l'effort. Quand l'activité sportive est réellement pratiquée, c'est-à-dire quand on s'efforce de l'accomplir comme elle se doit et de la mener à son terme, elle requiert presque inévitablement à un moment donné un dépassement de soi. On va un peu plus loin qu'on ne le prévoyait, qu'on ne le désirait. On apprend à se dépasser. Par ailleurs, le sport entraîne à l'action. Lorsqu'on a un ballon entre les mains, il faut décider rapidement de ce qu'on va en faire, et passer à l'acte sans délai. On s'exerce ainsi à prendre des initiatives et à agir. Enfin, le sport apprend à vivre avec les autres. Les sports collectifs, beaucoup plus nombreux que les sports individuels, ne peuvent se pratiquer en effet sans une collaboration étroite avec les partenaires. Ils nous apprennent à tenir compte des autres et à agir ensemble. Ainsi, le sport développe en nous des qualités morales et sociales. C'est une excellente école d'apprentissage de la vie.
>
> (Tiré de Gilberte Niquet, *Écrire avec logique et clarté*)

Au niveau de la production

L'écrit argumentatif exige, même plus que les autres types d'écrit, un investissement du temps. Les arguments convaincants ne jaillissent pas; normalement il faut une période de temps pour que les idées se précisent et mûrissent. Il faut surtout prendre le temps de bien digérer les lieux communs, c'est-à-dire les généralités sur le sujet donné. Il faut se rappeler que le danger principal est de croire qu'on a une pléthore d'idées et d'arguments quand en réalité on n'a qu'une quantité de notions générales qui manquent de précision. Il faut apprendre à se focaliser, à limiter les aspects qu'on veut développer, bref à dépasser les idées universelles lorsqu'on est prêt à formuler son propre avis sur le sujet.

En plus, l'écrit argumentatif est une rédaction plus serrée que les autres types d'écrit. Les arguments et appuis introduits pêle-mêle dans l'écrit n'auront aucun impact sur le lecteur. On structure son texte selon trois critères:
- l'importance relative des idées, c'est-à-dire, il faut tenir compte de la cohérence interne du sujet
- l'impact possible sur le lecteur du matériel à inclure
- la touche personnelle du rédacteur

Tableau 7.3 Étapes à suivre

A *La production des idées*
- Noter tout ce qui vient à l'esprit, avoir recours aux opérations intellectuelles pour stimuler la pensée.
- Chercher des définitions (dénotatives et connotatives) et rechercher le vocabulaire du champ sémantique en question.
- Faire de l'association libre à partir des mots-clés du sujet; essayer de trouver des exemples, anecdotes, chiffres, témoignages.
- Imaginer des comparaisons, analogies et contrastes pour mieux cerner le sujet donné.
- Chercher systématiquement toutes les circonstances possibles d'agent, lieu, manière, etc.
- Générer autant de vocabulaire, nuances, circonstances, composantes, exemples, appuis que possible. C'est ainsi qu'on creuse plus profondément et qu'on comprend vraiment le sujet et les multiples façons dont on pourrait l'aborder.

B *La production du plan*
- Identifier clairement la controverse que contient le sujet. Souvent, il est bon d'exagérer carrément les deux côtés d'une controverse pour mieux cerner sa propre position.
- Formuler sa position sous forme d'une constatation dont on veut démontrer la validité au lecteur.
- Identifier les exemples, définitions, chiffres, comparaisons, qui semblent pertinents pour appuyer le point de vue choisi; résumer en une phrase-clé chaque argument à garder, avec l'appui ou l'illustration qui s'y attache.
- Réfléchir au lecteur, imaginer son point de vue et l'information qu'il possède déjà sur le sujet. Cet exercice permettra de générer des possibilités quant à la façon de prendre contact avec le lecteur: anecdote à raconter, exemple à donner, chiffres à citer, circonstances à expliquer, ton à adopter.
- Préparer un plan sous forme de schéma qui indique à la fois l'ordre des idées et leur hiérarchisation (idées principales, idées secondaires, exemples).

C *La production du brouillon*
- Rédiger le brouillon à partir du plan schématique; s'imaginer en train de discuter avec un lecteur.
- Se rappeler que le plan ne donne que le schéma rationnel qui assure la cohérence logique de l'ensemble; laisser travailler l'imagination qui saura rendre vivantes les idées à présenter au lecteur.

E Exercices d'application

1. Pour chacun des thèmes généraux suivants, formulez un sujet précis.
   a. le mythe de l'âge d'or
   b. les publicités et la consommation
   c. les enfants et la télévision

2. Nommez un sport que vous pratiquez ou que vous aimeriez pratiquer. Identifiez trois raisons pour lesquelles tout le monde devrait pratiquer ce sport.

   Formulez vos raisons sous forme de phrases complètes.

3. Donnez trois raisons pour lesquelles les universités devraient introduire un système plus flexible avec, par exemple, des cours qui débutent à plusieurs moments différents de l'année, un programme d'apprentissage à distance, etc.

4. Préparez une rédaction sur un des sujets suggérés dans les exercices 1, 2 ou 3 ci-dessus.

huit
L'ÉCRIT ARGUMENTATIF (SUITE)

Au niveau du texte

Faire appel à la logique reste la clé qui assure la réussite de l'écrit argumentatif. Il est indispensable de savoir formuler clairement le sujet et l'élément de controverse. Il faut savoir articuler des arguments, les développer, les appuyer et les enchaîner. Rien ne peut remplacer la logique de la démarche intellectuelle; c'est ainsi qu'on fait appel à l'intelligence du lecteur. Il y a toutefois des façons de disposer le lecteur à mieux vous écouter.

Il faut savoir prendre contact avec le lecteur si on veut mener un débat avec lui afin de le persuader de la validité des arguments avancés. Par la démarche persuasive, on cultive la relation avec le lecteur afin de l'amener à partager ou du moins à apprécier le point de vue qu'on exprime.

PRENDRE CONTACT AVEC LE LECTEUR (LA DÉMARCHE PERSUASIVE)

Pour prendre contact avec le lecteur, il faut éveiller son intérêt, bref susciter une réaction chez lui. Il faut se rappeler les trois questions que le lecteur se pose en lisant un écrit argumentatif:

- pourquoi le lire?
- pourquoi me raviser?
- pourquoi me fier à l'auteur?

Ces trois questions mettent en évidence l'importance capitale de la relation qu'on établit avec le lecteur. Cette relation détermine le ton de l'introduction et de la conclusion ainsi que la façon dont on guidera le lecteur tout au long du développement.

Il y a de multiples façons de prendre contact avec le lecteur.

Tableau 8.1   Comment prendre contact avec le lecteur

A	On peut l'amuser, par exemple en racontant une anecdote ou en suggérant une comparaison qui fait appel à son sens de l'humour.
B	On peut également faire appel à la curiosité intellectuelle du lecteur en suggérant que le débat qu'on propose va lui permettre de se renseigner ou de faire le point sur une question difficile qui touche ses valeurs personnelles.

C   Un autre procédé c'est de rassurer le lecteur, surtout si la nature de la controverse risque de le brusquer. On le fait en passant graduellement du familier vers l'inconnu.

D   Enfin, on peut surprendre le lecteur afin de le pousser à s'ouvrir à une nouvelle perspective sur un sujet familier. Une comparaison ou analogie insolite peut être très efficace. À dose plus forte, on peut choisir de choquer le lecteur.

CULTIVER LA RELATION AVEC LE LECTEUR

Le but ultime de l'écrit argumentatif est double: de faire comprendre l'argument et aussi de le faire accepter. Un raisonnement clair, logique et cohérent se comprend facilement et donne du plaisir au lecteur. Une structure serrée et une présentation saisissante disposent le lecteur à poursuivre sa lecture. Mais il cherche aussi le plaisir qui découle du sens de la solidarité avec le rédacteur. On cultive cette solidarité en tenant compte de quelques facteurs psychologiques.

Tableau 8.2   Comment cultiver la relation avec le lecteur

A   sécuriser le lecteur
B   se montrer fiable
C   engager le lecteur dans l'argument

Sécuriser le lecteur

Ce principe dicte qu'on doit savoir rassurer le lecteur. Si on veut qu'il se ravise sur un sujet donné, il faut préparer le terrain. Parfois on le fait en adoptant un cheminement plus graduel de la pensée, en passant d'un exemple plutôt anodin à d'autres qui illustrent plus graphiquement le problème qu'on veut discuter. On peut, par exemple, passer des fictions télévisées à la réalité.

On peut aussi choisir de partir des éléments moins controversés pour passer ensuite aux éléments les plus contentieux. Parfois il est utile de passer d'une définition dénotative qui sera généralement acceptée à une définition connotative qui n'entraîne pas automatiquement l'adhésion du lecteur. Si par exemple, on veut remettre en question la part que jouent les choses matérielles dans une définition du «succès», on peut introduire en deuxième place la définition personnalisée ou connotative. Avec cette technique d'une reformulation nuancée, on peut disposer le lecteur à accepter les changements qu'on propose à la définition de base. En définissant le «succès» on peut suggérer, par exemple, que c'est précisément la préoccupation avec les choses matérielles qui sabote les possibilités de liberté qui définissent une vie vraiment réussie.

Se montrer fiable

Le lecteur se fiera au rédacteur qu'il croit fiable, qui discute d'une façon sensée et équitable. Paradoxalement, le seul lecteur qu'on puisse secouer est celui qui se fie à la voix qui lui parle. C'est seulement en donnant un traitement équitable au point de vue opposé qu'on peut le réfuter. En ridiculisant un autre point de vue, on risque de brusquer le lecteur; il aura tendance alors à rejeter tout ce qu'on lui dit. C'est parce que le ridicule et le ton inflammatoire frôlent la manipulation. Il faut évidemment savoir exactement à qui on s'adresse et calculer ainsi l'effet de l'exagération qu'on veut introduire. Il s'agit de trouver l'équilibre délicat entre une façon saisissante de dire et une façon équitable de juger.

Engager le lecteur dans l'argument

Il s'agit ici d'impliquer le lecteur dans l'argument en lui montrant que le sujet le touche directement. Il faut aussi laisser une marge de manœuvre au lecteur. Parfois, on risque d'insulter l'intelligence du lecteur si on essaie de tout dire et de signaler toutes les conclusions. Alors on a recours à la question dite «pour la forme», c'est-à-dire la question à laquelle on ne donne pas de réponse parce que le lecteur est parfaitement en mesure de la fournir lui-même.

À VOUS

A. Exercices d'application

1. En deux ou trois phrases, résumez le stéréotype de la génération X (apathie, paresse, ennui) et formulez l'hypothèse que ce stéréotype est tout à fait erroné. Adressez-vous à un lecteur de la génération X. Ensuite, composez:
   a. une phrase d'introduction pour rassurer le lecteur
   b. deux questions pour secouer le lecteur (on peut le mettre en colère ou évoquer l'injustice de la situation)
   c. une phrase dans laquelle on exagère la situation en blâmant les «baby-boomers»
   d. une phrase qui introduit une comparaison ou une analogie
   e. une phrase qui fait appel à la curiosité intellectuelle du lecteur (on peut introduire des facteurs démographiques par exemple)
2. Faites le même exercice en vous adressant à un lecteur de la génération des «boomers».

TEXTE MODÈLE

FAUT-IL VACCINER LES MÉDIAS?
Les temps sont durs pour les hypocondriaques. La migraine annonce peut-être une méningite. Le moindre mal de gorge cache peut-être la «mangeuse de chair». [...]

Tout cela est divertissant dans un roman. Ça l'est moins quand les médias en viennent à créer des épidémies de toutes pièces. [...]

Les journaux et la télévision qui continuent d'entretenir la psychose de l'épidémie n'ont même pas l'excuse de l'ignorance devant la nouveauté: le streptocoque a causé exactement la même panique en Angleterre il y a un an. Et la conclusion sera ici ce qu'elle a été là-bas: l'épidémie était médiatique. [...]

Succomber au sensationnalisme n'est pas sans conséquence pour l'administration de la santé publique. Il y a deux ans, quand deux adolescents de Toronto sont morts de méningite, des élèves du secondaire ont débrayé, manifesté et obtenu une vaccination générale. Le Québec a aussi procédé, sous une pression médiatique intense, à une campagne d'inoculation coûteuse pendant que les médecins répétaient à qui ne voulait rien entendre qu'il n'y avait pas d'épidémie...

Ces phénomènes annoncent une politisation grandissante des décisions médicales. En deux mots: qui va-t-on soigner en priorité? C'est peut-être avec le sida que les règles du jeu ont commencé à changer: désormais, un diagnostic transforme quelqu'un en membre d'un groupe politique. L'action des lobbys antisida comme Act-up a porté fruit. Le cancer a été déclassé et on consacre dorénavant à la recherche sur le sida des sommes sans commune mesure avec le nombre de malades. On comptait 190 000 nouvelles infections au VIH par année au début de la dernière décennie aux États-Unis. La moyenne annuelle est maintenant de moins de 40 000. Combien meurent du cancer du sein? De celui de la prostate? De malnutrition?

Les plus faibles, ceux qui sur leur grabat ou dans leur fauteuil roulant ne peuvent descendre dans la rue, seront-ils dorénavant entendus en fonction de la gravité de leur mal? D'où l'importance pour les médias de donner l'heure la plus juste possible sur la santé, de ne pas laisser les groupes les plus virulents et les microbes les plus répugnants dominer l'ordre du jour. [...]

La solution à ces effets pervers commis au nom du droit à l'information, c'est... l'information. Mais de la solide. La culture scientifique est toujours le meilleur vaccin contre la panique. Encore faut-il que les médias veuillent se l'inoculer.

(Tiré de Luc Chartrand, «Faut-il vacciner les médias?», dans *L'actualité*)

Analyse du texte modèle

Dans ce texte, l'auteur se sert de plusieurs techniques pour établir une relation avec le lecteur. Il choisit d'abord de le secouer en lui rappelant sa vulnérabilité. Il est vrai que tous les lecteurs ne sont pas des hypocondriaques; mais tout le monde a fait l'expérience de la migraine et du mal de gorge. La possibilité que ces inconvénients puissent cacher des maladies sinistres telles que la méningite et la «mangeuse de chair» rend tous les lecteurs vulnérables. Ils sont tous à la merci des journalistes qui, selon l'auteur, marchandent de la panique en créant des épidémies: «Tout cela est divertissant dans un roman. Ça l'est moins quand les médias en viennent à créer des épidémies de toutes pièces.»

Par la suite, on cimente la relation avec le lecteur en portant un jugement assez sévère sur les journalistes: «Les journaux et la télévision qui continuent d'entretenir *la psychose*». On prend soin de renforcer cette prise de position en citant un détail historique qui justifie la sévérité du jugement: «[ils] n'ont même pas l'excuse de l'ignorance devant la nouveauté: le streptocoque a causé exactement la même panique en Angleterre il y a un an.» (Il faut, bien sûr, tenir compte du lecteur visé: dans ce texte on s'adresse aux gens ordinaires. Le rédacteur choisirait peut-être de procéder différemment dans un écrit destiné aux journalistes.)

On essaie également d'engager le lecteur dans l'argumentation lorsqu'on cite les chiffres sur les nouvelles infections au VIH. Celles-ci ont passé de 190 000 à moins de 40 000. Le nombre de personnes atteintes du cancer et de celles qui meurent de faim est infiniment plus grand: tout le monde le sait et il serait banal de citer les chiffres.

huit: **L'écrit argumentatif (suite)** **85**

Alors le rédacteur pose des questions «pour la forme»: «Combien meurent du cancer du sein? De celui de la prostate? De malnutrition?»

Enfin, l'auteur s'exprime très avantageusement dans ce texte. L'image de l'épidémie médiatique est très efficace pour traduire l'aspect contagieux de la panique. La même image soustend la phrase dans laquelle l'auteur annonce les responsabilités des journalistes: «D'où l'importance pour les médias de donner l'heure la plus juste possible sur la santé, de ne pas laisser les groupes les plus virulents et les microbes les plus répugnants dominer l'ordre du jour.» L'élément le plus saisissant est la métaphore qui explique le titre et la conclusion, à savoir que les médias ont besoin d'un vaccin — celui de l'information solide.

B Exercice d'application

(réponses, p. 100)

Lisez le texte suivant et répondez aux questions ci-dessous.

La publicité est dangereuse. Elle est pleine de supercheries habilement camouflées, et sa force de persuasion est si grande que ses effets sont mal perçus du public, même quand il en est victime. Il convient de la décrier comme elle le mérite.

Tout d'abord, elle incite aveuglément à l'achat. À cause d'un slogan astucieux ou d'une affiche habile, le consommateur est amené à faire un achat qu'il n'avait pas prévu. Souvent, cet achat dépasse ses moyens et obère son budget du moment.

En outre, la publicité exagère quand elle loue les qualités d'un article. À force de superlatifs, de mises en scène ingénieuses, de témoignages artificiels, elle finit par convaincre le consommateur qu'un article est de grande qualité. L'achat de ce produit entraîne souvent la déception. Le consommateur est trompé. La publicité l'a insidieusement conditionné pour mieux le duper.

Cette publicité est par ailleurs envahissante. Les émissions radiophoniques sont continuellement interrompues par la diffusion de pages publicitaires. Les hebdomadaires de la presse écrite comptent autant de pages publicitaires que d'articles et de reportages. Les boîtes aux lettres sont encombrées par des prospectus divers qui consomment inutilement de grandes quantités de papier. À la longue, cette présence pléthorique de la publicité agace. Et on ne peut s'y soustraire puisqu'elle est partout.

Enfin, la publicité est souvent impudique, si ça n'est immorale. Les murs des villes sont couverts d'affiches d'un goût douteux et de nombreuses publicités valorisent excessivement le profit, le confort, la facilité.

En conclusion, je pense qu'il y a lieu de dénoncer vigoureusement les supercheries de la publicité. La meilleure façon d'y parvenir est encore d'éclairer le consommateur sur les qualités et les défauts réels d'un article. C'est la tâche qu'a entreprise Ralph Nader aux U.S.A. et des revues telles *Que choisir?* et *50 Millions de consommateurs* en France. La vulgarisation de semblables démarches protégera mieux les gens de la publicité en même temps qu'elle les entraînera à observer, à comparer, à s'informer: c'est-à-dire à apprécier par eux-mêmes la valeur des choses.

(Tiré de Gilberte Niquet, *Structurer sa pensée, structurer sa phrase*)

1. Par quels moyens engage-t-on le lecteur dans le raisonnement?

2. Quelle est l'idée-maîtresse du paragraphe 3? Quel est le rôle des autres phrases du paragraphe?

3. Faites le même exercice avec le paragraphe 4.

4. Expliquez la structure du texte entier.

Au niveau de la phrase

La relation avec le lecteur étant si importante, il faut prendre soin de la cultiver. Une façon de le faire c'est de sauvegarder sa fiabilité en indiquant clairement ce qui relève de l'opinion générale et ce qui constitue par contre une opinion personnelle. De nombreuses formules servent à indiquer une opinion personnelle.

Tableau 8.3 Formules pour exprimer une opinion personnelle

A à mon avis
selon moi
d'après moi
- Avec ces expressions, on n'emploie pas les verbes comme *je pense, je trouve, j'estime* pour introduire l'opinion personnelle (ce serait redondant).

   *Selon moi, les facteurs démographiques n'expliquent pas tout:
   c'est l'attitude des «boomers», pas seulement leur présence
   majoritaire, qui rend la vie difficile pour la génération X.*

B quant à moi
en ce qui me concerne
en ce que me touche
- Avec ces formules, on a la possibilité d'ajouter une formule verbale comme *je pense*.

L'EMPLOI DES ADVERBES

L'honnêteté intellectuelle exige aussi qu'on fasse très attention à l'emploi de l'adverbe *évidemment* et de ses synonymes:

assurément	certainement
indéniablement	manifestement
incontestablement	de toute évidence

huit: **L'écrit argumentatif (suite)** **87**

L'emploi des ces adverbes se limite aux cas où on peut démontrer ou prouver, à l'aide d'évidence, les faits qu'on introduit dans l'argument. La tentative de renforcer un argument sans qu'il y ait ce genre de preuve serait perçue comme de la malhonnêteté; ce serait comme si on présumait vrai ce qui était en question. Le lecteur se sentirait manipulé et finirait par tout remettre en question.

COMMENT INTRODUIRE DES QUESTIONS DANS L'ESPRIT DU LECTEUR

Il faut aussi savoir introduire subtilement des questions dans l'esprit du lecteur. Une façon de le faire c'est d'introduire des questions «pour la forme» dans l'argument. Le lecteur lui-même fournira les réponses sans qu'on le bombarde d'informations déjà connues. Une autre technique, c'est de semer le doute, poussant ainsi le lecteur à considérer d'autres façons d'envisager une situation ou à accepter d'autres solutions à un problème.

Tableau 8.4   Comment introduire des nuances de doute

A   *L'adverbe* peut-être
- Cet adverbe peut se placer après le verbe.
- S'il se trouve en tête d'une proposition, il exige soit l'insertion de *que*, soit l'inversion stylistique. (La dernière de ces possibilités est la plus riche du point de vue stylistique.)
    Les facteurs démographiques vont peut-être fournir l'explication.
    Peut-être que les facteurs démographiques vont fournir l'explication.
    Peut-être les facteurs démographiques vont-ils fournir l'explication.

B   *L'emploi du subjonctif*
   1. Le subjonctif s'emploie après les verbes de possibilité:
        il est possible que
        il se peut que
        il est rare que
   2. Le subjonctif s'emploie après les verbes de doute:
        je doute que
        je nie que
        je ne suis pas convaincu/persuadé/certain/sûr que
        il est incertain/douteux/improbable/inconcevable/
           impossible/discutable/contestable que
        il n'est pas prouvé que
   Il est possible que l'opinion générale ne tienne pas compte de tous les facteurs.
   Je doute que les économistes aient toujours raison lorsqu'ils invoquent les facteurs démographiques.

Pratique de l'écriture

À VOUS

C Exercices d'application

1. Composez deux phrases, avec des formules d'introduction qui guident le lecteur, pour exprimer (i) une opinion générale et (ii) une opinion personnelle sur chacun des sujets suivants.

   a. les efforts des individus pour sauver l'environnement (le recyclage, le compostage, etc.)

   b. les effets de la fumée secondaire sur les non-fumeurs

   c. les effets de la technologie de pointe sur la vie sociale

2. Reformulez les opinions personnelles de l'exercice 1 à l'aide d'un subjonctif.

   a.

   b.

   c.

Au niveau du paragraphe

Dans l'écrit argumentatif, il faut prendre soin de guider le lecteur pour qu'il comprenne et accepte les arguments. Lors de la préparation du brouillon, quand on est en train de découvrir les liens entre les différentes parties du raisonnement, on a tendance à avoir recours à des formules de transition un peu lourdes:

> passons maintenant à
> j'aimerais aborder/discuter maintenant
> il faudrait aussi noter
> *etc.*

De telles formules sont extrêmement utiles lors de la préparation du brouillon. Elles nous permettent d'articuler une séquence d'idées et d'enchaîner des arguments que nous découvrons en tâtonnant. Certaines de ces formules sont à garder dans la copie finale mais il importe de ne pas en abuser. Il est toujours mieux de chercher une façon plus subtile de passer d'un argument à un autre. Le propre de l'écrit argumentatif c'est un développement extrêmement serré où les idées glissent des unes aux autres à cause de la relation très étroite qui existe entre elles.

huit: **L'écrit argumentatif (suite)**

Tableau 8.5 Les charnières dans l'écrit argumentatif

A Pour exprimer la conséquence:

donc	par conséquent
alors	en conséquence
ainsi	de cette manière
d'où	conséquemment
par suite	dès lors

Aussi se met en tête de proposition et est suivi de l'inversion stylistique.

Il existe également des expressions verbales:

- il en résulte que
- le résultat en est que
- ceci a pour effet de

B Pour exprimer la comparaison:

comme	tout comme
ainsi	de la même façon/manière
de même	de même que
semblablement	à la manière de

C Pour exprimer le contraste:

en revanche	au contraire
ou bien	d'un autre côté
soit... soit	d'une part... d'autre part

D Pour marquer une récapitulation ou une conclusion:

en somme	en conclusion
enfin	pour conclure
pour résumer	en résumé

D | Exercices d'application   *(réponses, p. 100)*

1. Énumérez les mots-charnières employés dans le texte sur la publicité.

2. Lisez le texte suivant et répondez aux questions ci-dessous.

SAUVONS LA NATURE
Multiples sont les motifs que nous avons de protéger la nature.
Et d'abord, en défendant la nature, l'homme défend l'homme: il satisfait à l'instinct de conservation de l'espèce. Les innombrables agressions dont il se rend coupable envers le milieu naturel (envers «l'environnement» comme on prend coutume de dire) ne vont pas sans avoir des conséquences funestes pour sa santé et pour l'intégrité de son patrimoine héréditaire. Rappellerons-nous que, du fait de la pollution radioactive causée par les explosions de bombes nucléaires, tous les habitants de la planète, surtout les plus jeunes, portent dans leur squelette des atomes de métal radioactif? Que, du fait de l'emploi abusif des

insecticides, le lait de toutes les mères contient une certaine dose du pernicieux D.D.T.? Protéger la nature, c'est donc, en premier lieu, accomplir une tâche d'hygiène planétaire.

Il y a, en outre, le point de vue des biologistes qui, soucieux de la nature pour elle-même, n'admettent pas que tant d'espèces vivantes (irremplaçables objets d'études) s'effacent de la faune et de la flore terrestres, et qu'ainsi, peu à peu, appauvrissent, par la faute de l'homme, le somptueux et fascinant Musée que la planète offrait à nos curiosités.

Enfin, il y a ceux-là — et ce sont les artistes, les poètes, et donc un peu tout le monde — qui, simples amoureux de la nature, entendent la conserver parce qu'ils y voient un décor vivant et vivifiant, un lien maintenu avec la plénitude originelle, un refuge de paix et de vérité, parce que, dans un monde envahi par la pierraille et la ferraille, ils prennent le parti de l'arbre contre le béton, et ne se résignent pas à voir les printemps devenir silencieux.

(Tiré de J. Rostand, Préface au livre *Sauvons l'humain,* d'Édouard Bonnefous)

a. Identifiez les charnières qui assurent les transitions entre les paragraphes.

b. Comment le lecteur est-il impliqué dans le raisonnement?

c. Résumez en une seule phrase chacun des trois motifs que nous avons de protéger la nature.

d. Quel est l'effet des mots «la pierraille et la ferraille» dans le dernier paragraphe? Distinguez-les des mots *la pierre* et *le fer*.

e. Trouvez deux images dans ce texte. Quel en est l'impact?

Au niveau de la production

L'écrit argumentatif exige une réflexion prolongée et de la pratique. Les choix lors du planning sont à la fois d'ordre intellectuel et d'ordre psychologique. Le choix intellectuel dicte qu'on cherche un agencement d'idées qui se suivent, se coordonnent et convergent toutes vers une conclusion claire et solide. Le choix psychologique dicte qu'on identifie sa touche personnelle et l'ordre de présentation qui aura le plus grand impact sur le lecteur.

LA RÉVISION DU CONTENU ET DE LA STRUCTURE

Lors de la révision du contenu et de la structure, on vérifie en particulier la force du raisonnement. On le fait en évaluant le mérite du contenu, la validité des appuis, la division en paragraphes et enfin l'impact de l'introduction et de la conclusion. À cette étape des révisions, il faut accepter la nécessité de remanier son texte, d'en abandonner des parties et d'en réécrire d'autres.

Le temps donne le recul nécessaire à l'autocritique. On peut aussi imaginer les critiques, les interruptions, toutes les réactions possibles du lecteur. Très souvent, il est fort utile de faire lire le texte par quelqu'un d'autre pour obtenir du *feedback* sur le contenu.

Tableau 8.6   Grille d'évaluation: la révision du contenu et de la structure

- L'introduction éveille-t-elle la curiosité du lecteur et lui donne-t-elle le goût de poursuivre sa lecture? A-t-on trouvé une façon saisissante de prendre contact avec le lecteur: anecdote, exemple, citation?
- Le ton de cette introduction cadre-t-il avec l'ensemble ou déroute-t-il le lecteur?
- Est-ce que le sujet et la nature de la controverse sont clairement formulés?
- Les arguments sont-ils pertinents; appuient-ils le point de vue adopté?
- A-t-on évité le piège des platitudes et des généralités?
- A-t-on réussi à mettre en relief l'argument le plus puissant en lui donnant la place la plus importante?
- Les illustrations (exemples, comparaisons, contrastes, analogies) sont-elles claires et pertinentes? Les sources sont-elles fiables?
- Le lecteur peut-il comprendre d'emblée l'idée-maîtresse de chaque paragraphe?
- A-t-on assuré l'unité et la cohérence de chaque paragraphe?
- Y a-t-il un cheminement de la pensée qui assure la cohérence de l'ensemble?
- Dans la conclusion, a-t-on récapitulé clairement sa position? A-t-on fait une synthèse?
- La toute dernière phrase a-t-elle tout l'impact voulu?

LA RÉVISION STYLISTIQUE DE L'ENSEMBLE

Une fois que le contenu et la structure ont été vérifiés, on passe aux révisions locales. Lors de cette deuxième relecture, on cherche à vérifier l'efficacité de l'expression tant sur le plan lexical que sur le plan stylistique.

Tableau 8.7   Grille d'évaluation: la révision stylistique de l'ensemble

- A-t-on cherché toutes les définitions et composantes qui assurent une formulation riche et nuancée du sujet?
- A-t-on évité les lieux communs?
- Quel est le ton du texte: neutre, raisonnable, enthousiaste, passionné? A-t-on été conséquent?
- A-t-on respecté le lecteur sans essayer de le manipuler ou de l'intimider?
- A-t-on identifié clairement les opinions personnelles?
- A-t-on introduit des questions, des exclamations, des mises en relief?
- A-t-on introduit des charnières et des phrases de transition pour guider le lecteur?
- A-t-on varié la structure des phrases?

- A-t-on fait un bon usage de la phrase complexe? Y a-t-il trop ou trop peu de subordonnées?
- A-t-on introduit des structures parallèles?
- Y a-t-il des anglicismes, des expressions banales ou des mots qui se répètent trop souvent?

LA CORRECTION MORPHO-SYNTAXIQUE

La dernière relecture vérifie la correction morpho-syntaxique: l'orthographe, la ponctuation, la morphologie verbale, les accords, la structure des phrases.

E Exercices d'application
(réponses, p. 100)

1. Corrigez les fautes de morpho-syntaxe soulignées dans l'échantillon suivant.

    Michael Jordan, Hillary Rodham Clinton, Bill Gates... (1) <u>Ses</u> personnes, qu'est-ce qu'elles ont en commun? Ce (2) <u>son</u> des héros. Selon le dictionnaire, un héros (3) <u>ce</u> caractérise par une qualité (4) <u>exceptionnel</u> comme le courage, la prouesse physique, l'intelligence, la persévérance, etc. Le héros ne se limite pas à un seul champ d'activité: il (5) <u>peu</u> être un joueur de basket-ball, un homme riche, un policier, une mère. Le propre du héros c'est de (6) <u>suscité</u> l'admiration des autres — les jeunes, les adultes, les âgés. Mais ce sont les (7) <u>jeune</u>, en particulier, qui ont besoin de héros. (8) <u>Ses</u> derniers (9) <u>offre</u> de l'espoir, un modèle et un rêve.

    D'abord, affrontons une triste réalité. Les jeunes d'aujourd'hui font face à un avenir sombre. Les (10) <u>expert</u> des affaires (11) <u>prédise</u> qu'il y aura (12) <u>peut</u> d'emplois (13) <u>est</u> les scientifiques pensent que l'environnement continuera à se (14) <u>détérioré</u>. Mais en s'identifiant à un héros, le jeune (15) <u>retrouvent</u> de l'espoir. Il apprend que les (16) <u>effort</u> de l'individu ne sont pas (17) <u>perdu</u>. Le héros aussi a dû (18) <u>consacré</u> du temps et de l'effort pour accomplir (19) <u>se</u> qu'il a fait. Le jeune se rend compte que la réussite est possible; c'est le héros qui aura (20) <u>fais</u> renaître de l'espoir.

1._____	8._____	15._____
2._____	9._____	16._____
3._____	10._____	17._____
4._____	11._____	18._____
5._____	12._____	19._____
6._____	13._____	20._____
7._____	14._____	

2. Repérez et corrigez les 20 fautes de morpho-syntaxe que contiennent les paragraphes suivants qui complètent le texte sur le rôle du héros chez les jeunes.

    Par ailleurs, le héros fournie au jeune un modèle. Certes, les médias comme la télé, les journaux, la musique et les films offrent une abondance de modèle qui ne sont pas tous digne d'imitation. L'idéal serait que le jeune ce choisisse un héros exemplaire, mais le fera-t-il toujours? Peut-être faut-il se rappelé que l'admiration servile de la conduite d'un héros n'est pas souhaitable. L'influence du héros s'exerce autrement: il inspire

huit: L'écrit argumentatif (suite)

parce qu'il fournie un rêve.

Le rêve serait que chaque individu peut ce dépassé en découvrant sa qualité exceptionnel, hautement individualisé. Le héros ranime le rêve de sortir de l'ordinaire. Un jeune qui sait rêvé dévelope son imagination. Ça ne peut pas faire du mal; au contraire, ça pousse le jeune à découvrir sa propre identité. Michael Jordan est exceptionnel; ce n'est pas quiconque qui puisse marqué 32 points chaque match. Tout le monde le sait, même un jeune. Mais le jeune puisera dans cette exemple le rêve de se distinguer, à sa propre manière.

Manifestement, les jeunes d'aujourd'hui on la vie dur: la pression des études, l'insistance des amis et des parents, le manque d'argent, la pénurie d'emploi, la détérioration de l'environnement. Le défi c'est de rester positif et optimiste en dépit de tout cela. Les héros ont un rôle capital à joué dans la vie des jeunes: ils font renaître l'espoir, fournisse un modèle et nourrisse le rêve le plus important — celui de l'épanouissement de l'individu.

1._____	8._____	15._____
2._____	9._____	16._____
3._____	10._____	17._____
4._____	11._____	18._____
5._____	12._____	19._____
6._____	13._____	20._____
7._____	14._____	

3. Préparez une rédaction de 300 mots sur un des sujets suivants. Essayez d'avoir trois arguments pour soutenir votre point de vue. Révisez votre texte à l'aide des grilles d'évaluation ci-dessus (Tableaux 8.6 et 8.7).

   a. Écrivez une lettre à un(e) ami(e) dans laquelle vous le(a) persuadez de ne pas abandonner les études.

   b. Préparez une rédaction dans laquelle vous persuadez un(e) professeur de changer la note que vous avez reçue sur une dissertation.

   c. Préparez un rapport dans lequel vous essayez de persuader les responsables de l'université d'accorder une plus grande importance aux évaluations que font les étudiants des cours et des profs.

RÉPONSES AUX EXERCICES

Chapitre 1

A.

instruire: l'introduction à un nouveau manuel (par exemple sur Internet); un article qui présente une méthodologie

informer: une lettre de demande d'emploi; une note de service qui annonce une réunion, etc.; le procès-verbal d'une réunion

expliquer: lettres ou documents qui expliquent les circonstances d'une situation; tout écrit qui explique pourquoi on a pris une décision

B.
1. la recherche dans les dépliants et les calendriers et d'autres publications; les discussions avec vos parents, vos amis, les conseillers à l'école; les formules de demande; les relevés de notes, les lettres de référence, etc.
2. On peut énumérer les changements de milieu, de routine, etc., et on peut aussi s'interroger sur le développement personnel, les relations avec parents, amis, etc.

C.
1. a. soit
   b. ne sera pas
   c. rappeler
   d. soit
   e. prenne
2. a. On a identifié deux solutions possibles.
   b. Le comité doit résoudre plusieurs problèmes.
   c. Au rez-de-chaussée se trouve une cafétéria.
   d. Trois rédactions sont à faire avant la fin du semestre. / Vous aurez trois rédactions à faire.
   e. Un délai est entièrement prévisible. / Il faut s'attendre à un délai. / Un délai se produit toujours.

D.
a. Il est... de
b. c'est... à
c. Il est... de
d. C'est... à
e. Il est... de

E.
1. a. en effet
   b. car
   c. car
   d. en effet
   e. car
2. a. Puisque/Comme
   b. parce que
   c. Vu que/Étant donné que
   d. Puisque
   e. Vu que

F.
1. a. À cause de
   b. Grâce à
   c. à cause de
   d. Faute de
   e. Étant donné
2. a. Puisque/Comme
   b. Grâce à
   c. car
   d. Comme
   e. à cause de

Chapitre 2

A.
a. les répondeurs, les télécopieurs, les magnétoscopes, les ordinateurs, le courrier électronique, etc.
b. au sujet des personnes âgées, des adolescents, des femmes, des minorités, des nationalités, etc.
c. les couteaux dans les écoles, la violence conjugale, le *swarming* dans les rues, les actes d'agression dans les films, etc.
d. la pollution, les pluies acides, les déversements de pétrole, la réduction de la couche d'ozone, etc.
e. le cinéma (quel type de film?), le sport (lesquels?), la télévision (quelles émissions?), la lecture, la musique, le bricolage, etc.

B.

L'ordre des paragraphes est *b-c-a*.
Le paragraphe *b* donne un bref aperçu historique; *c* donne des détails sur le rôle prépondérant de la télé dans la vie moderne en France; *a* ouvre la perspective sur les inquiétudes des sociologues quant à l'influence de la télé.

C.

Modèle: *L'environnement*
Depuis quelques années, le public prend conscience de l'ampleur de la crise environnementale. Prenons, par exemple, la réduction de la couche d'ozone. On n'ose plus prendre des bains de soleil; l'écran solaire a pris la place de toute les lotions et huiles dont on se servait autrefois pour se faire bronzer.

D.
1. a. L'incendie a détruit trois édifices.
   b. Le directeur doit signer la lettre.
   c. Deux psychologues analyseront ces dossiers.
   d. On remplacera toutes les serrures.
   e. Un représentant de notre compagnie vous accompagnera.
2. a. Ce service sera bientôt informatisé.

b. Les frais de transport vous seront remboursés.
   c. Une nouvelle photocopieuse a été installée par le directeur.
   d. Cette question vient d'être réglée.
   e. (Le passif est impossible puisque «directeur» est un complément d'objet indirect.)

E.
2. On peut considérer à tour de rôle les différents comportements qui révèlent des caractéristiques typiques: l'impoli qui aurait honte de dire «merci», le pressé qui entre cinq minutes avant la fermeture du magasin, le pingre qui ferait 15 km pour trouver une aubaine, etc.

F.
1. 1. à
   2. toutes
   3. eues
   4. et
   5. guider
   6. rassurer
   7. bénéficiiez
   8. la
   9. c'est
   10. réserver
   11. Il est
   12. peut
   13. trouver
   14. coincé
   15. ce

2. La vie sociale, surtout sous forme de sorties avec vos amis, vous permettra de vous <u>défouler</u> et de vous <u>amuser</u>. Attention cependant aux excès! Ne buvez pas trop de boissons <u>alcooliques</u>; elles vous rendront malade <u>et</u> vous manquerez les cours de 8h30 le vendredi matin. Faites attention surtout s'il s'agit du cours de français! Rappelez-vous <u>aussi</u> que les sorties dissipées et frivoles ne suffiront pas.

   Vous aurez besoin de vrais amis qui vous soutiendront sur le plan psychologique. N'oubliez pas que la première année est difficile pour tout le monde; alors soyez calme parce que la situation va <u>s'améliorer</u>. <u>Il est</u> important qu'il y <u>ait</u> quelqu'un qui puisse vous <u>écouter</u> et vous <u>aider</u> si vous vous sentez débordé.

   Finalement, souvenez-vous que, malgré vos difficultés et vos <u>inquiétudes</u>, vous allez réussir. Soyez prêt <u>à</u> faire du travail sérieux, mais quand <u>ça</u> devient trop, prenez des heures pour vous-même. Faites-vous des amis sur lesquels vous pouvez <u>compter</u> et cherchez de l'aide supplémentaire <u>si</u> la situation devient impossible. Au cirque académique vous serez des jongleurs et des artistes de la corde raide!

Chapitre 3

A.
1. a. le viseur, le logement de la bobine, le mécanisme de rebobinage, la lentille, la photodiode, l'écran de contrôle, le mode de mise au point, le déclencheur, un œillet d'attache, etc.
   b. le rétroviseur, le pare-soleil, le miroir de courtoisie, la bouche d'air, la montre, la commande d'essuie-glace, la commande de chauffage, le levier de frein à main, le démarreur électrique, l'éclairage, le clignotant, le volant, etc.
   c. l'écran, le clavier, les touches de commande, les touches de fonctions, le clavier numérique, etc.
2. a. Fumer est une mauvaise <u>habitude</u>.
   b. J'ai vu un <u>accident</u> tragique.
   c. Tu m'annonces une <u>nouvelle</u> surprenante.
   d. J'ai trop de <u>projets</u>/<u>tâches</u>/<u>devoirs</u> à faire.
   e. Le téléjournal nous met au courant des <u>événements importants</u>/ <u>actualités</u>/ <u>nouvelles importantes</u>.

B.
   a. fruitier, conifère, résineux, exotique, au tronc majestueux, à l'écorce rugueuse ou lisse, feuillu, touffu, énorme, etc.
   b. aux pignons, avec tabatières, avec corniches, froide, accueillante, délabrée, méticuleusement entretenue, sévère, sombre, gaie, etc.
   c. un bureau secrétaire, un fauteuil pivotant, un classeur mobile, spacieux, encombré, ordonné, bien rangé, désordonné, aéré, étouffant, etc.
   d. propre, sale, décolorée, ternie, ébréchée, etc.

D.
1. a. la grandeur, grandement, grandir, grandissant
   b. la petitesse, rapetisser, le rapetissement
   c. la légèreté, légèrement, alléger, un allégement
   d. la lourdeur, lourdement, alourdir, alourdissant, un alourdissement
2. a. spacieux, immense, vaste, gigantesque, géant, ample, étendu, colossal, monumental, démesuré, etc.
   b. minuscule, nain, imperceptible, microscopique, faible, minime, insignifiant, étriqué, insuffisant, etc.
   c. agile, leste, souple, vif, délicat, élancé, fin, etc.
   d. difficile, pénible, pesant, dense, écrasant, dur, chargé, gros, massif, épais, etc.

E.
1. a. majestueux, feuillu, énorme, exotique, noueux, rameux, etc.

- b. blanche, pure, innocente, poudreuse, froide, étincelante, etc.
- c. multicolores, parfumées, séchées, fraîches, exotiques, délicates, etc.
- d. accueillante, décorée, sévère, enfoncée, éraflée, solide, etc.
- e. sévère, sombre, gaie, accueillante, délabrée, etc.

F.
1. a. un tapis brun, un tapis marron, un tapis brun noisette
   b. des rideaux beiges, des rideaux crème, des rideaux blanc ivoire
   c. une couverture verte, une couverture kaki, une couverture vert forêt

G.
1. a. s'enrichir (devenir riche), enrichir (rendre riche)
   b. vieillir (devenir vieux)
   c. amaigrir (rendre maigre), maigrir (devenir maigre)
   d. rajeunir (redevenir jeune)
   e. s'aigrir (devenir aigre), aigrir (rendre aigre)
   f. alourdir (rendre lourd)
   g. s'adoucir (devenir doux), adoucir (rendre doux)
   h. s'assombrir (devenir sombre), assombrir (rendre sombre)
   i. embellir (rendre plus beau)
   j. enlaidir (rendre laid)
2. a. améliorer, s'améliorer
   b. calmer, se calmer
   c. allonger, s'allonger
   d. éclairer
   e. s'enthousiasmer

H.
1. a. ensoleillé
   b. aveuglante
   c. destructrice
   d. imperceptible
   e. assourdissant
2. a. Les rayons de soleil, <u>brillants</u>, se réverbéraient sur les toits.
   b. Les murs <u>autrefois blancs</u> sont aujourd'hui jaunâtres.
   c. Cet enfant <u>souriant</u> fait renaître l'espoir.
   d. C'est une histoire <u>fascinante</u>.
   e. Je fixais la dame <u>immobile</u> sur le quai.

Chapitre 4

A.
- a. les ordinateurs, les bibliothécaires, les livres, les périodiques, l'espace, le calme, l'ambiance propice à la réflexion, etc.
- b. le silence mortel, les odeurs de salle renfermée, les vieux livres, les mesures de sécurité, les queues, etc.

D.
Le point de vue spatial est mobile: le narrateur se déplace dans la voiture. L'ordre des phrases est *d-b-a-c*.
1. la Ford noire, la poussière de la route de gravier, les routes de terre humide, la voiture s'accrochait le ventre dans les ornières, la forêt drue, une maison de bois gris, une troupe d'enfants, enfants nu-pieds, habillés de vêtements trop vastes
2. Le village est comme un chapeau sur la montagne; la voiture s'accrochant le ventre dans les ornières; une troupe d'enfants; des vêtements qui semblaient des sacs.
3. Les enfants étaient nu-pieds, habillés de vêtements trop larges qui semblaient des sacs; de leur étonnement, on comprend qu'ils voyaient rarement une voiture.

E.
- a. un vase tout/extrêmement fragile
- b. un brouillard peu/fort/bien/extrêmement épais
- c. des meubles tout poussiéreux
- d. une pente fort/extrêmement raide
- e. un manteau tout/bien laid

F.
- a. un chemin étroit et boueux
- b. une pluie fine et incessante
- c. un bâtiment ancien mais solide
- d. un joli tissu quoique décoloré et usé

G.
une pièce baignée de lumière
un jardin entouré d'une clôture
un meuble couvert de poussière
un portrait encadré d'or
une façade tournée vers le midi
un château entouré de remparts
une table couverte d'une nappe damassée

H.
noir: la noirceur, noircir
étroit: l'étroitesse, étroitement
humide: l'humidité
sale: la saleté, salir
étouffant: l'étouffement, étouffer
etc.

I.
1. 1. transformé
   2. multicolores
   3. récoltes
   4. abondantes
   5. fait
   6. prématurée
   7. bleue
   8. bien-aimée
   9. sa
   10. habituelle
   11. s'élevait
   12. arrondie

13. marcher
14. ensevelie
15. c'était
16. s'enlisaient
17. aveuglée
18. rayons
19. pure
20. étendue

2. Ce matin, lorsque je suis sortie, j'ai découvert un monde transformé. Le printemps chétivement <u>arrivé</u> depuis une semaine <u>annonçait</u> <u>sa</u> victoire <u>définitive</u> sur l'hiver. Une lumière intense, presque <u>aveuglante</u>, <u>m'éblouissait</u>; il n'y avait pas un seul nuage qui brisait l'azur du ciel. Le vert brillant des <u>bourgeons</u> indiquait clairement que les <u>arbres</u> se <u>réveillaient</u>. Les tiges <u>délicates</u> des fleurs <u>à</u> venir <u>s'aventuraient</u> courageusement de la terre fertile malgré <u>quelques</u> plaques <u>obstinées</u> de neige jaunâtre. Un sentiment de bonheur profond <u>m'a</u> envahie: mes rêves, <u>endormis</u> depuis si longtemps que je les avais crus <u>morts</u>, <u>allaient</u> renaître — j'en <u>avais</u> la certitude.

Chapitre 5

D.
1. a. bien, trop, peu
   b. trop, assez, relativement, extrêmement
   c. peu, bien, trop, extrêmement, relativement
   d. bien, vraiment, délibérément, extrêmement
   e. tout, extrêmement, parfaitement
   f. fort, obstinément, totalement
2. a. D'une façon habituelle/D'habitude
   b. avec difficulté
   c. avec élégance
   d. avec impatience
   e. avec jalousie
3. a. Elle nous regarde d'un air triste.
   b. L'enfant s'approche d'un pas hésitant.
   c. Le juge contemple l'accusé d'un regard dur et pénétrant.
4. a. Elle examine l'objet avec intérêt.
   b. Sa belle-mère lui parle sans tendresse.
   c. Elle relit le document avec inquiétude.

E.
1. a. Il a accepté l'offre de cette université parce qu'elle lui avait accordé une bourse.
   b. Je suis arrivé à la gare à 8 heures mais le train était déjà parti.
   c. Nous n'avons pas eu de table parce que nous n'avions pas fait de réservation.
   d. Je n'ai pas réagi à sa mauvaise humeur parce que je savais que la nouvelle l'avait complètement bouleversé.
   e. Elle était déçue parce que nous n'étions pas descendus en ville.
2. a trouvé, pouvait, a déchiré, faisait, l'a prise, s'est précipité, l'a saisi, a arraché, l'a lancé, l'a écrasé, a fait/faisait, a ébranlé/ébranlait, a creusé, pouvait

Chapitre 6

A.
Il y aurait peut-être des éléments de regret ou de frustration vu la situation financière de la famille et la difficulté d'offrir un cadeau à chaque enfant.

B.
1. On se trouve à Paris, dans une boutique de bimbeloterie gérée en principe par deux nouveaux-mariés mais en réalité par la mère de la mariée, Mme Larivière, qui habite avec eux.
2. On est au mois d'août durant une période de chaleur intense, huit jours après les noces du jeune couple.
3. Mme Larivière est une femme sèche et pointue, d'un caractère despotique; elle dirige la boutique, la maison et la vie du jeune couple.
4. La possibilité d'action découle de plusieurs facteurs: le caractère despotique de Mme Larivière, la frustration du jeune couple de ne pas avoir de vie privée et la chaleur intense du mois d'août lorsque les affaires vont mal. Le déclencheur précis c'est que Lucien se rappelle que les familles ont promis au jeune couple de leur payer un voyage pour leur lune de miel. On n'a pas de difficulté à s'imaginer la réaction de Mme Larivière.
5. La voix narrative est une voix omnisciente à la troisième personne. L'avantage en est l'omniscience du narrateur; une limite est le danger que le lecteur reste trop éloigné des personnages. Zola exploite habilement les possibilités de cette voix narrative. D'abord, il nous communique les pensées exactes de Mme Larivière, et on a l'impression d'écouter sa voix: «Ne les a-t-elle pas surpris, un matin, en train de s'embrasser dans la boutique! Et cela, huit jours après la noce! Voilà qui est propre et qui donne tout de suite une bonne renommée à une maison. Jamais elle n'a permis à M. Larivière de la toucher du bout des doigts dans la boutique.» Zola exploite l'omniscience en se moquant de son personnage avec le commentaire: «Il [M. Larivière] n'y pensait guère, d'ailleurs.»
6. Le ton en est un de sympathie pour le jeune couple. On ne comprend que trop bien leur frustration, et on aimerait qu'ils réussissent à s'échapper de cette femme despotique qui domine leur vie tout comme elle domine les premiers paragraphes du récit.

C.
1. a. D'un œil désapprobateur elle nous fixait.
   b. À trois heures précises ils devaient arriver.
   c. Stupéfaits, les passagers restaient cloués sur place.
   d. Par moments, je distinguais des dessins sur les murs du tunnel.

e. Curieux, l'enfant s'est mis à fouiller dans les cartons.
2. a. Ce cauchemar, je l'ai fait durant toute mon enfance.
  b. Le journaliste, lui, ne s'occupe pas de ces détails.
  c. Ce porte-feuille, je l'ai acheté à Paris.
  d. Ce qui l'a poussé à cette action folle, je ne le saurai jamais.
  e. La clé, il me l'a montrée avant de la jeter dans le fleuve.
3. a. C'est la directrice que j'ai blâmée.
  b. C'est l'étudiant qui a proposé cette solution ingénieuse.
  c. C'est mon idée qui nous semble la plus pratique.
  d. C'est le lendemain que j'ai reçu la nouvelle atroce.
  e. C'est le souvenir de cet incident qui me tracasse le plus.

E.
Modèle: *La peur*
alarme, frayeur, affolement, effroi, épouvante, horreur, terreur, peur bleue, peur panique, angoisse, crainte, apeurer, affoler, alarmer, effrayer, bouleverser, paralyser, pétrifier, clouer sur place, frissonner, trembler, blêmir, sursauter, tressaillir, mourir de peur, claquer des dents, avoir les cheveux qui se dressent sur la tête, avoir la peur au ventre, avoir l'estomac noué, avoir plus de peur que de mal, en être quitte pour la peur, peureux, appréhensif, craintif, mort de peur, blanc comme un linge, peureusement, anxieusement, craintivement, timidement, sur ses gardes, etc.

F.
1. 1. regardé
   2. inquiets
   3. fixés
   4. apeurée
   5. Quelle
   6. ressentais
   7. désir
   8. d'assister
   9. Cette
   10. dotée
   11. se
   12. réaliser
   13. excellentes
   14. à
   15. c'était
   16. rester
   17. devoirs
   18. souci
   19. désir
   20. m'avait
2. Ma curiosité <u>est</u> <u>devenue</u> incontrôlable; j'ai ouvert la lettre sans coupe-papier mais avec mes <u>ongles</u>! J'étais incapable d'ouvrir assez rapidement <u>cette</u> lettre, tant j'avais la tremblote. Quand enfin j'ai pu lire <u>ce</u> qui était écrit sur la feuille, mes yeux se <u>sont</u> <u>remplis</u> de larmes: «Félicitations! Vous êtes acceptée par l'Université.» Ma mère m'a <u>écrasée</u> dans <u>ses</u> bras, les yeux <u>brillants</u>. J'ai <u>poussé</u> un cri de joie! C'est un moment que je ne <u>pourrai</u> jamais <u>oublier</u>.

Je me souviendrai toujours de <u>ce</u> jour chaud, <u>clair</u> et ensoleillé. Ma joie <u>démesurée</u> avait des <u>éléments</u> de satisfaction, de récompense <u>méritée</u>. Le succès <u>auquel</u> on arrive suite à des efforts <u>acharnés</u> est sensationnel.

Chapitre 7

A.
2. Modèle: *traditionnel*
   Connotation positive: qui est consacré par la tradition, par les valeurs du passé: «La jeune mariée était ravissante dans sa robe traditionnelle, la tête couronnée de fleurs.»
   Connotation négative: qui est endémique, monotone, réactionnaire: «Les méthodes traditionnelles qu'impose le nouveau directeur auront l'effet d'étouffer toute tentative de renouveau pédagogique.»
3. Modèles:
   a. nourrir une plante fragile
   b. trouver une pierre précieuse
   c. se faire torturer
   d. se droguer
   e. entrer dans la jungle

B.
  a. Je trouve que les activités culturelles sont utiles parce qu'elles fournissent un moment de repos et un sujet d'intérêt.
  b. Il semble que l'existence de cette nouvelle catégorie de délinquants soit seulement un des résultats de la ségrégation économique des pauvres et de la discrimination contre certaines races.
  c. Chaque jour, on entend parler de meurtres, de vols et de batailles dans la rue.
  d. La récession, le divorce et la télévision contribuent tous à l'augmentation de la violence dans la famille.
  e. Les conférenciers doivent parler avec enthousiasme et avec confiance.

D.
1. L'idée principale est que le but de l'école est double: transmettre aux enfants l'amour d'apprendre et favoriser leur développement cognitif et intellectuel. On développe cette idée en expliquant ce qui constitue le développement cognitif et intellectuel. On cite les savoirs de base (compter, lire, écrire), le développement de l'esprit critique, l'apprentissage du travail en groupe et enfin la maîtrise de l'informatique.
2. L'idée-maîtresse est que le but principal des écoles n'est pas de corriger le problème du décrochage. On développe cette idée en précisant que ce sont les familles, pas les écoles, qui sont responsables de la

socialisation des enfants. Les écoles, elles, ont un rôle différent: celui de transmettre aux enfants un héritage de connaissances culturelles et techniques.
3. L'idée principale est que le sport développe les grandes vertus morales et sociales. Dans le développement, on se penche d'abord sur les vertus morales: on s'habitue à l'effort, on apprend à se dépasser, on s'exerce à prendre des initiatives et à agir. Ensuite on parle de la vertu sociale, à savoir la collaboration étroite avec les partenaires. La conclusion est que le sport est une excellente école d'apprentissage de la vie.

Chapitre 8

B.
1. On introduit des expériences typiques que le lecteur, en tant que consommateur, aura vécues. On suggère que le consommateur devient la victime, parce qu'il est amené à faire des achats qu'il n'avait pas prévus, il est déçu du produit et enfin il est constamment bombardé de publicités (à la radio, dans la presse, dans sa boîte aux lettres, sur les murs des villes).
2. L'idée principale du paragraphe 3 est que la publicité exagère la qualité du produit. La phrase suivante énumère les techniques d'exagération: les superlatifs, les mises en scène ingénieuses et les témoignages artificiels. Les trois dernières phrases donnent le résultat: l'achat engendre de la déception, le consommateur est trompé, la publicité a réussi à le duper.
3. L'idée principale du paragraphe 4 est que la publicité est envahissante. Les trois phrases suivantes donnent des exemples concrets de l'omniprésence des publicités: durant les émissions radiophoniques, dans les hebdomadaires, dans les boîtes aux lettres. Dans les deux dernières phrases, on soutient que ce bombardement est agaçant et qu'il est impossible de s'y soustraire.
4. L'idée-maîtresse est clairement annoncée au début de chaque paragraphe; les charnières servent à les énumérer; enfin, le texte est d'autant plus satisfaisant que chaque paragraphe du développement explique un des dangers de la publicité (elle incite à l'achat, elle exagère, elle envahit tout, elle est impudique) et aussi parce que la conclusion reprend les dangers de la publicité en les appelant des «supercheries».

D.
1. tout d'abord, en outre, par ailleurs, enfin, en conclusion
2. a. et d'abord, en outre, enfin
   b. Après l'introduction très courte, l'auteur implique tous les lecteurs dans son premier argument lorsqu'il dit qu'en défendant la nature, on défend l'homme. En tant qu'être humain, touché jusque dans sa squelette par la pollution radioactive, le lecteur est impliqué dans l'argument.
   c. paragraphe 2: Défendre la nature, c'est au fond défendre l'espèce humain.
   paragraphe 3: Les biologistes, spécialistes de la nature, constatent qu'elle s'abîme et que c'est à cause des hommes.
   paragraphe 4: Tous les amoureux de la nature (par contraste avec les spécialistes — c'est-à-dire tout le monde) veulent conserver la nature en prenant le parti de l'arbre contre le béton.
   d. Dans ces deux mots, le suffixe *-aille* introduit une collection à connotations péjoratives. «La pierraille» indique une étendue de pierres (allusion au béton) et «la ferraille» indique les déchets de fer (allusion aux automobiles et aux machines abandonnées).
   e. L'image de la «tâche d'hygiène planétaire» suggère que la protection de la nature doit devenir une habitude, un acte routinier comme les tâches d'hygiène personnelle. La deuxième image est celle de la nature comme un «somptueux et fascinant Musée». Le mot «musée» évoque le passée et suggère que la beauté de la nature risque de se ranger parmi les autres curiosités des civilisations passées.

E.
1. 1. Ces
   2. sont
   3. se
   4. exceptionnelle
   5. peut
   6. susciter
   7. jeunes
   8. Ces
   9. offrent
   10. experts
   11. prédisent
   12. peu
   13. et
   14. détériorer
   15. retrouve
   16. efforts
   17. perdus
   18. consacrer
   19. ce
   20. fait
2. Par ailleurs, le héros <u>fournit</u> au jeune un modèle. Certes, les médias comme la télé, les journaux, la musique et les films offrent une abondance de <u>modèles</u> qui ne sont pas tous <u>dignes</u> d'imitation. L'idéal serait que le jeune <u>se</u> choisisse un héros exemplaire, mais le fera-t-il toujours? Peut-être faut-il se <u>rappeler</u> que l'admiration servile de la conduite d'un héros n'est pas souhaitable. L'influence du héros s'exerce autrement: il inspire parce qu'il <u>fournit</u> un rêve.
   Le rêve serait que chaque individu peut <u>se dépasser</u> en découvrant sa qualité

exceptionnelle, hautement individualisée. Le héros ranime le rêve de sortir de l'ordinaire. Un jeune qui sait rêver développe son imagination. Ça ne peut pas faire du mal; au contraire, ça pousse le jeune à découvrir sa propre identité. Michael Jordan est exceptionnel; ce n'est pas quiconque qui puisse marquer 32 points chaque match. Tout le monde le sait, même un jeune. Mais le jeune puisera dans cet exemple le rêve de se distinguer, à sa propre manière.

Manifestement, les jeunes d'aujourd'hui ont la vie dure: la pression des études, l'insistance des amis et des parents, le manque d'argent, la pénurie d'emplois, la détérioration de l'environnement. Le défi c'est de rester positif et optimiste en dépit de tout cela. Les héros ont un rôle capital à jouer dans la vie des jeunes: ils font renaître l'espoir, fournissent un modèle et nourrissent le rêve le plus important — celui de l'épanouissement de l'individu.

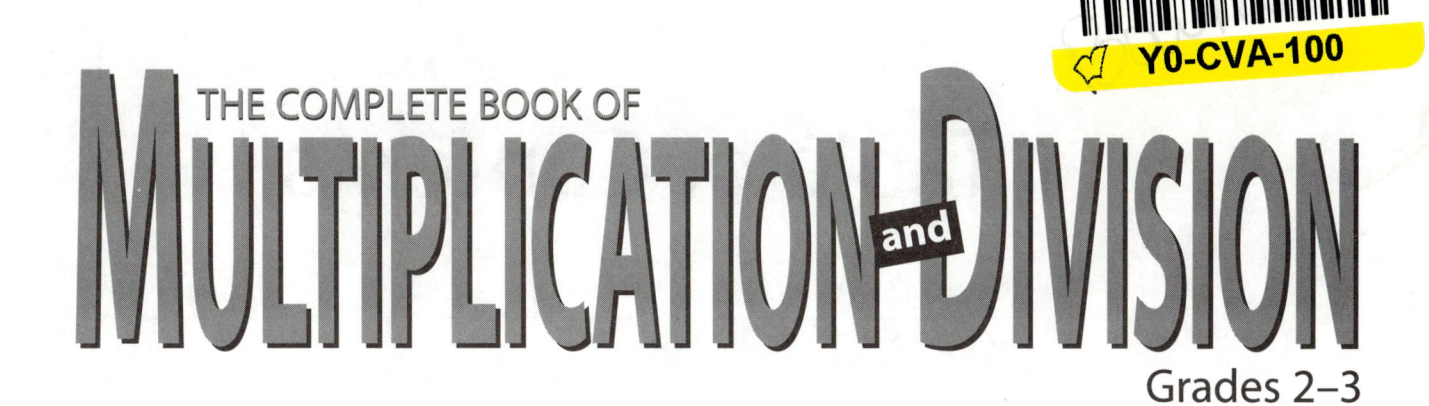

THE COMPLETE BOOK OF MULTIPLICATION and DIVISION

Grades 2–3

Written by
Hy Kim, Ed.D.

Editors: Teri L. Applebaum and Sheri Rous
Illustrator: Corbin Hillam
Cover Illustrator: Moonhee Pak
Designer/Production: Moonhee Pak/Rosa Gandara
Cover Designer: Moonhee Pak
Art Director: Tom Cochrane
Project Director: Carolea Williams

© 2004 Creative Teaching Press, Inc., Huntington Beach, CA 92649
Reproduction of activities in any manner for use in the classroom and not for commercial sale is permissible.
Reproduction of these materials for an entire school or for a school system is strictly prohibited.

Table of Contents

Introduction 3

GETTING STARTED

How to Use This Book 4
Differentiated Instruction 6
NCTM Standards Correlation 7

LESSON PLANS AND ACTIVITIES

Lesson 1: Multiply with 0, 1, and 10 8
Lesson 2: Multiply with 2 16
Lesson 3: Multiply with 5 24
Lesson 4: Multiply with 9 32
Lesson 5: Multiply with 4 40
Lesson 6: Multiply with 3 48
Lesson 7: Multiply with 6 56
Lesson 8: Multiply with 7 and 8 64
Lesson 9: Multiply with Two- and Three-Digit Numbers 72

Lesson 10: Divide by 2 and 3 80
Lesson 11: Divide by 4, 5, and 6 88
Lesson 12: Divide by 7, 8, and 9 96
Lesson 13: Multiply with Multiples of 10 104
Lesson 14: Divide by One-Digit Divisors 112
Lesson 15: Estimate Products 120

Money Manipulatives 128

ASSESSMENT

Teacher Record Sheet 130
Pretest 131
Master Multiplication Table 133
Master Division Table 134
Cumulative Test 135
Math Awards 136

Answer Key 137

Introduction

The Complete Book of Multiplication and Division provides all the necessary tools to introduce students to multiplication and division. This resource guide features 15 lessons that contain strategies to help students master basic multiplication and division facts as well as to teach them to use these facts to compute more difficult equations. Learning math is a developmental process. That is why each lesson in this book focuses on a specific skill to enable students to build on prior knowledge as they learn a new concept. Each lesson is tied to the National Council of Teachers of Mathematics (NCTM) standards. Before you begin to teach a lesson, refer to the NCTM Standards Correlation chart on page 7 to identify the standards you will be teaching.

Each lesson includes a complete, simple-to-use lesson plan that consists of objectives for student learning, direct instruction, guided practice, independent practice, and assessment. These components will provide thorough instruction to students as they are introduced to the new skills through a whole-class lesson, as they practice the new skills with your assistance and then independently, and as they complete a quiz to assess their comprehension. The Answer Key (pages 137–144) will equip you with a simple-to-use tool to assess students' understanding and mastery of each new skill.

Throughout this book, students are taught to use a thinking or reasoning approach rather than solely rote memory. To help them with this approach, lessons emphasize the use of manipulatives and pictures as well as the use of making connections between fact groups. Students are also encouraged to use mental math for the development of their number sense. This book is filled with interactive practice activities and games for partners, small groups, and the whole class to keep students actively participating in the learning process and to keep them motivated and excited about learning multiplication and division.

You will be amazed at how easily students will learn their basic multiplication and division facts as you incorporate the lessons in this book into your everyday math curriculum. Your students will feel a sense of excitement and accomplishment each time they master a basic skill and will be overjoyed when they receive an award (page 136) to congratulate them on their achievement!

How to Use This Book

Before you begin teaching the lessons in this resource book, take time to review the Table of Contents and the NCTM Standards Correlation chart (page 7) to help you understand what skills and standards are featured in each lesson. Read the following overview of the format of the book and its components as well as the information on differentiated instruction (page 6) so you can plan ahead of time how to meet the needs of *all* the students in your classroom.

LESSONS

The first lesson introduces students to multiplication with 0, 1, and 10 as the factors. The number facts that are easy to understand and to retrieve are introduced early in the book while the ones that are more difficult are introduced later in the instructional sequence. For that reason, you should begin with lesson 1.

- **Lessons 1–9** teach basic multiplication facts (including 11 and 12 as students learn to multiply with two- and three-digit numbers).
- **Lessons 10–12** teach basic division facts and help students make the connection between multiplication and division by introducing them to fact families.
- **Lessons 13–15** teach students to apply their knowledge of basic facts to more advanced concepts (e.g., estimating products).

As you introduce students to multiplication, you will teach them to read multiplication problems as repeated addition problems. For example, students will read 2 x 5 = 10 as 2 fives are 10. 2 fives refers to 5 + 5, so that multiplication creates the mental image of repeated addition. This book suggests that you teach multiplication facts prior to division facts, not at the same time, mainly because the mastery rate of students has proven to be better using this method, despite the reasonable advantages of number fact relationships between multiplication and division.

EXTENSIONS

✓ Use the set of flipping cards in each lesson to play a game with the whole class. Choose five students to sit in chairs at the front of the classroom. Choose five more students to stand behind the seated students. Invite the remaining students to form a line. Challenge each pair (sitting vs. standing) to be the first to correctly answer the fact on a flipping card. Have the winner of each pair sit down in the chair, and invite the students in the line to replace the standing students. Repeat this for as many rounds as you want. (This game can also be played with the triangular cards in lessons 10–12 to have students practice fact families.)

✓ Invite students to create their own word problems, similar to the ones students complete on the Problem Solving & Practice pages throughout the lessons. Have students switch word problems with a partner and try to correctly answer their partner's problems. This type of activity will further increase students' mastery of new concepts because students will practice the new concept and internalize its rules and steps as they create their own word problems as well as when they solve someone else's problems.

How to Use This Book

ASSESSMENT

✓ A pretest, quizzes, master tables, and a cumulative test are all included in this book.
Pretest (pages 131–132): Use these prior to introducing multiplication and division to students or prior to each lesson. There are four questions to assess students' knowledge of each skill in lessons 1–12 (basic facts) and eight questions for lessons 13–15 (advanced).
Quizzes: Each lesson ends with a quiz with ten questions to assess students' mastery of the newly learned skill and ten review questions to assess their retention of past skills. Challenge students to complete each quiz several times, quicker each time. Or, give each student a quiz and announce the time at 30-second intervals. Students who finish within that interval can write the time at the top of their paper and turn it over.
Master multiplication and division tables (pages 133–134):
- Write all the answers on an overhead transparency of the tables, and have students copy them so they have a master list to refer to.
- Have students complete the tables to assess their strengths and needs.
- Use these tables as a cumulative test to assess students' knowledge of basic facts.

Cumulative Test (page 135): There are 50 questions to assess students' ability to answer questions based on each lesson in this book.

✓ **Teacher Record Sheet (page 130):** Keep records for the whole class or individual students.
Whole Class: Write each student's name down the left side of the chart. Each time students take a test or quiz, record their results in the corresponding column.
Individuals: Copy a chart for each student. Have students take the quizzes several times (as suggested in the lessons) to challenge them to "beat their time" and show their mastery of the skill. Down the left side of the chart, write the date the student took the quiz, and record his or her score in the corresponding column. This individualized chart will provide a "running record" of students' growth throughout the school year.

✓ **Math Awards (page 136):** Use the multiplication and division awards to congratulate students when they have shown mastery of a basic fact. These awards will keep students motivated to learn and achieve mastery!

Differentiated Instruction

Each lesson in this book begins with objectives for student learning. Because students learn differently, and at different rates, it is important to differentiate your instruction to meet the needs of all your students. The activities in each lesson enable you to do this.

Each lesson begins with a teacher lesson plan and includes student practice pages, games, problem-solving activities, and a quiz. It is important to realize that differentiated instruction does NOT mean you need to teach each student separately. It is more accurate to refer to it as a method of presenting the same skill or topic to all your students through several different learning experiences to enhance each student's ability to "get it."

The lessons provide you with a whole-class lesson, guided practice, independent practice, and assessment. Some students may need more guided practice while some may need more independent practice. Shape the method of presentation and practice of activities within the lessons to fit the needs of your students. Have some students independently complete reproducibles that are presented as guided practice and others complete with teacher assistance reproducibles that are presented as independent practice. It is important for you to use the strategies and methods presented for learning multiplication and division in a way that helps your students achieve and be successful!

A suggested time limit is given for each quiz at the end of a lesson. Use this time limit as a guideline for your assessment. Provide additional time for students who need it, and challenge other students to "beat their time" and complete the quiz with 90–100% accuracy in a shorter amount of time.

Give students a sense of ownership in their learning and assessment. Copy all of the pages in a lesson and staple them together to make a packet for each student. Invite students to complete the pages one at a time, beginning with the first page. Once they have completed a reproducible, have them check their answers using the answer key (pages 137–144). Ask students to circle the answers they got wrong and to show you their paper. Discuss the incorrect problems with them and any questions they may have. Then, have students redo the incorrect problems until they correctly answer them. Tell students to record on the Teacher Record Sheet (page 130) how many they missed on their first try. When students are ready to complete an activity for partners, tell them to write their name on the chalkboard and work with another student who is at the same stage. This process will allow students to work at their own pace and receive help when they need it. It will also provide you with time to meet individually with students to assess their understanding as well as provide you with a visual record of your students' achievement through a skill area.

Differentiated instruction allows you to plan your teaching to meet the needs of all your students by assessing where they are and moving forward in a direction that will help them achieve. By presenting the lessons and activities this way, you will make learning accessible to every student in your classroom and allow each one to shine as he or she masters a new skill!

NCTM Standards Correlation

	Lesson 1	Lesson 2	Lesson 3	Lesson 4	Lesson 5	Lesson 6	Lesson 7	Lesson 8	Lesson 9	Lesson 10	Lesson 11	Lesson 12	Lesson 13	Lesson 14	Lesson 15
Algebra		●	●		●	●	●	●					●		
Arrays		●			●	●	●	●							
Divide by 2										●		●		●	
Divide by 3										●		●		●	
Divide by 4											●	●		●	
Divide by 5											●	●		●	
Divide by 6											●	●		●	
Divide by 7												●		●	
Divide by 8												●		●	
Divide by 9												●		●	
Equal Sharing										●	●	●		●	
Estimation and Rounding															●
Fact Families										●	●	●			
Mental Math													●	●	
Money			●					●		●	●			●	
Multiples of 10													●		●
Multiply by 0	●	●	●	●	●	●	●	●	●				●		●
Multiply by 1	●	●	●	●	●	●	●	●	●				●		●
Multiply by 2		●	●	●	●	●	●	●	●	●			●		●
Multiply by 3						●	●	●	●	●			●		●
Multiply by 4					●	●	●	●	●			●	●		●
Multiply by 5			●	●	●	●	●	●	●			●	●		●
Multiply by 6							●	●	●			●	●		●
Multiply by 7								●	●				●	●	●
Multiply by 8								●	●					●	●
Multiply by 9				●	●	●	●	●	●				●	●	●
Multiply by 10	●	●	●	●	●	●	●	●	●				●		●
Multiply by 11									●						
Multiply by 12									●						
Multiply with 2 Digits									●				●		●
Multiply with 3 Digits									●				●		●
Multiply with 4 Digits													●		
Problem Solving		●	●	●	●	●	●	●	●	●	●	●	●	●	●
Repeated Addition		●	●	●	●	●	●	●	●				●		
Repeated Subtraction											●	●			

LESSON 1: Multiply with 0, 1, and 10

OBJECTIVES

Students will be introduced to the concept of multiplication as repeated addition. Students will master multiplication of 0, 1, and 10.

DIRECT INSTRUCTION

Teach students to create mental images of multiplication problems as repeated addition problems. Write on the board $0 + 0 = ?$ Ask students how many zeroes they see. Write $2 \times \underline{} = ?$ Ask what number is repeated two times. Write 0 on the line and as the answer. Tell students to read the multiplication problem as *2 zeroes are 0* and to picture two zeroes in their head. This will help them see multiplication number sentences as repeated addition. Write $0 + 0 + 0 = ?$ and discuss its conversion to $3 \times 0 = ?$ and its mental image of three zeroes. Repeat this for 4 x 0 up to 10 x 0. After discussing the zero times tables, repeat the process with $1 + 1 = 2$ and its conversion to $2 \times 1 = 2$ (2 ones are 2) up to $10 \times 1 = 10$ (10 ones are 10) to introduce the one times tables. Introduce the ten times tables in the same way. For each problem, ask students how the multiplication problem should be read (e.g., 5 zeroes are 0, 2 tens are 20) and what they should picture in their head (e.g., five zeroes, two tens).

Discuss what the numbers in any multiplication problem mean. Write on the board *2 x 10 = 20*. Tell students that the 2 means how many tens there are (the number of groups or sets) and the 10 means how many numbers (objects) are in each group. Write on the board several addition problems and multiplication problems (using zero, one, or ten). Ask students to convert repeated addition into multiplication and vice versa. For example, write *4 x 1 = 4* and have students convert it to $1 + 1 + 1 + 1 = 4$. Have them explain the meaning of each problem. (Use manipulatives or draw pictures to help students who are having difficulty.)

GUIDED PRACTICE

✓ Give each student the **Repeated Addition as Multiplication reproducible (page 9)**. Complete the first few problems as a class. Have students complete and discuss each problem. Provide additional assistance to students having difficulty. Challenge students to write their own rules at the bottom of the page.

✓ Work with students in small groups to help them complete the **0, 1, and 10 Skill Practice reproducible (page 10)**.

✓ Give each student the **Read Aloud: 0, 1, and 10 Times Tables reproducible (page 11)**, and have the whole class practice reading and solving the multiplication problems together.

INDEPENDENT PRACTICE

✓ Invite students to use the **Flipping Cards for 0, 1, and 10 (page 12)** with a partner for 10 minutes to practice their number facts.

✓ Invite students to play with a partner the **Multiplication of 0, 1, and 10 Game (page 13)**.

✓ Give each student the **Problem Solving & Practice: Multiplication of 0, 1, and 10 reproducible (page 14)** to complete independently.

ASSESSMENT

✓ Have students complete the **Lesson 1 Quiz (page 15)** in 2 minutes. Challenge students to "beat their time" and complete the quiz in 1 minute and then again in 30 seconds to show that they have mastered the number facts.

Name_____   Date_____

Repeated Addition as Multiplication

Change repeated addition into multiplication and multiplication into repeated addition.

Example: 10 + 10 = 20
  2 × 10 = 20

a 10 + 10 + 10 + 10 + 10 = _____
  ____ × ____ = ____

b 1 + 1 + 1 + 1 + 1 + 1 + 1 + 1 = _____
  ____ × ____ = ____

c 10 + 10 + 10 + 10 + 10 + 10 + 10 = _____
  ____ × ____ = ____

d 0 + 0 + 0 + 0 + 0 + 0 + 0 + 0 + 0 = _____
  ____ × ____ = ____

e 0 + 0 + 0 + 0 + 0 + 0 + 0 + 0 + 0 = _____
  ____ × ____ = ____

f 1 + 1 + 1 + 1 + 1 + 1 = _____
  ____ × ____ = ____

g 2 × 10 = _____
  ____ + ____ = ____

h 2 × 1 = _____
  ____ + ____ = ____

i 6 × 0 = _____
  ___ + ___ + ___ + ___ + ___ + ___ = _____

j 5 × 1 = _____
  ___ + ___ + ___ + ___ + ___ = _____

k What happens when you multiply any number by 0?

l What happens when you multiply any number by 1?

m What happens when you multiply any number by 10?

Lesson 1: Multiply with 0, 1, and 10

Name_____ Date_____

0, 1, and 10 Skill Practice

Match related number sentences. Write the correct letter on each line.

7 × 0 _____   **a** 1 + 1 + 1 + 1 + 1 + 1 + 1 + 1 + 1

9 × 1 _____   **b** 10 + 10 + 10 + 10 + 10 + 10

4 × 10 _____   **c** 0 + 0 + 0

10 × 0 _____   **d** 10 + 10 + 10 + 10

3 × 0 _____   **e** 1 + 1 + 1 + 1 + 1 + 1

6 × 1 _____   **f** 0 + 0 + 0 + 0 + 0 + 0 + 0

6 × 10 _____   **g** 0 + 0 + 0 + 0 + 0 + 0 + 0 + 0 + 0 + 0

Write the answer for each multiplication problem.

a 1 × 0 =	**b** 1 × 1 =	**c** 1 × 10 =	**d** 4 × 1 =
e 2 × 0 =	**f** 2 × 1 =	**g** 2 × 10 =	**h** 2 × 0 =
i 3 × 0 =	**j** 3 × 1 =	**k** 3 × 10 =	**l** 1 × 10 =
m 4 × 0 =	**n** 4 × 1 =	**o** 4 × 10 =	**p** 5 × 1 =
q 5 × 0 =	**r** 5 × 1 =	**s** 5 × 10 =	**t** 9 × 10 =
u 6 × 0 =	**v** 6 × 1 =	**w** 6 × 10 =	**x** 6 × 1 =
y 7 × 0 =	**z** 7 × 1 =	**aa** 7 × 10 =	**bb** 7 × 0 =
cc 8 × 0 =	**dd** 8 × 1 =	**ee** 8 × 10 =	**ff** 2 × 10 =
gg 9 × 0 =	**hh** 9 × 1 =	**ii** 9 × 10 =	**jj** 1 × 1 =
kk 10 × 0 =	**ll** 10 × 1 =	**mm** 10 × 10 =	**nn** 10 × 0 =

Lesson 1: Multiply with 0, 1, and 10

Name_____ Date_____

Read Aloud: 0, 1, and 10 Times Tables

Read each multiplication problem.

$0 \times 0 = 0$	0 zeroes are 0	$10 \times 1 = 10$	10 ones are 10
$1 \times 0 = 0$	1 zero is 0	$0 \times 10 = 0$	0 tens are 0
$6 \times 0 = 0$	6 zeroes are 0	$1 \times 10 = 10$	1 ten is 10
$2 \times 1 = 2$	2 ones are 2	$5 \times 10 = 50$	5 tens are 50
$4 \times 1 = 4$	4 ones are 4	$9 \times 10 = 90$	9 tens are 90
$7 \times 1 = 7$	7 ones are 7		

Solve each multiplication problem. Write how to read each problem (as shown above).

a) $2 \times 0 =$ _____   _____

b) $8 \times 1 =$ _____   _____

c) $2 \times 10 =$ _____   _____

d) $4 \times 10 =$ _____   _____

e) $0 \times 1 =$ _____   _____

f) $5 \times 1 =$ _____   _____

g) $3 \times 0 =$ _____   _____

h) $9 \times 0 =$ _____   _____

i) $8 \times 1 =$ _____   _____

j) $7 \times 10 =$ _____   _____

k) $1 \times 1 =$ _____   _____

Lesson 1: Multiply with 0, 1, and 10

Flipping Cards for 0, 1, and 10

Cut apart the cards on the solid lines. Fold each card on the dotted line. Practice the number facts for 10 minutes. The answer is on the back of each card in the upper left corner.

0	7
7 × 1 =	**3 × 0 =**

5	40
4 × 10 =	**5 × 1 =**

80	0
6 × 0 =	**8 × 10 =**

0	9
9 × 1 =	**10 × 0 =**

20	0
1 × 0 =	**2 × 10 =**

12 Lesson 1: Multiply with 0, 1, and 10

Multiplication of 0, 1, and 10 Game

- <u>Player A</u>: Select a number fact from the list, and draw an X over it.
- Write the fact under **Selected Number Fact.**
- Write the answer under **Player A Product.**
- <u>Player B</u>: Repeat steps 1–3. (Write the answer under **Player B Product.**)
- Take turns and continue playing until there are no more number facts.
- Add together all of your products to get your total points. The player with the most points is the winner.

Player A _____   Player B _____

3×10	0×0	10×1	10×0	8×10	6×1
8×1	7×0	9×0	5×10	4×1	4×0
3×1	5×10	9×10	2×10	1×1	6×10

Selected Number Fact	Player A Product	Player B Product

Total Points _____   _____

Name_____   Date_____

Problem Solving & Practice: Multiplication of 0, 1, and 10

Use repeated addition and multiplication to solve each problem. Draw a picture when needed.

a Kevin owns 2 dogs. Each dog had 1 puppy. How many puppies does Kevin have altogether? Show your answer using repeated addition and multiplication.	**b** Kaylee saw 2 groups of birds flying in the sky. There were 10 birds in each group. How many birds did she see? Use repeated addition and multiplication to solve this problem.
c Shayna collects stickers. She wants to collect 7 different types of stickers. Right now, she has 0 of each type of sticker. How many stickers does she have altogether?	**d** Gregg wants to paint 3 pictures. He wants each picture to have 10 different colors in it and he does not want any of the pictures to have the same colors in it. If he uses a different paintbrush for each color, how many paintbrushes will he need?

Write the answer for each multiplication problem.

e 9 × 1 = _____   **f** 5 × 0 = _____   **g** 10 × 10 = _____

h 6 × 10 = _____   **i** 3 × 1 = _____   **j** 2 × 10 = _____

k 1 × 0 = _____   **l** 7 × 1 = _____   **m** 4 × 0 = _____

n 1 × 1 = _____   **o** 8 × 10 = _____   **p** 5 × 1 = _____

q 2 × 1 = _____   **r** 10 × 1 = _____   **s** 9 × 0 = _____

Name_____ Date_____

Lesson 1 Quiz

Solve each problem.

a $4 \times 1 =$ ____   **b** $5 \times 0 =$ ____   **c** $4 \times 10 =$ ____   **d** $6 \times 0 =$ ____

e $7 \times 1 =$ ____   **f** $9 \times 10 =$ ____   **g** $8 \times 1 =$ ____   **h** $3 \times 10 =$ ____

i $8 \times 1 =$ ____   **j** $6 \times 10 =$ ____

Match related number sentences. Write the correct letter on each line.

6×0 ____   **a** $0 + 0 + 0 + 0 + 0$

8×1 ____   **b** $0 + 0 + 0 + 0 + 0 + 0 + 0 + 0 + 0$

2×10 ____   **c** $1 + 1 + 1 + 1 + 1 + 1 + 1 + 1$

9×0 ____   **d** $1 + 1 + 1$

5×0 ____   **e** $0 + 0 + 0 + 0 + 0 + 0$

3×1 ____   **f** $10 + 10$

5×10 ____   **g** $10 + 10 + 10 + 10 + 10$

These are the number facts I missed on the quiz:

Lesson 1: Multiply with 0, 1, and 10   15

LESSON 2: Multiply with 2

OBJECTIVES

Students will be introduced to the concept of multiplication as an array. Students will be able to solve repeated addition and master multiplication with 2.

DIRECT INSTRUCTION

Teach students that double addition facts (a number added to itself) are the same as multiplication by 2. Write on the board *0 + 0 = ?* Have students say the answer, and write it on the board. Then, show them how to change 0 + 0 = 0 into 2 x 0 = 0. Ask students how many zeroes are in 0 + 0 = ? After students answer 2 zeroes, show them that 2 x 0 = 0 says 2 zeroes are 0. Repeat this process for all problems in the two times tables (e.g., 1 + 1 = 2 x 1= 2, 2 + 2 = 2 x 2 = 4) up to 10 + 10 = 2 x 10 = 20. Explain that the rule of doubles is that 2 times some number means double the number.

Place 6 **blocks** on an **overhead projector** or draw them on the board to create an image of a 2-by-3 array. Discuss how the array can be seen as addition and multiplication. Introduce students to the term *ordering rule* (the commutative law). Ask a volunteer to make with blocks or draw on the board an array for 2 x 4. Ask a different volunteer to use the same blocks or drawing to show 4 x 2. Explain that 4 x 2 is the "ordering partner" for 2 x 4. Explain that the order of the numbers does not matter. They will still have the same answer (product).

I see 2 rows of 3. 3 + 3 = 6 and 2 x 3 = 6 (2 threes are 6)

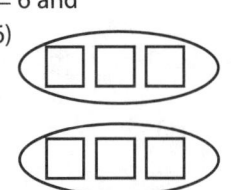

I see 3 rows of 2. 2 + 2 + 2 = 6 and 3 x 2 = 6 (3 twos are 6)

GUIDED PRACTICE

✓ Have students work in small groups as you help them complete the **Changing Addition to Multiplication reproducible (page 17).**
✓ Work with students in small groups to help them complete the **Ordering Rule reproducible (page 18).**
✓ Give each student the **Read Aloud: 2 Times Tables reproducible (page 19),** and have the whole class practice reading and solving the multiplication problems together. The problems on the bottom of the page are the ordering partners for the problems on the top of the page.

INDEPENDENT PRACTICE

✓ Invite students to use the **Flipping Cards for the Twos (page 20)** with a partner for 10 minutes to practice their number facts.
✓ Invite students to play with a partner the **Multiplication of 2 Product Game (page 21).**
✓ Give each student the **Problem Solving & Practice: Multiplication of 2 reproducible (page 22)** to complete independently.

ASSESSMENT

✓ Have students complete the **Lesson 2 Quiz (page 23)** in 2 minutes. Challenge students to "beat their time" and complete the quiz in 1 minute and then again in 30 seconds to show that they have mastered the number facts.

Name_____   Date_____

Changing Addition to Multiplication

Change each addition number sentence to a multiplication number sentence.

a $1 + 1 = \underline{2} \rightarrow \underline{2} \times \underline{1} = \underline{2}$	**b** $3 + 3 = \_\_\_ \rightarrow \_\_\_ \times \_\_\_ = \_\_\_$
c $4 + 4 = \_\_\_ \rightarrow \_\_\_ \times \_\_\_ = \_\_\_$	**d** $7 + 7 = \_\_\_ \rightarrow \_\_\_ \times \_\_\_ = \_\_\_$
e $2 + 2 = \_\_\_ \rightarrow \_\_\_ \times \_\_\_ = \_\_\_$	**f** $10 + 10 = \_\_\_ \rightarrow \_\_\_ \times \_\_\_ = \_\_\_$
g $5 + 5 = \_\_\_ \rightarrow \_\_\_ \times \_\_\_ = \_\_\_$	**h** $9 + 9 = \_\_\_ \rightarrow \_\_\_ \times \_\_\_ = \_\_\_$

Change each multiplication number sentence to an addition number sentence.

i $2 \times 1 = \underline{2} \rightarrow \underline{1} + \underline{1} = \underline{2}$	**j** $2 \times 3 = \_\_\_ \rightarrow \_\_ + \_\_ = \_\_\_$
k $2 \times 4 = \_\_\_ \rightarrow \_\_\_ + \_\_\_ = \_\_\_$	**l** $2 \times 7 = \_\_\_ \rightarrow \_\_ + \_\_ = \_\_\_$
m $2 \times 2 = \_\_\_ \rightarrow \_\_\_ + \_\_\_ = \_\_\_$	**n** $2 \times 10 = \_\_\_ \rightarrow \_\_ + \_\_ = \_\_\_$
o $2 \times 6 = \_\_\_ \rightarrow \_\_\_ + \_\_\_ = \_\_\_$	**p** $2 \times 5 = \_\_\_ \rightarrow \_\_ + \_\_ = \_\_\_$
q $2 \times 8 = \_\_\_ \rightarrow \_\_\_ + \_\_\_ = \_\_\_$	**r** $2 \times 9 = \_\_\_ \rightarrow \_\_ + \_\_ = \_\_\_$

Name_____   Date_____

Ordering Rule

Solve each problem.

a Write matching multiplication number sentences for the array. ★★★★★ ★★★★★ ___ × ___ = ___ ___ × ___ = ___	**b** Write matching multiplication number sentences for the array. ★★ ★★ ★★ ___ × ___ = ___ ★★ ★★ ___ × ___ = ___	**c** Write matching multiplication number sentences for the array. ★★★★★★ ★★★★★★ ___ × ___ = ___ ___ × ___ = ___
d Write matching multiplication number sentences for the array. ★★ ★★ ___ × ___ = ___ ★★ ★★ ★★ ___ × ___ = ___ ★★	**e** Draw an array for 2 × 4 = 8. (Draw X's)	**f** Draw an array for 4 × 2 = 8. (Draw X's)

Write the ordering partner for each multiplication fact.

g 2 × 1 = <u>2</u> → <u>1</u> × <u>2</u> = <u>2</u>

h 2 × 0 = ___ → ___ × ___ = ___

i 7 × 2 = ___ → ___ × ___ = ___

j 2 × 10 = ___ → ___ × ___ = ___

k 2 × 9 = ___ → ___ × ___ = ___

l 2 × 2 = ___ → ___ × ___ = ___

m 3 × 2 = ___ → ___ × ___ = ___

n 2 × 8 = ___ → ___ × ___ = ___

o 6 × 2 = ___ → ___ × ___ = ___

p 2 × 4 = ___ → ___ × ___ = ___

q 5 × 2 = ___ → ___ × ___ = ___

r 0 × 2 = ___ → ___ × ___ = ___

Name_____ Date_____

Read Aloud: 2 Times Tables

Read each multiplication problem.

$0 \times 2 = 0$ 0 twos are 0

$1 \times 2 = 2$ 1 two is 2

$2 \times 2 = 4$ 2 twos are 4

$3 \times 2 = 6$ 3 twos are 6

$4 \times 2 = 8$ 4 twos are 8

$5 \times 2 = 10$ 5 twos are 10

$6 \times 2 = 12$ 6 twos are 12

$7 \times 2 = 14$ 7 twos are 14

$8 \times 2 = 16$ 8 twos are 16

$9 \times 2 = 18$ 9 twos are 18

$10 \times 2 = 20$ 10 twos are 20

Solve each multiplication problem. Write how to read each problem (as shown above).

a. $2 \times 0 =$ _____   _____

b. $2 \times 1 =$ _____   _____

c. $2 \times 2 =$ _____   _____

d. $2 \times 3 =$ _____   _____

e. $2 \times 4 =$ _____   _____

f. $2 \times 5 =$ _____   _____

g. $2 \times 6 =$ _____   _____

h. $2 \times 7 =$ _____   _____

i. $2 \times 8 =$ _____   _____

j. $2 \times 9 =$ _____   _____

k. $2 \times 10 =$ _____   _____

Flipping Cards for the Twos

Cut apart the cards on the solid lines. Fold each card on the dotted line. Practice the number facts for 10 minutes. The answer is on the back of each card in the upper left corner.

12 2 × 5 = 10	10 2 × 6 = 12
16 2 × 7 = 14	14 2 × 8 = 16
6 2 × 9 = 18	18 2 × 3 = 6
14 4 × 2 = 8	8 7 × 2 = 14
18 8 × 2 = 16	16 9 × 2 = 18

Multiplication of 2 Product Game

- Player A: Select a number fact from the list, and draw an X over it.
- Write the fact under **Selected Number Fact.**
- Write the answer under **Player A Product.**
- Player B: Repeat steps 1–3. (Write the answer under **Player B Product.**)
- Take turns and continue playing until there are no more number facts.
- Add together all of your products to get your total points. The player with the most points is the winner.

Player A _____   Player B _____

2×10	2×5	2×2	2×3	8×2	9×2
2×1	2×7	2×9	5×2	4×2	2×4
3×2	7×2	6×2	2×8	2×6	2×0

Selected Number Fact	Player A Product	Player B Product

Total Points _____   _____

Name_____   Date_____

Problem Solving & Practice: Multiplication of 2

Write a multiplication sentence to solve each problem. Draw a picture when needed.

a Brandy saw 9 groups of sea birds. Each group had 2 sea birds. How many sea birds did Brandy see? Show your answer.

b Missy collected 2 pails of seashells. In each pail, there were 5 shells. How many shells did she collect?

c There were 2 vans driving children to the beach. There were 6 children riding in each van. How many children went to the beach?

d Write the missing numbers in the boxes.

a	2	5	8	5	6
b	4	10			12

What is the rule to find the missing numbers? Write the rule.

Write the answer for each multiplication problem.

e 2 × 1 = _____   **f** 5 × 2 = _____   **g** 2 × 2 = _____

h 2 × 6 = _____   **i** 6 × 2 = _____   **j** 2 × 5 = _____

k 2 × 7 = _____   **l** 7 × 2 = _____   **m** 4 × 2 = _____

n 2 × 8 = _____   **o** 3 × 2 = _____   **p** 2 × 3 = _____

q 2 × 9 = _____   **r** 10 × 2 = _____   **s** 0 × 2 = _____

22   Lesson 2: Multiply with 2

Name_____   Date_____

Lesson 2 Quiz

Solve each problem.

a $4 \times 2 =$ ____   **b** $1 \times 2 =$ ____

c $5 \times 2 =$ ____   **d** $6 \times 2 =$ ____

e $7 \times 2 =$ ____   **f** $9 \times 2 =$ ____

g $0 \times 2 =$ ____   **h** $3 \times 2 =$ ____

i $8 \times 2 =$ ____   **j** $10 \times 2 =$ ____

Review Problems

k $5 \times 1 =$ ____   **l** $9 \times 0 =$ ____

m $3 \times 10 =$ ____   **n** $6 \times 0 =$ ____

o $7 \times 1 =$ ____   **p** $1 \times 0 =$ ____

q $8 \times 1 =$ ____   **r** $2 \times 2 =$ ____

s $8 \times 0 =$ ____   **t** $6 \times 10 =$ ____

These are the number facts I missed on the quiz:

Lesson 2: Multiply with 2

LESSON 3

Multiply with 5

OBJECTIVES

Students will be introduced to multiplication of 5 using nickels and clock minutes.

Students will master multiplication with 5.

DIRECT INSTRUCTION

Teach students that counting nickels is the same as multiplication with 5. Display an **overhead transparency** of the **Coins reproducible (page 128)**. Use **white paper** to cover the reproducible so only the nickels are showing. Invite the class to count the nickels together (i.e., 5, 10, 15 . . . 50). Write on the board *2 x 5 = 10*. Ask the class how to read the multiplication problem, and wait for them to say *2 fives are 10*. Then, have volunteers use **overhead pens** to circle nickels to illustrate the multiplication problem. Erase students' circles, and repeat this process for each multiplication of 5 number sentence (i.e., 0 x 5 = 0 to 10 x 5 = 50).

Make an **overhead transparency** and a class set of copies of the **Clock reproducible (page 25)**. Cut out the paper hands, and use **brass fasteners** to connect them to the clock. Ask students to move their minute hand so it is pointing to the 1 on their clock. Invite the class to read the minutes (i.e., 5). Repeat this for each number on the clock. (Have students read the minutes as 60 when the minute hand points to 12.) Help students make the connection between reading the minutes on a clock and multiplying with 5. Explain to students that when they multiply a number on the clock by 5, they will find the number of minutes (e.g., multiply 6 by 5 to find 30 minutes).

GUIDED PRACTICE

✓ Have students work in small groups as you help them complete the **Nickels and Minutes reproducible (page 26)**. Invite students to use **plastic coins** or coins from the **Coins reproducible** and the clock from the **Clock reproducible.**

✓ Give each student the **Read Aloud: 5 Times Tables reproducible (page 27),** and have the whole class practice reading and solving the multiplication problems together. The problems on the bottom of the page are the ordering partners for the problems on the top of the page.

INDEPENDENT PRACTICE

✓ Invite students to use the **Flipping Cards for the Fives (page 28)** with a partner for 10 minutes to practice their number facts.

✓ Invite students to play with a partner the **Multiplication of 5 Product Game (page 29).**

✓ Give each student the **Problem Solving & Practice: Multiplication of 5 reproducible (page 30)** to complete independently.

ASSESSMENT

✓ Have students complete the **Lesson 3 Quiz (page 31)** in 2 minutes. Challenge students to "beat their time" and complete the quiz in 1 minute and then again in 30 seconds to show that they have mastered the number facts.

Clock

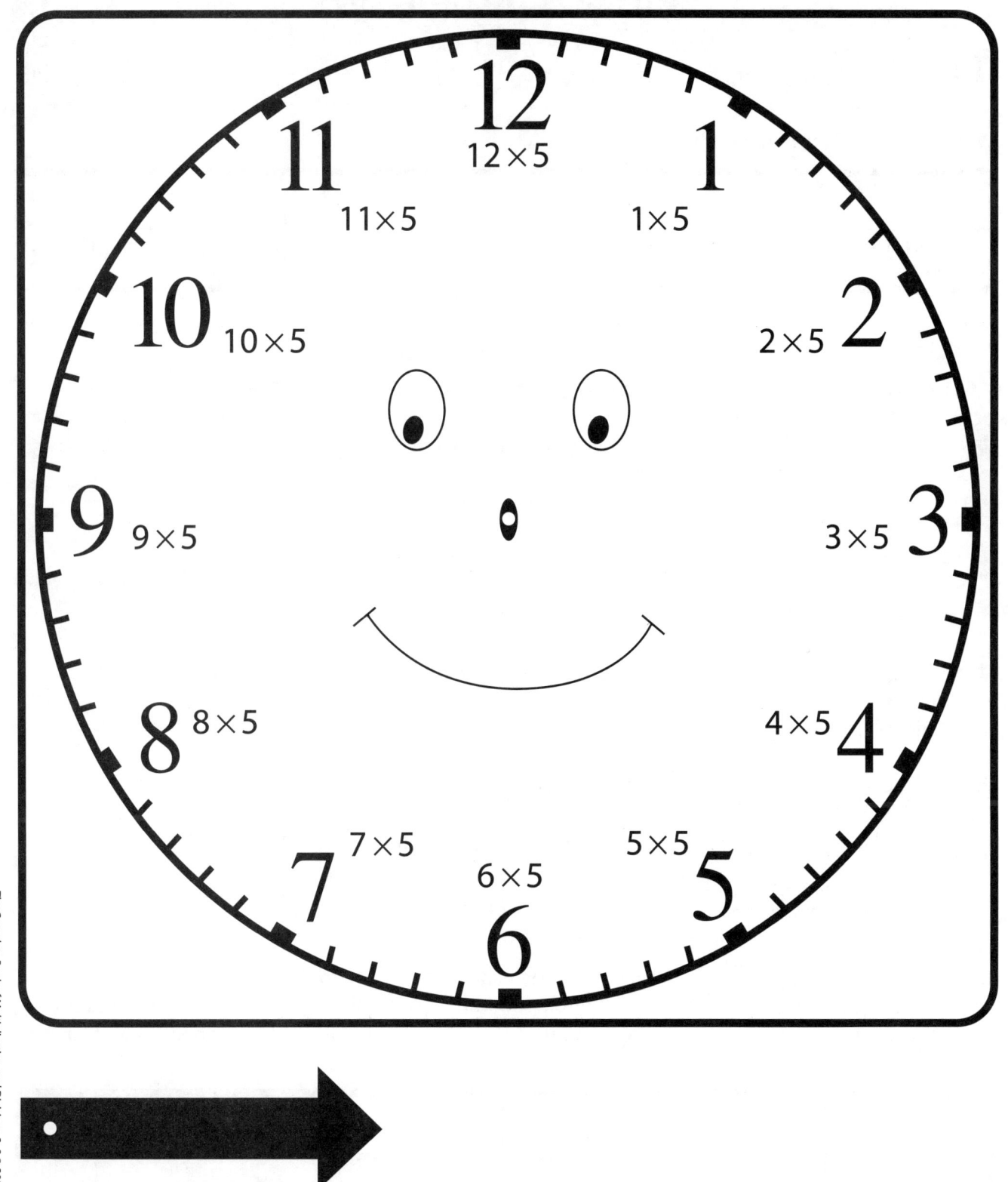

- 12 12×5
- 11 11×5
- 1   1×5
- 10 10×5
- 2   2×5
- 9   9×5
- 3   3×5
- 8   8×5
- 4   4×5
- 7   7×5
- 6   6×5
- 5   5×5

Lesson 3: Multiply with 5   25

Name_____   Date_____

Nickels and Minutes

Write the value of the number of nickels.

# of nickels	1	2	3	4	5	6	7	8	9	10
Value of nickels	(1 x 5=?) ____?	(2 x 5=?) ____?	(3 x 5=?) ____?	(4 x 5=?) ____?	(5 x 5=?) ____?	(6 x 5=?) ____?	(7 x 5=?) ____?	(8 x 5=?) ____?	(9 x 5=?) ____?	(10 x 5=?) ____?

Write multiplication number sentences.

a 1 nickel: 1 × 5 = 5   the ordering partner fact is 5 × 1 = 5

b 2 nickels: ___ × ___ = ___   the ordering partner fact is ___ × ___ = ___

c 3 nickels: ___ × ___ = ___   the ordering partner fact is ___ × ___ = ___

d 4 nickels: ___ × ___ = ___   the ordering partner fact is ___ × ___ = ___

e 5 nickels: ___ × ___ = ___   the ordering partner fact is ___ × ___ = ___

f 6 nickels: ___ × ___ = ___   the ordering partner fact is ___ × ___ = ___

g 7 nickels: ___ × ___ = ___   the ordering partner fact is ___ × ___ = ___

h 8 nickels: ___ × ___ = ___   the ordering partner fact is ___ × ___ = ___

i 9 nickels: ___ × ___ = ___   the ordering partner fact is ___ × ___ = ___

j 10 nickels: ___ × ___ = ___ the ordering partner fact is ___ × ___ = ___

Create a multiplication sentence by writing × 5 in each box of the second row. Read the multiplication sentence down and write the answer in the bottom row. Your answer will tell you how many minutes past the hour it is when the minute hand points to a number on the clock. The first column is done as an example.

Minute hand is at (n)	1	3	6	9	4	5	7	8	10	11	12
(n) × 5	× 5										
How many minutes?	5 minutes	minutes	minutes	minutes	minutes	minutes	minutes	minutes	minutes	minutes	minutes

Lesson 3: Multiply with 5

Name_____ Date_____

Read Aloud: 5 Times Tables

Read each multiplication problem.

$0 \times 5 = 0$	0 fives are 0	$6 \times 5 = 30$	6 fives are 30
$1 \times 5 = 5$	1 five is 5	$7 \times 5 = 35$	7 fives are 35
$2 \times 5 = 10$	2 fives are 10	$8 \times 5 = 40$	8 fives are 40
$3 \times 5 = 15$	3 fives are 15	$9 \times 5 = 45$	9 fives are 45
$4 \times 5 = 20$	4 fives are 20	$10 \times 5 = 50$	10 fives are 50
$5 \times 5 = 25$	5 fives are 25		

Solve each multiplication problem. Write how to read each problem (as shown above).

a) $5 \times 0 = $ _____   _____

b) $5 \times 1 = $ _____   _____

c) $5 \times 2 = $ _____   _____

d) $5 \times 3 = $ _____   _____

e) $5 \times 4 = $ _____   _____

f) $5 \times 5 = $ _____   _____

g) $5 \times 6 = $ _____   _____

h) $5 \times 7 = $ _____   _____

i) $5 \times 8 = $ _____   _____

j) $5 \times 9 = $ _____   _____

k) $5 \times 10 = $ _____   _____

Flipping Cards for the Fives

Cut apart the cards on the solid lines. Fold each card on the dotted line. Practice the number facts for 10 minutes. The answer is on the back of each card in the upper left corner.

30 $5 \times 5 =$	25 $5 \times 6 =$
35 $5 \times 0 =$	0 $7 \times 5 =$
15 $9 \times 5 =$	45 $5 \times 3 =$
5 $2 \times 5 =$	10 $1 \times 5 =$
20 $5 \times 8 =$	40 $4 \times 5 =$

28 Lesson 3: Multiply with 5

Multiplication of 5 Product Game

- Player A: Select a number fact from the list, and draw an X over it.
- Write the fact under **Selected Number Fact.**
- Write the answer under **Player A Product.**
- Player B: Repeat steps 1–3. (Write the answer under **Player B Product.**)
- Take turns and continue playing until there are no more number facts.
- Add together all of your products to get your total points. The player with the most points is the winner.

Player A _____   Player B _____

5×10	5×5	3×5	8×5	9×5	5×0
2×5	5×4	4×5	5×6	5×9	5×8
6×5	7×5	0×5	10×5	5×7	1×5

Selected Number Fact	Player A Product	Player B Product

Total Points _____   _____

Name_____ Date_____

Problem Solving & Practice: Multiplication of 5

Write a multiplication sentence to solve each problem. Draw a picture when needed.

a James wants to buy 5 CDs. The price of each CD is $6.00. How much money does he need?

b Pam has 3 dolls. Each doll has 5 dresses. How many doll dresses does she have?

c John bought 5 comic books for each of his friends. He has 2 friends. How many comic books did he buy?

d Write the missing numbers in the boxes.

a	2	3	4	5	6
b	10	15			30

What is the rule to find the missing numbers? Write the rule.

Write the answer for each multiplication problem.

e 5 × 7 = _____   **f** 6 × 5 = _____   **g** 5 × 5 = _____

h 5 × 6 = _____   **i** 7 × 5 = _____   **j** 4 × 5 = _____

k 5 × 8 = _____   **l** 8 × 5 = _____   **m** 5 × 3 = _____

n 5 × 10 = _____   **o** 0 × 5 = _____   **p** 2 × 5 = _____

q 5 × 1 = _____   **r** 10 × 5 = _____   **s** 1 × 5 = _____

30 Lesson 3: Multiply with 5

Name_____ Date_____

Lesson 3 Quiz

Solve each problem.

a 2 × 5 = ____   **b** 1 × 5 = ____

c 3 × 5 = ____   **d** 4 × 5 = ____

e 7 × 5 = ____   **f** 9 × 5 = ____

g 8 × 5 = ____   **h** 6 × 5 = ____

i 5 × 5 = ____   **j** 10 × 5 = ____

Review Problems

k 2 × 2 = ____   **l** 8 × 2 = ____

m 5 × 2 = ____   **n** 4 × 2 = ____

o 10 × 1 = ____   **p** 9 × 2 = ____

q 7 × 2 = ____   **r** 6 × 0 = ____

s 0 × 5 = ____   **t** 0 × 1 = ____

These are the number facts I missed on the quiz:

Lesson 3: Multiply with 5

Lesson 4: Multiply with 9

OBJECTIVES

Students will be introduced to multiplication with 9 using patterns and the "finger 9's" method. Students will master multiplication with 9.

DIRECT INSTRUCTION

Make an **overhead transparency** and a class set of copies of the **Shortcuts for the Nines reproducible (page 33)**. Display the transparency, and use **white paper** to cover the bottom half of the page so only the "Pattern for the Nines" section is showing. Read aloud each multiplication problem, and then discuss with the class any patterns they see in the products. For example, the digits in the tens place are in order from 0 to 9 and the digits in the ones place are in reverse order from 9 to 0. Introduce the pattern described on the reproducible. Explain that the digit in the tens place is always one less than the number that is multiplied by 9 and that the sum of the digits in the tens place and the ones place always equals 9. Write on the board $8 \times 9 = ?$ Write 7 in the tens place of the product because 7 is one less than 8. Ask the class what number should be written in the ones place of the product. (Remind them that the two digits must add up to 9.) Write 2 in the ones place, and say $8 \times 9 = 72$.

Tell students to look at the bottom half of their reproducible to learn a "magic trick" for multiplying with 9. Have students place their fingers on their desk as shown in the first picture. Ask students to bend one, and only one, finger as you tell them which finger. (Each finger represents one factor in the 9 times tables.) Have students find the product of 1×9 by bending "finger 1" (as shown). The fingers on the left of the bent finger represent the number of tens in the product (i.e., 0) and the fingers on the right side of the bent finger represent the number of ones in the product (i.e., 9). Invite students to use this method to find the answers for the other multiplication of 9 problems up to 10×9.

GUIDED PRACTICE

✓ Have students work in small groups as you help them complete the **Apply the Pattern to Find Products reproducible (page 34)**.
✓ Give each student the **Read Aloud: 9 Times Tables reproducible (page 35)**, and have the whole class practice reading and solving the multiplication problems together. The problems on the bottom of the page are the ordering partners for the problems on the top of the page.

INDEPENDENT PRACTICE

✓ Invite students to use the **Flipping Cards for the Nines (page 36)** with a partner for 10 minutes to practice their number facts.
✓ Invite students to play with a partner the **Multiplication of 9 Product Game (page 37)**.
✓ Give each student the **Problem Solving & Practice: Multiplication of 9 reproducible (page 38)** to complete independently.

ASSESSMENT

✓ Have students complete the **Lesson 4 Quiz (page 39)** in 3 minutes. Challenge students to "beat their time" and complete the quiz in 2 minutes and then in 1 minute (or less) to show that they have mastered the number facts.

Shortcuts for the Nines

Pattern for the Nines

$1 \times 9 = 09$
$2 \times 9 = 18$
$3 \times 9 = 27$
$4 \times 9 = 36$
$5 \times 9 = 45$
$6 \times 9 = 54$
$7 \times 9 = 63$
$8 \times 9 = 72$
$9 \times 9 = 81$
$10 \times 9 = 90$

Can you see this pattern?

The digit in the tens place of the product is 1 less than the number multiplied by 9. This number plus the digit in the ones place will always equal 9.

Finger 9's Method

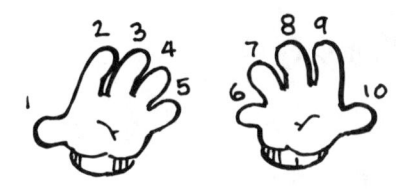

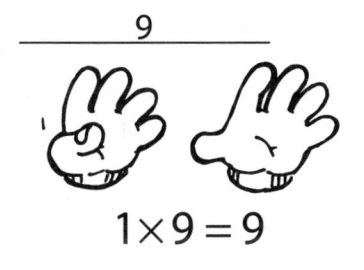

$1 \times 9 = 9$

$2 \times 9 = 18$

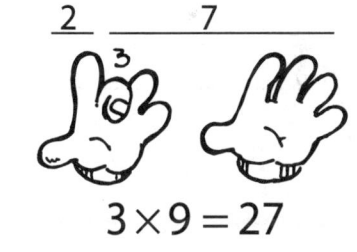

$3 \times 9 = 27$

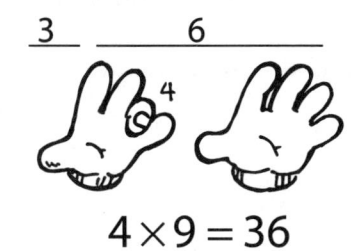

$4 \times 9 = 36$

$5 \times 9 = 45$

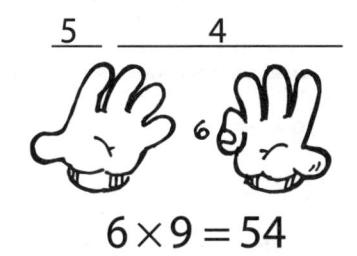

$6 \times 9 = 54$

$7 \times 9 = 63$

$8 \times 9 = 72$

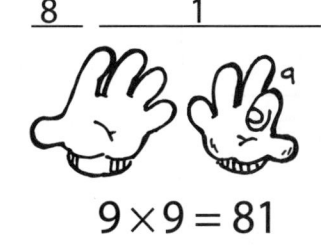

$9 \times 9 = 81$

$10 \times 9 = 90$

Lesson 4: Multiply with 9

Name_____   Date_____

Apply the Pattern to Find Products

Solve each problem.

a) 1 × 9 = ___	**b)** 10 × 9 = ___	**c)** 9 × 9 = ___
d) 5 × 9 = ___	**e)** 8 × 9 = ___	**f)** 2 × 9 = ___
g) 3 × 9 = ___	**h)** 6 × 9 = ___	**i)** 7 × 9 = ___
j) 0 × 9 = ___	**k)** 4 × 9 = ___	**l)** 9 × 5 = ___
m) 9 × 3 = ___	**n)** 9 × 1 = ___	**o)** 9 × 7 = ___
p) 9 × 5 = ___	**q)** 9 × 2 = ___	**r)** 9 × 10 = ___
s) 9 × 6 = ___	**t)** 9 × 0 = ___	**u)** 9 × 4 = ___

Change each addition number sentence to a multiplication number sentence. Then write the product.

Example: 9 + 9 = <u>18</u> <u>2 × 9 = 18</u>	**a)** 9 + 9 + 9 + 9 + 9 = _____	**b)** 9 + 9 + 9 + 9 + 9 + 9 = _____
c) 9 + 9 + 9 + 9 = _____	**d)** 9 + 9 + 9 = _____	**e)** 9 + 9 + 9 + 9 + 9 + 9 + 9 = _____
f) 9 + 9 + 9 + 9 + 9 + 9 + 9 + 9 = _____	**g)** 9 + 9 + 9 + 9 + 9 + 9 + 9 + 9 + 9 = _____	**h)** 9 + 9 + 9 + 9 + 9 + 9 + 9 + 9 + 9 + 9 = _____

34 Lesson 4: Multiply with 9

Name_____ Date_____

Read Aloud: 9 Times Tables

Read each multiplication problem.

$0 \times 9 = 0$	0 nines are 0	$6 \times 9 = 54$	6 nines are 54
$1 \times 9 = 9$	1 nine is 9	$7 \times 9 = 63$	7 nines are 63
$2 \times 9 = 18$	2 nines are 18	$8 \times 9 = 72$	8 nines are 72
$3 \times 9 = 27$	3 nines are 27	$9 \times 9 = 81$	9 nines are 81
$4 \times 9 = 36$	4 nines are 36	$10 \times 9 = 90$	10 nines are 90
$5 \times 9 = 45$	5 nines are 45		

Solve each multiplication problem. Write how to read each problem (as shown above).

a) $9 \times 0 =$ _____   _____

b) $9 \times 1 =$ _____   _____

c) $9 \times 2 =$ _____   _____

d) $9 \times 3 =$ _____   _____

e) $9 \times 4 =$ _____   _____

f) $9 \times 5 =$ _____   _____

g) $9 \times 6 =$ _____   _____

h) $9 \times 7 =$ _____   _____

i) $9 \times 8 =$ _____   _____

j) $9 \times 9 =$ _____   _____

k) $9 \times 10 =$ _____   _____

Flipping Cards for the Nines

Cut apart the cards on the solid lines. Fold each card on the dotted line. Practice the number facts for 10 minutes. The answer is on the back of each card in the upper left corner.

54	45
9 × 5 =	**6 × 9 =**
72	63
7 × 9 =	**9 × 8 =**
27	81
9 × 9 =	**9 × 3 =**
36	9
1 × 9 =	**9 × 4 =**
18	0
0 × 9 =	**9 × 2 =**

Multiplication of 9 Product Game

- Player A: Select a number fact from the list, and draw an X over it.
- Write the fact under **Selected Number Fact.**
- Write the answer under **Player A Product.**
- Player B: Repeat steps 1–3. (Write the answer under **Player B Product.**)
- Take turns and continue playing until there are no more number facts.
- Add together all of your products to get your total points. The player with the most points is the winner.

Player A _____   Player B _____

9×5	6×9	9×6	3×9	9×0	9×4
9×1	5×9	9×7	2×9	9×3	4×9
9×10	1×9	0×9	10×9	7×9	9×9

Selected Number Fact	Player A Product	Player B Product

Total Points _____   _____

Lesson 4: Multiply with 9

Name_____   Date_____

Problem Solving & Practice: Multiplication of 9

Write a multiplication sentence to solve each problem. Draw a picture when needed.

a Nicky made a sandbox out of wood as shown below. He needs 2 sacks of sand to fill each square. How many sacks of sand does he need to fill the entire sandbox?

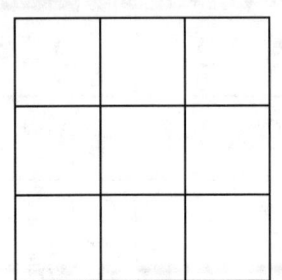

b Mark has 10 stacks of football cards. Each stack has 9 cards. How many football cards does Mark have?

c Tova saved $8.00 every day for 9 days. Barb saved $10.00 every day for 8 days. Who saved more? How much more?

d School band members stand in 2 rows with 5 members in each row. The Army band has 9 times more members than the school band. How many members are in the Army band?

Write the answer for each multiplication problem.

e $9 \times 9 =$ _____   **f** $8 \times 9 =$ _____   **g** $2 \times 9 =$ _____

h $9 \times 7 =$ _____   **i** $6 \times 9 =$ _____   **j** $9 \times 10 =$ _____

k $9 \times 3 =$ _____   **l** $4 \times 9 =$ _____   **m** $7 \times 9 =$ _____

n $5 \times 9 =$ _____   **o** $0 \times 9 =$ _____   **p** $9 \times 6 =$ _____

q $9 \times 1 =$ _____   **r** $10 \times 9 =$ _____   **s** $9 \times 5 =$ _____

Lesson 4: Multiply with 9

Name_____   Date_____

Lesson 4 Quiz

Solve each problem.

a 2 × 9 = ____   **b** 7 × 9 = ____

c 8 × 9 = ____   **d** 6 × 9 = ____

e 1 × 9 = ____   **f** 5 × 9 = ____

g 4 × 9 = ____   **h** 3 × 9 = ____

i 10 × 9 = ____   **j** 0 × 9 = ____

Review Problems

k 5 × 2 = ____   **l** 5 × 5 = ____

m 3 × 10 = ____   **n** 9 × 9 = ____

o 7 × 2 = ____   **p** 7 × 1 = ____

q 8 × 0 = ____   **r** 6 × 1 = ____

s 9 × 1 = ____   **t** 8 × 10 = ____

These are the number facts I missed on the quiz:

Lesson 4: Multiply with 9   39

LESSON 5
Multiply with 4

OBJECTIVES

Students will be introduced to multiplication with 4 through the strategy of doubling twice (2 x 2n) and by using arrays. Students will master multiplication with 4.

DIRECT INSTRUCTION

Introduce students to multiplying with 4 by teaching them the strategy of doubling twice to find products (or doubling doubles). Write on the board *4 x 3 = ?* Tell students that one strategy for finding the product to this multiplication problem is to double twice. Write on the board *2 x 2n* or *(2 x n) + (2 x n)*. Explain that *n* is the number being multiplied by 4 (i.e., 3). Tell students they have to find *2n* (i.e., 2 x 3 = 6), which is their first doubling. Then they have to find *2n* again (i.e., 2 x 3 = 6), which is their second doubling. Tell them to add together the two products to find their product of 4 x 3. Write multiplication with 4 problems on the board from 0 x 4 to 10 x 4, and have students use the doubling twice strategy to find the products.

```
4 × 6 = ?
Doubling is 2 × 2n    2 × (2 × 6)
       or
(2 × n) + (2 × n)    (2 × 6) + (2 × 6)
double 6   2 × 6 = 12
double 6   2 × 6 = 12
Add 12 + 12 = 24
4 × 6 = 24
```

Have students practice drawing arrays to solve multiplication with 4. Draw on the board or an **overhead transparency** a large 10-by-10 grid. Write multiplication problems, and invite students to fill in the grid boxes to make arrays to find the answer to each problem.

GUIDED PRACTICE

✓ Have students work in small groups as you help them complete the **Double Twice reproducible (page 41)**.
✓ Work with students in small groups to help them complete the **Arrays for 4 reproducible (page 42)**. Have children use crayons to color the arrays.
✓ Copy the **I Have It: Times 4 reproducible (page 43)** on **construction paper or tagboard** for every four students. Cut apart the cards, and laminate them. Put each set of cards in an **envelope,** and write the title (i.e., *Times 4*) on it. Model how the game works and the correct answers. Tell students that the student who has the card that says *I have the first card* will begin the game by reading aloud his or her card. After the first card is read aloud, have the student with the answer to the problem read aloud his or her card. Tell students to continue until they get back to the first card. (The game ends after a student reads *Who has the first card?* and a student answers *I have the first card.*) As students play, walk around the classroom to provide assistance and assess their learning.

INDEPENDENT PRACTICE

✓ Invite students to use the **Flipping Cards for the Fours (page 44)** with a partner for 10 minutes to practice their number facts.
✓ Invite students to play with a partner the **Multiplication of 4 Product Game (page 45)**.
✓ Give each student the **Problem Solving & Practice: Multiplication of 4 reproducible (page 46)** to complete independently.

ASSESSMENT

✓ Have students complete the **Lesson 5 Quiz (page 47)** in 2 minutes. Challenge students to "beat their time" and complete the quiz in 1 minute and then again in 30 seconds to show that they have mastered the number facts.

Name_____ Date_____

Double Twice

Use the doubling doubles strategy to help you solve each multiplication problem. Circle the stars to illustrate each multiplication problem as shown in the example.

a
$2 \times 9 = 18$
$+$
$2 \times 9 = 18$

4×9 is double 9 twice = 36

b
$2 \times 8 =$
$+$
$2 \times 8 =$

4×8 is double ____ twice = ____

c
$2 \times 7 =$
$+$
$2 \times 7 =$

4×7 is double ____ twice = ____

d
$2 \times 6 =$
$+$
$2 \times 6 =$

4×6 is double ____ twice = ____

e
$2 \times 4 =$
$+$
$2 \times 4 =$

4×4 is double ____ twice = ____

f
$2 \times 3 =$
$+$
$2 \times 3 =$

4×3 is double ____ twice = ____

g
$2 \times 1 =$
$+$
$2 \times 1 =$

4×1 is double ____ twice = ____

h
$2 \times 10 =$
$+$
$2 \times 10 =$

4×10 is double ____ twice = ____

Name_____   Date_____

Arrays for 4

Use a crayon to color squares in the grid to make an array to match each multiplication problem. (Plan carefully so both arrays will fit on one grid.) Write the product of each problem on the blank line.

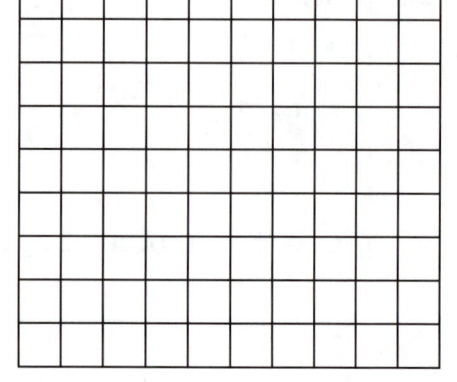

a

3 × 4 = __

7 × 4 = __

b

4 × 4 = __

10 × 4 = __

c

2 × 4 = __

9 × 4 = __

d

5 × 4 = __

1 × 4 = __

42   Lesson 5: Multiply with 4

I Have It: Times 4

• I have the first card. • Who has the product of **5 fours**?	• I have it. The product is **20**. • Who has the product of **0 fours**?	• I have it. The product is **0**. • Who has the product of **7 fours**?
• I have it. The product is **28**. • Who has the product of **1 four**?	• I have it. The product is **4**. • Who has the product of **2 fours**?	• I have it. The product is **8**. • Who has the product of **6 fours**?
• I have it. The product is **24**. • Who has the product of **9 fours**?	• I have it. The product is **36**. • Who has the product of **3 fours**?	• I have it. The product is **12**. • Who has the product of **10 fours**?
• I have it. The product is **40**. • Who has the product of **4 fours**?	• I have it. The product is **16**. • Who has the product of **8 fours**?	• I have it. The product is **32**. • Who has the first card?

Flipping Cards for the Fours

Cut apart the cards on the solid lines. Fold each card on the dotted line. Practice the number facts for 10 minutes. The answer is on the back of each card in the upper left corner.

0	20
$5 \times 4 =$	$0 \times 4 =$
32	**28**
$4 \times 7 =$	$4 \times 8 =$
4	**36**
$4 \times 9 =$	$1 \times 4 =$
24	**16**
$4 \times 4 =$	$6 \times 4 =$
12	**8**
$4 \times 2 =$	$4 \times 3 =$

44 Lesson 5: Multiply with 4

Multiplication of 4 Product Game

- Player A: Select a number fact from the list, and draw an X over it.
- Write the fact under **Selected Number Fact.**
- Write the answer under **Player A Product.**
- Player B: Repeat steps 1–3. (Write the answer under **Player B Product.**)
- Take turns and continue playing until there are no more number facts.
- Add together all of your products to get your total points. The player with the most points is the winner.

Player A _____   Player B _____

3×4	4×9	0×4	10×4	9×4	4×3
4×6	7×4	1×4	5×4	4×5	4×4
6×4	4×1	4×7	4×8	4×2	4×10

Selected Number Fact	Player A Product	Player B Product

Total Points _____   _____

Name_____   Date_____

Problem Solving & Practice: Multiplication of 4

Write a multiplication sentence to solve each problem. Draw a picture when needed.

a Gregg's family went grocery shopping. Gregg bought 4 boxes of his favorite cereal. Each box cost $3.00. How much money did Gregg spend on his favorite cereal?

b At the store, each pack of soft drinks has 6 cans. Mom bought 4 packs. How many cans did Mom buy?

c Use a crayon to color 2 rectangles that have 2 rows of three. How many squares did you color?

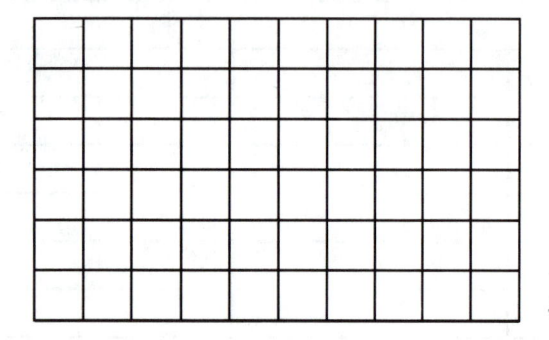

d Gustine bought 4 pounds of bananas and 4 pounds of apples. There are 7 bananas in each pound and 8 apples in each pound. How many more apples did Justine buy than bananas?

Write the answer for each multiplication problem.

e 4 × 1 = _____   **f** 4 × 7 = _____   **g** 4 × 3 = _____

h 5 × 4 = _____   **i** 6 × 4 = _____   **j** 4 × 0 = _____

k 1 × 4 = _____   **l** 4 × 9 = _____   **m** 2 × 4 = _____

n 4 × 2 = _____   **o** 10 × 4 = _____   **p** 0 × 4 = _____

q 4 × 8 = _____   **r** 4 × 4 = _____   **s** 9 × 4 = _____

46   Lesson 5: Multiply with 4

Name_____   Date_____

Lesson 5 Quiz

Solve each problem.

- **a** $1 \times 4 =$ ____
- **b** $5 \times 4 =$ ____
- **c** $7 \times 4 =$ ____
- **d** $6 \times 4 =$ ____
- **e** $10 \times 4 =$ ____
- **f** $8 \times 4 =$ ____
- **g** $0 \times 4 =$ ____
- **h** $4 \times 3 =$ ____
- **i** $4 \times 4 =$ ____
- **j** $9 \times 4 =$ ____

Review Problems

- **k** $2 \times 5 =$ ____
- **l** $4 \times 9 =$ ____
- **m** $3 \times 10 =$ ____
- **n** $5 \times 1 =$ ____
- **o** $4 \times 2 =$ ____
- **p** $6 \times 1 =$ ____
- **q** $8 \times 0 =$ ____
- **r** $7 \times 9 =$ ____
- **s** $4 \times 5 =$ ____
- **t** $9 \times 2 =$ ____

These are the number facts I missed on the quiz:

Lesson 5: Multiply with 4

LESSON 6: Multiply with 3

OBJECTIVES

Students will be introduced to multiplication with 3 by expanding on their knowledge of multiplication with 2. Students will master multiplication with 3.

DIRECT INSTRUCTION

Invite students to think of multiplication with 3 as an extension of multiplication with 2. Write on the board *4 x 3 = 4 x 2 + 4 = 12*. Explain to students that multiplying with 3 is the same as multiplying with 2 and adding the number multiplied by 2 to the product. Write on the board multiplication problems beginning with 0 x 3 = ? and ending with 10 x 3 = ? Have the class help you find each product using the method of *n x 2 + n*.

Challenge students to solve more advanced multiplication problems by making them into simpler multiplication problems. Have students write the problem as an addition problem and multiply the ones column and write the product in the ones column of the answer. Then, have them multiply the tens column and write the product in the tens column of the answer. For example:

81 x 3 = ?	37 x 3 = ?
81	37
81	37
+81	+37
3 ¥ 8 = 24 → **24 3** ← 3 ¥ 1 = 3	3 ¥ 3 + 2 = 11 → **11 1** ← 3 ¥ 7 = 21

Write the 1 in the ones column of the product and add the 2 to the product of the tens column.

GUIDED PRACTICE

✓ Have students work in small groups as you help them complete the **Connecting Times 3 to Times 2 reproducible (page 49).**

✓ Challenge students to complete the **Times 3 Shortcut reproducible (page 50)** as they work in small groups with your assistance.

✓ Copy the **I Have It: Times 3 reproducible (page 51)** on **construction paper or tagboard** for every four students. Cut apart the cards, and laminate them. Put each set of cards in an **envelope,** and write the title (i.e., *Times 3*) on it. Model how the game works and the correct answers. Tell students that the student who has the card that says I have the first card will begin the game by reading aloud his or her card. After the first card is read aloud, have the student with the answer to the problem read aloud his or her card. Tell students to continue until they get back to the first card. (The game ends after a student reads *Who has the first card?* and a student answers *I have the first card.*) As students play, walk around the classroom to provide assistance and assess their learning.

INDEPENDENT PRACTICE

✓ Invite students to use the **Flipping Cards for the Threes (page 52)** with a partner for 10 minutes to practice their number facts.

✓ Invite students to play with a partner the **Multiplication of 3 Product Game (page 53).**

✓ Give each student the **Problem Solving & Practice: Multiplication of 3 reproducible (page 54)** to complete independently.

ASSESSMENT

✓ Have students complete the **Lesson 6 Quiz (page 55)** in 2 minutes. Challenge students to "beat their time" and complete the quiz in 1 minute and then again in 30 seconds to show that they have mastered the number facts.

Name_____   Date_____

Connecting Times 3 to Times 2

Circle the stars to illustrate the problem. Write the product on the line.

a
★★★
★★★   3 × 2 = ___

★★★
★★★
★★★   3 × 3 = ___

b
★★★★★★
★★★★★★   6 × 2 = ___

★★★★★★
★★★★★★
★★★★★★   6 × 3 = ___

c
★★★★★★★
★★★★★★★   7 × 2 = ___

★★★★★★★
★★★★★★★
★★★★★★★   7 × 3 = ___

d
★★★★★★★★
★★★★★★★★   8 × 2 = ___

★★★★★★★★
★★★★★★★★
★★★★★★★★   8 × 3 = ___

e
★★★★
★★★★   4 × 2 = ___

★★★★
★★★★
★★★★   4 × 3 = ___

f
★★
★★   2 × 2 = ___

★★
★★
★★   2 × 3 = ___

g
★★★★★★★★★
★★★★★★★★★   9 × 2 = ___

★★★★★★★★★
★★★★★★★★★
★★★★★★★★★   9 × 3 = ___

h
★★★★★
★★★★★   5 × 2 = ___

★★★★★
★★★★★
★★★★★   5 × 3 = ___

Lesson 6: Multiply with 3   49

Name_____ Date_____

Times 3 Shortcut

Use your multiplication knowledge to solve each problem.

a) 31
    31
   +31
   ―――
    93
   3×3 3×1

b)   8
     8
    +8
   ―――

c) 70
    70
   +70
   ―――

d) 22
    22
   +22
   ―――

e) 11
    11
   +11
   ―――

f) 42
    42
   +42
   ―――

g) 53
    53
   +53
   ―――

h) 63
    63
   +63
   ―――

i) 16
    16
   +16
   ―――

j) 25
    25
   +25
   ―――

k) 69
    69
   +69
   ―――

l) 74
    74
   +74
   ―――

m) 37
    37
   +37
   ―――

n) 85
    85
   +85
   ―――

o) 48
    48
   +48
   ―――

Use a crayon to color squares in the grid to make an array to match each multiplication problem. (Plan carefully so both arrays will fit on one grid.) Write the product of each problem on the blank line.

p)

$3 \times 3 =$ ___

$5 \times 3 =$ ___

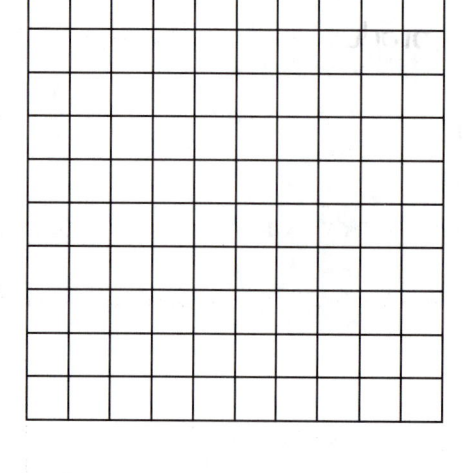

q)

$6 \times 3 =$ ___

$9 \times 3 =$ ___

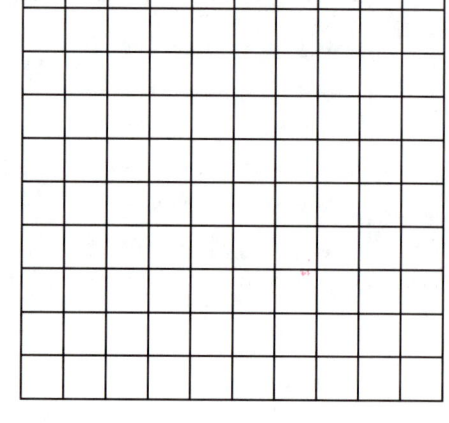

50 Lesson 6: Multiply with 3

I Have It: Times 3

• I have the first card. • Who has the product of **6 threes**?	• I have it. The product is **18**. • Who has the product of **7 threes**?	• I have it. The product is **21**. • Who has the product of **4 threes**?
• I have it. The product is **12**. • Who has the product of **8 threes**?	• I have it. The product is **24**. • Who has the product of **5 threes**?	• I have it. The product is **15**. • Who has the product of **1 three**?
• I have it. The product is **3**. • Who has the product of **10 threes**?	• I have it. The product is **30**. • Who has the product of **9 threes**?	• I have it. The product is **27**. • Who has the product of **2 threes**?
• I have it. The product is **6**. • Who has the product of **3 threes**?	• I have it. The product is **9**. • Who has the product of **0 threes**?	• I have it. The product is **0**. • Who has the first card?

Lesson 6: Multiply with 3

Flipping Cards for the Threes

Cut apart the cards on the solid lines. Fold each card on the dotted line. Practice the number facts for 10 minutes. The answer is on the back of each card in the upper left corner.

0	15
3 × 5 =	**3 × 0 =** 0

24	21
3 × 7 =	**3 × 8 =**

9	27
9 × 3 =	**3 × 3 =**

18	30
10 × 3 = 30	**6 × 3 =**

3	12
4 × 3 =	**3 × 1 =** 3

Multiplication of 3 Product Game

- <u>Player A</u>: Select a number fact from the list, and draw an X over it.
- Write the fact under **Selected Number Fact.**
- Write the answer under **Player A Product.**
- <u>Player B</u>: Repeat steps 1–3. (Write the answer under **Player B Product.**)
- Take turns and continue playing until there are no more number facts.
- Add together all of your products to get your total points. The player with the most points is the winner.

Player A _____   Player B _____

3×5	3×9	6×3	3×4	3×1	4×3
3×6	7×3	3×8	8×3	9×3	3×3
3×0	5×3	3×7	1×3	2×3	3×10

Selected Number Fact	**Player A Product**	**Player B Product**

Total Points _____   _____

Name _____ Date _____

Problem Solving & Practice: Multiplication of 3

Write a multiplication sentence to solve each problem. Draw a picture when needed.

a The circus is in town. One of the clowns has 7 bags of toys. Each bag has 3 toys in it. How many toys does the clown have?

b Jane, Amanda, and Jesse rode the roller coaster. Jane paid with a $20 bill. Each ticket cost $6.00. How much change did Jane receive?

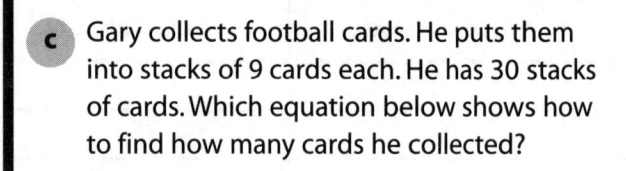

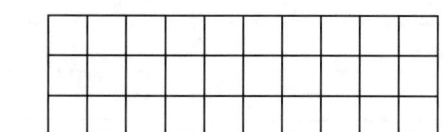

c Gary collects football cards. He puts them into stacks of 9 cards each. He has 30 stacks of cards. Which equation below shows how to find how many cards he collected?

A. 9 + 30
B. 9 × 30
C. 9 + 9 + 9
D. 30 ÷ 9

d Barbara has a new patio floor with tiles. The following picture shows the tiles.

How many tiles does she have in her patio? Show how you figured out the answer. (Hint: Use multiplication.)

Write the answer for each multiplication problem.

e 3 × 2 = _____   **f** 3 × 1 = _____   **g** 9 × 3 = _____

h 4 × 3 = _____   **i** 7 × 3 = _____   **j** 5 × 3 = _____

k 3 × 8 = _____   **l** 0 × 3 = _____   **m** 3 × 3 = _____

n 3 × 10 = _____ **o** 8 × 3 = _____   **p** 6 × 3 = _____

q 1 × 3 = _____   **r** 2 × 3 = _____   **s** 3 × 5 = _____

Lesson 6: Multiply with 3

Name_____ Date_____

Lesson 6 Quiz

Solve each problem.

a 2 × 3 = ____   **b** 1 × 3 = ____

c 9 × 3 = ____   **d** 4 × 3 = ____

e 7 × 3 = ____   **f** 5 × 3 = ____

g 8 × 3 = ____   **h** 6 × 3 = ____

i 3 × 3 = ____   **j** 10 × 3 = ____

Review Problems

k 3 × 0 = ____   **l** 3 × 2 = ____

m 2 × 9 = ____   **n** 7 × 1 = ____

o 10 × 4 = ____ **p** 5 × 4 = ____

q 1 × 1 = ____   **r** 9 × 9 = ____

s 5 × 5 = ____   **t** 8 × 10 = ____

These are the number facts I missed on the quiz:

Lesson 6: Multiply with 3

LESSON 7

Multiply with 6

OBJECTIVES

Students will be introduced to multiplication with 6 by expanding on their knowledge of multiplication with 5. Students will master multiplication with 6.

DIRECT INSTRUCTION

Invite students to think of multiplication with 6 as an extension of multiplication with 5. Write on the board $7 \times 6 = 7 \times 5 + 7 = 42$. Explain to students that multiplying with 6 is the same as multiplying with 5 and adding the number multiplied by 5 to the product. Write on the board multiplication problems beginning with $0 \times 6 = ?$ and ending with $10 \times 6 = ?$ Have the class help you find each product using the method of $n \times 5 + n$.

Challenge students to solve more advanced multiplication problems by making them into simpler multiplication problems. Have students write the problem as an addition problem and multiply the ones column and write the product in the ones column of the answer. Then, have them multiply the tens column and write the product in the tens column of the answer. For example:

60 × 6 = ?	73 × 6 = ?	
60	73	Write the 8 in the
60	73	ones column of the
60	73	product and add the
60	73	1 to the product of
60	73	the tens column.
+60	+73	
6 × 6 = 36 → 36 0 ← 6 × 0 = 0	6 × 7 + 1 = 43 → 43 8 ← 6 × 3 = 18	

GUIDED PRACTICE

✓ Have students work in small groups as you help them complete the **Connecting Times 6 to Times 5 reproducible (page 57)**. Tell students to use the top row of coins (nickels) to help them solve problems times 5 and both rows of coins (nickels and pennies) to help them solve problems times 6.

✓ Work with students in small groups to help them complete the **Times 6 Shortcut reproducible (page 58)**.

✓ Copy the **I Have It: Times 6 reproducible (page 59)** on **construction paper or tagboard** for every four students. Cut apart the cards, and laminate them. Put each set of cards in an **envelope**, and write the title (i.e., *Times 6*) on it. Model how the game works and the correct answers. Tell students that the student who has the card that says *I have the first card* will begin the game by reading aloud his or her card. After the first card is read aloud, have the student with the answer to the problem read aloud his or her card. Tell students to continue until they get back to the first card. (The game ends after a student reads *Who has the first card?* and a student answers *I have the first card.*) As students play, walk around the classroom to provide assistance and assess their learning.

INDEPENDENT PRACTICE

✓ Invite students to use the **Flipping Cards for the Sixes (page 60)** with a partner for 10 minutes to practice their number facts.

✓ Invite students to play with a partner the **Multiplication of 6 Product Game (page 61)**.

✓ Give each student the **Problem Solving & Practice: Multiplication of 6 reproducible (page 62)** to complete independently.

ASSESSMENT

✓ Have students complete the **Lesson 7 Quiz (page 63)** in 2 minutes. Challenge students to "beat their time" and complete the quiz in 1 minute and then again in 30 seconds to show that they have mastered the number facts.

Name_____   Date_____

Connecting Times 6 to Times 5

Use the coins to help you solve each problem. Write the product on the line.

a 
$6 \times 5 =$ ___ $6 \times 6 =$ ___

b 
$4 \times 5 =$ ___ $4 \times 6 =$ ___

c 
$8 \times 5 =$ ___ $8 \times 6 =$ ___

d 
$2 \times 5 =$ ___ $2 \times 6 =$ ___

e  
$5 \times 5 =$ ___ $5 \times 6 =$ ___

f 
$1 \times 5 =$ ___ $1 \times 6 =$ ___

g 
$7 \times 5 =$ ___ $7 \times 6 =$ ___

h 
$3 \times 5 =$ ___ $3 \times 6 =$ ___

Lesson 7: Multiply with 6

Name_____   Date_____

Times 6 Shortcut

Use your multiplication knowledge to solve each problem.

a	**b**	**c**	**d**
6 6 6 6 $6 \times 6 = 36$ 6 + 6 36	11 11 11 11 11 +11	90 90 90 90 90 +90	50 50 50 50 50 +50
e	**f**	**g**	**h**
32 32 32 32 32 +32	85 85 85 85 85 +85	27 27 27 27 27 +27	16 16 16 16 16 +16
i	**j**	**k**	**l**
49 49 49 49 49 +49	64 64 64 64 64 +64	81 81 81 81 81 +81	39 39 39 39 39 +39

I Have It: Times 6

• I have the first card. • Who has the product of **10 sixes**?	• I have it. The product is **60**. • Who has the product of **8 sixes**?	• I have it. The product is **48**. • Who has the product of **1 six**?
• I have it. The product is **6**. • Who has the product of **6 sixes**?	• I have it. The product is **36**. • Who has the product of **4 sixes**?	• I have it. The product is **24**. • Who has the product of **7 sixes**?
• I have it. The product is **42**. • Who has the product of **3 sixes**?	• I have it. The product is **18**. • Who has the product of **0 sixes**?	• I have it. The product is **0**. • Who has the product of **9 sixes**?
• I have it. The product is **54**. • Who has the product of **5 sixes**?	• I have it. The product is **30**. • Who has the product of **2 sixes**?	• I have it. The product is **12**. • Who has the first card?

Flipping Cards for the Sixes

Cut apart the cards on the solid lines. Fold each card on the dotted line. Practice the number facts for 10 minutes. The answer is on the back of each card in the upper left corner.

36 $0 \times 6 =$	0 $6 \times 6 =$
6 $8 \times 6 =$	48 $1 \times 6 =$
18 $6 \times 9 =$	54 $6 \times 3 =$
30 $6 \times 4 =$	24 $5 \times 6 =$
42 $6 \times 2 =$	12 $7 \times 6 =$

Multiplication of 6 Product Game

- **Player A:** Select a number fact from the list, and draw an X over it.
- Write the fact under **Selected Number Fact.**
- Write the answer under **Player A Product.**
- **Player B:** Repeat steps 1–3. (Write the answer under **Player B Product.**)
- Take turns and continue playing until there are no more number facts.
- Add together all of your products to get your total points. The player with the most points is the winner.

Player A _____   Player B _____

6×5	6×9	6×3	6×4	9×6	6×7
7×6	8×6	6×8	6×6	3×6	10×6
5×6	6×1	0×6	6×10	4×6	2×6

Selected Number Fact	Player A Product	Player B Product

Total Points _____   _____

Lesson 7: Multiply with 6

Name_____ Date_____

Problem Solving & Practice: Multiplication of 6

Write a multiplication sentence to solve each problem. Draw a picture when needed.

a Howard and Nikki have the following floor tiles. Who has more tiles? How many more?

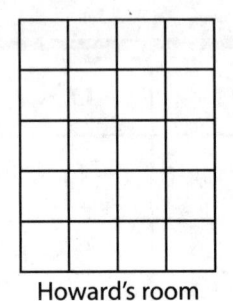

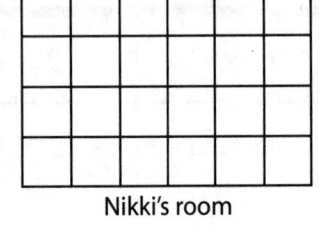

Howard's room Nikki's room

b Joanna collects books. She puts 45 books on each bookshelf. She has 10 bookshelves. She wants to know how many books she has in all. Which equation below shows how she can find the answer?

A. 45×10
B. $45 + 10$
C. $45 - 10$
D. $45 \div 10$

c Walt saved $6.00 every day for 6 days and Soo saved $5.00 every day for 6 days. How much money did Walt and Soo save together? Show your work.

d Calvin's room has 6 windows. Each window has 6 glass panes. Maria's room has 5 windows and each window has 8 glass panes. Who has more window panes? How many more panes? Draw pictures to help you solve the problem.

Write the answer for each multiplication problem.

e $6 \times 2 =$ _____
f $6 \times 7 =$ _____
g $6 \times 9 =$ _____
h $4 \times 6 =$ _____
i $7 \times 6 =$ _____
j $5 \times 6 =$ _____
k $9 \times 6 =$ _____
l $0 \times 6 =$ _____
m $6 \times 8 =$ _____
n $3 \times 6 =$ _____
o $6 \times 10 =$ _____
p $6 \times 6 =$ _____
q $8 \times 6 =$ _____
r $1 \times 6 =$ _____
s $2 \times 6 =$ _____

Name_____ Date_____

Lesson 7 Quiz

Solve each problem.

a) 2 × 6 = ____ **b)** 7 × 6 = ____

c) 3 × 6 = ____ **d)** 1 × 6 = ____

e) 5 × 6 = ____ **f)** 10 × 6 = ____

g) 9 × 6 = ____ **h)** 6 × 6 = ____

i) 0 × 6 = ____ **j)** 4 × 6 = ____

Review Problems

k) 6 × 4 = ____ **l)** 4 × 3 = ____

m) 9 × 0 = ____ **n)** 2 × 3 = ____

o) 8 × 6 = ____ **p)** 3 × 5 = ____

q) 9 × 9 = ____ **r)** 5 × 1 = ____

s) 2 × 10 = ____ **t)** 7 × 2 = ____

These are the number facts I missed on the quiz:

Lesson 7: Multiply with 6   63

LESSON 8: Multiply with 7 and 8

OBJECTIVES

Students will be introduced to multiplication with 7 and 8 using several strategies learned in previous lessons. Students will master multiplication with 7 and 8.

DIRECT INSTRUCTION

Introduce students to multiplication with 7 and 8 by writing all of the equations from 0 x 7 through 10 x 7 and 0 x 8 through 10 x 8 on an **overhead transparency** and displaying it for the class. Invite volunteers to solve each problem on the board using any strategy learned in lessons 1–7 (e.g., repeated addition, draw an array, expand on multiplication of 6). Have students explain how they found the product. Write the products on the overhead transparency. Invite the class to read through all of the equations after they have been solved correctly.

GUIDED PRACTICE

✓ Have students work in small groups as you help them complete the **Repeated Addition & Arrays for 7 and 8 reproducible (page 65).**
✓ Work with students in small groups to help them complete the **Practice Multiplication with 7 and 8 reproducible (page 66).**
✓ Copy the **I Have It: Times 7 and 8 reproducible (page 67)** on **construction paper or tagboard** for every four students. Cut apart the cards, and laminate them. Put each set of cards in an **envelope,** and write the title (i.e., *Times 7 and 8*) on it. Model how the game works and the correct answers. Tell students that the student who has the card that says *I have the first card* will begin the game by reading aloud his or her card. After the first card is read aloud, have the student with the answer to the problem read aloud his or her card. Tell students to continue until they get back to the first card. (The game ends after a student reads *Who has the first card?* and a student answers *I have the first card*.) As students play, walk around the classroom to provide assistance and assess their learning.

INDEPENDENT PRACTICE

✓ Invite students to use the **Flipping Cards for the Sevens and Eights (page 68)** with a partner for 10 minutes to practice their number facts.
✓ Invite students to play with a partner the **Multiplication of 7 and 8 Product Game (page 69).**
✓ Give each student the **Problem Solving & Practice: Multiplication of 7 and 8 reproducible (page 70)** to complete independently.

ASSESSMENT

✓ Have students complete the **Lesson 8 Quiz (page 71)** in 2 minutes. Challenge students to "beat their time" and complete the quiz in 1 minute and then again in 30 seconds to show that they have mastered the number facts.

Name_____ Date_____

Repeated Addition & Arrays for 7 and 8

Match related number sentences. Write the correct letter on each line.

7 × 8 ____   **a)** 8 + 8

3 × 7 ____   **b)** 8 + 8 + 8 + 8 + 8 + 8 + 8

8 × 8 ____   **c)** 7 + 7 + 7 + 7

4 × 7 ____   **d)** 7 + 7 + 7 + 7 + 7 + 7 + 7 + 7

5 × 7 ____   **e)** 8 + 8 + 8 + 8 + 8 + 8 + 8 + 8

2 × 8 ____   **f)** 7 + 7 + 7 + 7 + 7

8 × 7 ____   **g)** 7 + 7 + 7

Use a crayon to color squares in the grid to make an array to match each multiplication problem. (Plan carefully so both arrays will fit on one grid.) Write the product of each problem on the blank line.

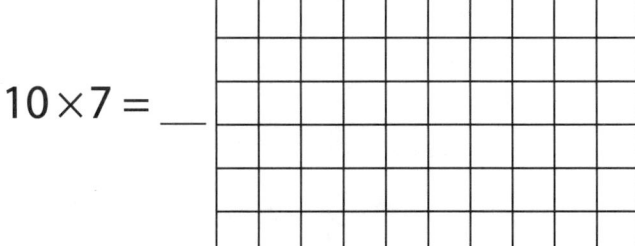

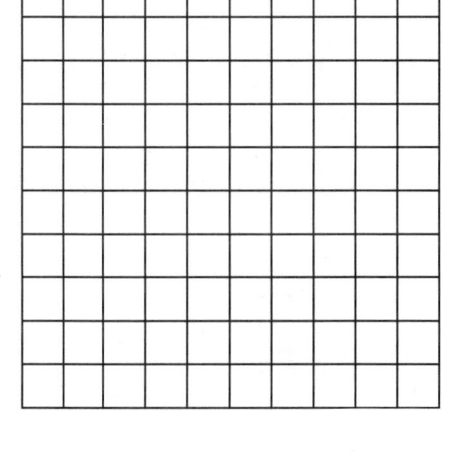

h)

1 × 7 = ____

10 × 7 = ____

i)

1 × 8 = ____

9 × 8 = ____

Lesson 8: Multiply with 7 and 8   65

Name_____ Date_____

Practice Multiplication with 7 and 8

Use your multiplication knowledge to solve each problem.

a	b	c	d
8 8 8 8 $7 \times 8 = 56$ 8 8 + 8 ――― 56	70 70 70 70 70 70 70 +70 ―――	61 61 61 61 61 61 +61 ―――	52 52 52 52 52 52 52 +52 ―――
e	f	g	h
96 96 96 96 96 96 96 +96 ―――	17 17 17 17 17 17 +17 ―――	83 83 83 83 83 83 83 +83 ―――	25 25 25 25 25 25 25 +25 ―――

Write the answer for each multiplication problem.

i $7 \times 7 =$ _____   **j** $3 \times 8 =$ _____   **k** $4 \times 7 =$ _____

l $5 \times 8 =$ _____   **m** $0 \times 8 =$ _____   **n** $9 \times 7 =$ _____

o $10 \times 8 =$ _____   **p** $6 \times 7 =$ _____

Lesson 8: Multiply with 7 and 8

I Have It: Times 7 and 8

• I have the first card. • Who has the product of **7 sevens**?	• I have it. The product is **49**. • Who has the product of **6 eights**?	• I have it. The product is **48**. • Who has the product of **8 sevens**?
• I have it. The product is **56**. • Who has the product of **2 sevens**?	• I have it. The product is **14**. • Who has the product of **4 eights**?	• I have it. The product is **32**. • Who has the product of **5 sevens**?
• I have it. The product is **35**. • Who has the product of **3 sevens**?	• I have it. The product is **21**. • Who has the product of **9 eights**?	• I have it. The product is **72**. • Who has the product of **8 eights**?
• I have it. The product is **64**. • Who has the product of **10 eights**?	• I have it. The product is **80**. • Who has the product of **1 seven**?	• I have it. The product is **7**. • Who has the first card?

Lesson 8: Multiply with 7 and 8   67

Flipping Cards for the Sevens and Eights

Cut apart the cards on the solid lines. Fold each card on the dotted line. Practice the number facts for 10 minutes. The answer is on the back of each card in the upper left corner.

56 $5 \times 7 =$	35 $7 \times 8 =$
48 $8 \times 8 =$	64 $6 \times 8 =$
28 $6 \times 7 =$	42 $4 \times 7 =$
49 $5 \times 8 =$	40 $7 \times 7 =$
32 $3 \times 7 =$	21 $4 \times 8 =$

68   Lesson 8: Multiply with 7 and 8

Multiplication of 7 and 8 Product Game

- Player A: Select a number fact from the list, and draw an X over it.
- Write the fact under **Selected Number Fact.**
- Write the answer under **Player A Product.**
- Player B: Repeat steps 1–3. (Write the answer under **Player B Product.**)
- Take turns and continue playing until there are no more number facts.
- Add together all of your products to get your total points. The player with the most points is the winner.

Player A _____   Player B _____

8×8	2×7	9×7	4×7	7×7	6×7
5×8	10×8	6×8	0×7	9×8	5×7
1×8	10×7	3×7	4×8	3×8	2×8

Selected Number Fact	Player A Product	Player B Product

Total Points _____   _____

Name_____   Date_____

Problem Solving & Practice: Multiplication of 7 and 8

Write a multiplication sentence to solve each problem. Draw a picture when needed.

a Alyson's family has 2 adults and 3 children in it. They all went to the movies. Each adult's ticket cost $8.00. Each child's ticket cost $5.00. How much money did Alyson's family pay? Show your work.

b Jared has two numbers. When he added the numbers, he got a sum of 15. When he multiplied the numbers, he got a product of 56. What are the two numbers?

c Enrique's sister Cristina bought 7 bags of popcorn. Each bag cost $2.00. Enrique bought 8 drinks. Each drink cost $2.00. How much money did Cristina and Enrique pay? Show your work.

d A flea can jump 130 times its own height. If you could do the same thing, and your height is 42 inches, how high could you jump? Which equation below shows how to find the answer?

   A. 130 ÷ 42
   B. 130 − 42
   C. 130 + 42
   D. 130 × 42

Write the answer for each multiplication problem.

e 9 × 8 = _____   **f** 2 × 8 = _____   **g** 1 × 8 = _____

h 7 × 7 = _____   **i** 6 × 7 = _____   **j** 7 × 8 = _____

k 3 × 8 = _____   **l** 4 × 7 = _____   **m** 6 × 8 = _____

n 0 × 7 = _____   **o** 8 × 8 = _____   **p** 9 × 7 = _____

q 10 × 8 = _____   **r** 5 × 7 = _____   **s** 2 × 7 = _____

70 Lesson 8: Multiply with 7 and 8

Name_____ Date_____

Lesson 8 Quiz

Solve each problem.

a $2 \times 8 =$ ____   **b** $8 \times 8 =$ ____

c $9 \times 7 =$ ____   **d** $7 \times 7 =$ ____

e $6 \times 7 =$ ____   **f** $7 \times 8 =$ ____

g $3 \times 8 =$ ____   **h** $3 \times 7 =$ ____

i $1 \times 8 =$ ____   **j** $4 \times 7 =$ ____

Review Problems

k $3 \times 1 =$ ____   **l** $8 \times 5 =$ ____

m $6 \times 6 =$ ____   **n** $8 \times 4 =$ ____

o $7 \times 5 =$ ____   **p** $8 \times 9 =$ ____

q $4 \times 3 =$ ____   **r** $10 \times 0 =$ ____

s $4 \times 2 =$ ____   **t** $9 \times 4 =$ ____

These are the number facts I missed on the quiz:

Lesson 8: Multiply with 7 and 8

LESSON 9
Multiply with Two- and Three-Digit Numbers

DIRECT INSTRUCTION

Teach students that when multiplying with larger numbers, it can be easier to break down the problem into a repeated addition problem using **base ten blocks.** Give each student or pair a set of base ten blocks. Invite students to manipulate their blocks as you draw the blocks on the board. Write on the board *2 x 12 = ?* Draw next to it an addition problem consisting of base ten blocks as shown below. Then, combine the blocks and draw them all together. As you add the ones together, show 2 x 2 = 4 in the equation you wrote on the board and write *4* in the ones place of the product. As you add the tens together, explain that 1 ten times 2 equals 2 tens and write *2* in the tens place of the product. Have students count the blocks and say the answer to the multiplication problem (24). Repeat this for several equations, multiplying with 11 and 12. When necessary, show students how to trade 10 ones for 1 ten block.

$12 \times 2 = 24$

OBJECTIVES

Students will be introduced to multiplying with 11 and 12 by being taught how to multiply with two-digit numbers. Students will extend learning to multiplying with any two- or three-digit number and will master the procedure.

Write on an **overhead transparency** all of the equations for multiplying with 11 and 12 up through the 9s (0 x 11 to 9 x 11 and 0 x 12 to 9 x 12). Show students the steps for completing a 2- or 3-digit multiplication problem without using base ten blocks. Write on the board *12 x 7 = ?* Tell them that step one is to multiply the ones (2 x 7 ones = 14 ones). Write *4* in the ones place of the product and 1 ten above the tens place (above the 1 in the equation). Tell them that step two is to multiply the tens (1 x 7 tens = 7 tens). Explain that they have to add the regrouped tens to this product (7 tens + 1 ten = 8 tens). Write *8* in the tens place of the product. Have students read the answer (84). Repeat this for all of the equations.

GUIDED PRACTICE

✓ Have students work in small groups as you help them complete the **Multiplying with 11 and 12 reproducible (page 73).**
✓ Work with students in small groups to help them complete the **Multiplication with Two- and Three-Digit Numbers reproducible (page 74).**
✓ Give each pair of students the **Finish the Product Game (page 75)** and a **calculator.** As partners play, walk around the classroom to help and assess students.

INDEPENDENT PRACTICE

✓ Invite students to use the **Flipping Cards for 11 and 12 (page 76)** with a partner for 10 minutes to practice mental math. (Have them use scratch paper if needed.)
✓ Have students play with a partner the **Two-Digit Number Product Game (page 77).**
✓ Give each student the **Problem Solving & Practice: Two-Digit Numbers reproducible (page 78)** to complete independently. (Optional: Have students use a calculator to check their answers.)

ASSESSMENT

✓ Have students complete the **Lesson 9 Quiz (page 79)** in 3 minutes. Challenge students to "beat their time" and complete the quiz in 2 minutes and then in 1 minute (or less) to show that they have mastered the number facts.

Name_____   Date_____

Multiplying with 11 and 12

Use the base ten blocks to help you solve each problem.

a	11 × 2	**b**	11 × 3
c	11 × 6	**d**	11 × 1
e	12 × 2	**f**	12 × 4
g	12 × 5	**h**	12 × 8

Solve each problem.

i 11 × 4		**j** 11 × 1		**k** 11 × 5		**l** 11 × 7		**m** 11 × 8
n 12 × 3		**o** 12 × 1		**p** 12 × 9		**q** 12 × 7		**r** 12 × 6

Lesson 9: Multiply with Two- and Three-Digit Numbers   73

Name_____ Date_____

Multiplication with Two- and Three-Digit Numbers

Solve each problem.

a 11 × 3	b 11 × 9	c 12 × 4	d 12 × 2	e 12 × 5
f 21 × 2	g 41 × 3	h 13 × 3	i 35 × 1	j 18 × 7
k 28 × 5	l 65 × 2	m 78 × 4	n 36 × 6	o 52 × 9
p 29 × 8	q 47 × 7	r 54 × 6	s 19 × 3	t 45 × 8
u 123 × 2	v 301 × 3	w 210 × 5	x 821 × 4	y 723 × 3
z 471 × 2	aa 206 × 5	bb 524 × 3	cc 831 × 8	dd 327 × 4

74 Lesson 9: Multiply with Two- and Three-Digit Numbers

Finish the Product Game

- Player A: Choose a box and solve the problem.
- Check your answer using a calculator. If your product is correct, circle your box with a crayon. If your product is incorrect, have player B solve the problem. Have him or her circle the box if the product is correct. (Each player should circle boxes with a different color crayon.) If both of you solve the problem incorrectly, draw an X over the box.
- Player B: Repeat steps 1–2.
- The winner is the player who has the most circled boxes after all of the problems have been solved.

Player A _____   Player B _____

a 21 × 3	b 71 × 5	c 11 × 8	d 64 × 2	e 97 × 1
f 12 × 9	g 78 × 6	h 27 × 3	i 76 × 4	j 43 × 4
k 25 × 8	l 39 × 6	m 55 × 7	n 94 × 5	o 82 × 7
p 36 × 8	q 17 × 9	r 86 × 3	s 62 × 5	t 54 × 4
u 321 × 4	v 810 × 7	w 531 × 2	x 174 × 2	y 265 × 1
z 653 × 3	aa 792 × 4	bb 419 × 5	cc 925 × 6	dd 376 × 9

Lesson 9: Multiply with Two- and Three-Digit Numbers

Flipping Cards for 11 and 12

Cut apart the cards on the solid lines. Fold each card on the dotted line. Practice the number facts for 10 minutes. (Use mental math if you can.) The answer is on the back of each card in the upper left corner.

24 $\quad$ 11 ×2	22 $\quad$ 12 ×2
99 $\quad$ 12 ×8	96 $\quad$ 11 ×9
44 $\quad$ 12 ×6	72 $\quad$ 11 ×4
0 $\quad$ 11 ×5	55 $\quad$ 12 ×0
77 $\quad$ 12 ×3	36 $\quad$ 11 ×7

76 Lesson 9: Multiply with Two- and Three-Digit Numbers

Two-Digit Number Product Game

- Player A: Select a number fact from the list, and draw an X over it.
- Write the fact under **Selected Number Fact.**
- Write the answer under **Player A Product.**
- Player B: Repeat steps 1–3. (Write the answer under **Player B Product.**)
- Take turns and continue playing until there are no more number facts.
- Add together all of your products to get your total points. The player with the most points is the winner.

Player A _____   Player B _____

41 × 5	42 × 6	51 × 6	73 × 6	32 × 5	52 × 4
65 × 2	87 × 9	30 × 2	55 × 7	15 × 3	25 × 1
11 × 8	51 × 7	23 × 4	94 × 0	13 × 2	12 × 4

Selected Number Fact	Player A Product	Player B Product

Total Points _____   _____

Name_____ Date_____

Problem Solving & Practice: Two-Digit Numbers

Write a multiplication sentence to solve each problem. Draw a picture when needed.

a The store has to make 32 balloon bouquets. Each balloon bouquet has 6 balloons in it. How many balloons does the store need in all?

b Every time Tanya goes to the beach she collects shells. She puts 12 shells in a bag. She has 5 bags of shells. How many shells does she have altogether?

c Jimmy loves to read! He reads 30 pages each night before he goes to bed. How many pages does he read each week?

d Colby wants to take a hike. His guide book says the park has 11 different hiking trails in it. Each trail is 2 miles long. If he hikes all of the trails, how many miles will he walk?

Write the answer for each multiplication problem.

e 51 × 6

f 75 × 3

g 20 × 2

h 12 × 8

i 19 × 4

j 22 × 7

k 34 × 5

l 11 × 3

m 10 × 9

Name_____ Date_____

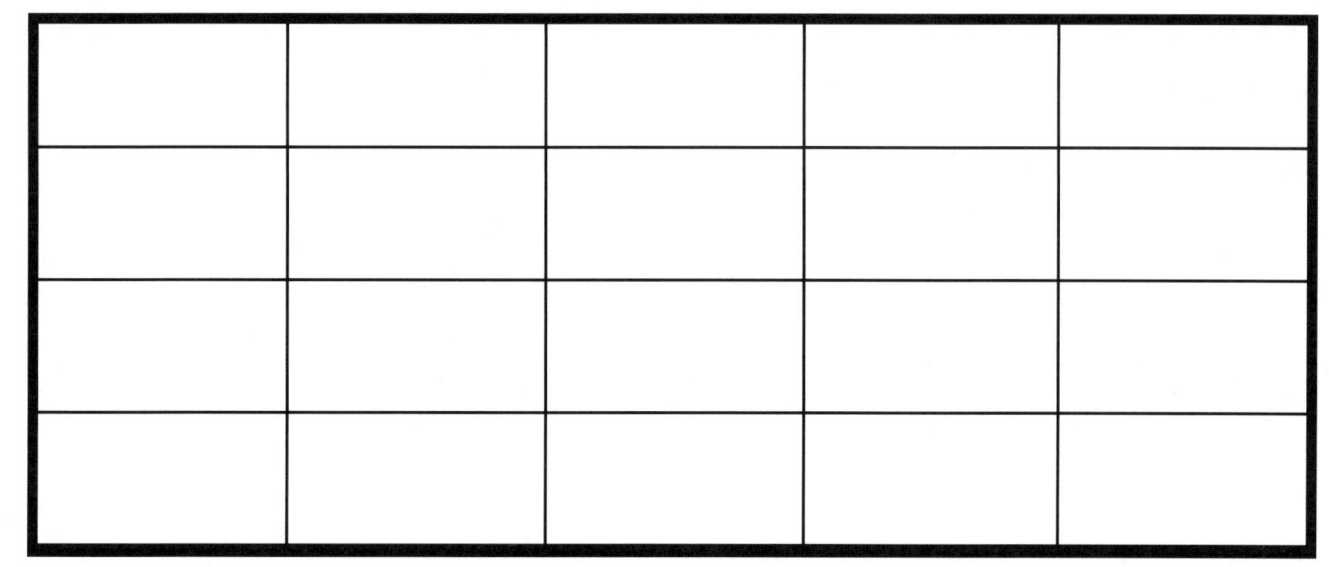

Lesson 9 Quiz

Solve each problem.

a) 32
   × 4

b) 51
   × 3

c) 62
   × 7

d) 41
   × 9

e) 42
   × 5

f) 64
   × 7

g) 12
   × 2

h) 38
   × 1

i) 15
   × 0

j) 11
   × 6

Review Problems

k) 6 × 3 = ____
l) 4 × 5 = ____
m) 8 × 7 = ____
n) 9 × 0 = ____
o) 5 × 2 = ____
p) 1 × 4 = ____
q) 3 × 0 = ____
r) 5 × 8 = ____
s) 9 × 6 = ____
t) 7 × 10 = ____

These are the number facts I missed on the quiz:

Lesson 9: Multiply with Two- and Three-Digit Numbers

LESSON 10

Divide by 2 and 3

OBJECTIVES

Students will be introduced to division by 2 and 3. Students will use the strategies of equally sharing and fact families to master division by 2 and 3.

DIRECT INSTRUCTION

Teach students that equally sharing something is the same as division. Gather **plastic coins** or cut apart the **Coins reproducible (page 128)** to help students understand this concept. Ask two volunteers to equally share two nickels. After each student takes one nickel, ask the students how much the nickels are worth together, how many coins there are, and how much money each student has. Write on the board *10 ÷ 2 = 5*. Repeat this with several volunteers with the following coin combinations: 15¢ (three nickels) ÷ 3, 40¢ (four dimes) ÷ 2, 50¢ (two quarters) ÷ 2, 75¢ (three quarters) ÷ 3, and 100¢ (four quarters) ÷ 2.

Introduce students to fact families. Write on the board *10 ÷ 2 = ?* Ask students to say the answer, and write it on the board. (Invite students to use coins to help them, if necessary.) Then, write *10 ÷ 5 = 2* and discuss its relationship to the previous division problem. Have students tell you the multiplication problems that are in this family (i.e., 5 x 2 = 10 and 2 x 5 = 10). Write additional division problems on the board, and have students help you write the fact family.

GUIDED PRACTICE

✓ Have students work in small groups as you help them complete the **Equal Sharing Division reproducible (page 81)**.
✓ Give each student a set of **Triangular Cards for 2 and 3 (page 82)** to practice fact families. Tell students to find a specific card (e.g., the card that has the numbers 2, 8, and 16). Have them cover a number on the card with their finger and tell a partner what the answer is. Then, invite the class to say the answer. Repeat this with each card. (Students can also use these cards with a partner for independent practice of fact families.)
✓ Give each pair of students the **2 and 3 Fact Families reproducible (page 83)**. As students play, walk around the classroom to help them and assess their understanding of fact families.

INDEPENDENT PRACTICE

✓ Invite students to use the **2 and 3 Flipping Cards (page 84)** with a partner for 10 minutes to practice their number facts.
✓ Have students play with a partner the **2 and 3 Quotient Game (page 85)**.
✓ Give each student the **Problem Solving & Practice: Dividing by 2 and 3 reproducible (page 86)** to complete independently.

ASSESSMENT

✓ Have students complete the **Lesson 10 Quiz (page 87)** in 3 minutes. Challenge students to "beat their time" and complete the quiz in 2 minutes and then in 1 minute (or less) to show that they have mastered the number facts.

Name_____ Date_____

Equal Sharing Division

Read the sentence. Circle groups of coins to show division. Write a division number sentence and the answer to show how much money each person gets.

a

2 people equally share 12¢.

__12__ ÷ __2__ = __6__

Each person gets __6__ ¢.

b

3 people equally share 18¢.

_____ ÷ _____ = _____

Each person gets _____ ¢.

c

2 people equally share 24¢.

_____ ÷ _____ = _____

Each person gets _____ ¢.

d

3 people equally share 21¢.

_____ ÷ _____ = _____

Each person gets _____ ¢.

e

2 people equally share 16¢.

_____ ÷ _____ = _____

Each person gets _____ ¢.

f

3 people equally share 15¢.

_____ ÷ _____ = _____

Each person gets _____ ¢.

Solve each problem and complete the number sentence. Use multiplication to check your answer.

g

2 people equally share 20¢. How much does each person get?

__20__ ÷ __2__ = __10__

Each person gets __10__ ¢.

2 people × __10__ ¢ = __20¢__

h

3 people equally share 27¢. How much does each person get?

_____ ÷ _____ = _____

Each person gets _____ ¢.

3 people × ____ ¢ = __27¢__

i

2 people equally share 22¢. How much does each person get?

_____ ÷ _____ = _____

Each person gets _____ ¢.

2 people × ____ ¢ = __22¢__

Lesson 10: Divide by 2 and 3   81

Triangular Cards for 2 and 3

Cut out the triangular number cards and use them to practice fact families. Cover one number on a card with your finger. The card now reveals a question. Read the question and answer to your partner. Check if your answer is correct by removing your finger.

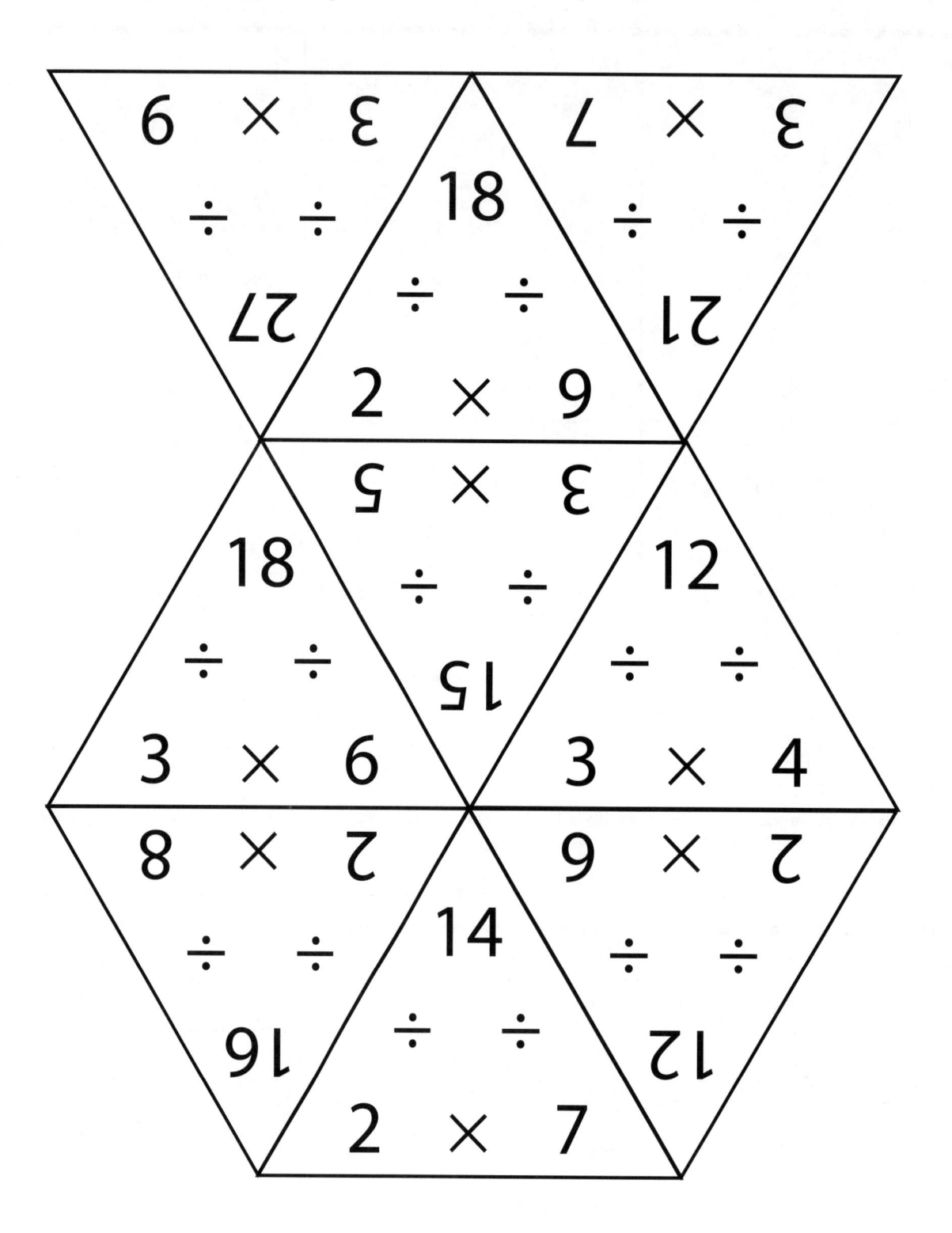

2 and 3 Fact Families

- Each fact family lives in a house. The roof shows all the members (factors) in the fact family. When you know one pair in the fact family, you can find the other family member.
- Take turns filling in one member of a house.
- If you fill in the last number in a house, you buy the house. Write your initials on the house.
- The winner is the player who owns the most houses.

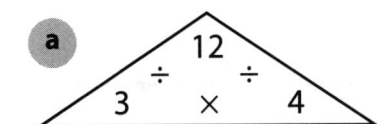

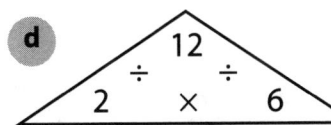

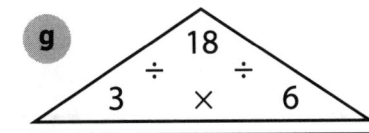

Player A _____   Player B _____

a (roof: 12 ÷ ÷, 3 × 4)

3 × 4 = _____
4 × 3 = _____
12 ÷ 3 = _____
12 ÷ 4 = _____

b (roof: 14 ÷ ÷, 2 × 7)

2 × 7 = _____
__ × __ = _____
__ ÷ __ = _____
__ ÷ __ = _____

c (roof: 24 ÷ ÷, 3 × 8)

__ × __ = _____
8 × 3 = _____
__ ÷ __ = _____
__ ÷ __ = _____

d (roof: 12 ÷ ÷, 2 × 6)

__ × __ = _____
__ × __ = _____
12 ÷ 6 = _____
__ ÷ __ = _____

e (roof: 30 ÷ ÷, 3 × 10)

__ × __ = _____
__ × __ = _____
__ ÷ __ = _____
30 ÷ 3 = _____

f (roof: 18 ÷ ÷, 2 × 9)

__ × __ = _____
__ × __ = _____
18 ÷ 2 = _____
__ ÷ __ = _____

g (roof: 18 ÷ ÷, 3 × 6)

__ × __ = _____
6 × 3 = _____
__ ÷ __ = _____
__ ÷ __ = _____

h (roof: 10 ÷ ÷, 2 × 5)

__ × __ = _____
__ × __ = _____
__ ÷ __ = _____
10 ÷ 2 = _____

i (roof: 15 ÷ ÷, 3 × 5)

__ × __ = _____
__ × __ = _____
__ ÷ __ = _____
15 ÷ 3 = _____

2 and 3 Flipping Cards

Cut apart the cards on the solid lines. Fold each card on the dotted line. Practice the number facts for 10 minutes. The answer is on the back of each card in the upper left corner.

4	7
14 ÷ 2 =	**12 ÷ 3 =**
9	3
9 ÷ 3 =	**18 ÷ 2 =**
8	6
18 ÷ 3 =	**16 ÷ 2 =**
4	7
21 ÷ 3 =	**8 ÷ 2 =**
5	3
6 ÷ 2 =	**15 ÷ 3 =**

84 Lesson 10: Divide by 2 and 3

2 and 3 Quotient Game

- Player A: Select a number fact from the list, and draw an X over it.
- Write the fact under **Selected Number Fact.**
- Write the answer under **Player A Quotient.**
- Player B: Repeat steps 1–3. (Write the answer under **Player B Quotient.**)
- Take turns and continue playing until there are no more number facts.
- Add together all of your quotient to get your total points. The player with the most points is the winner.

Player A _____   Player B _____

12 ÷ 2	10 ÷ 2	9 ÷ 3	12 ÷ 3	15 ÷ 3	18 ÷ 2
16 ÷ 2	14 ÷ 2	2 ÷ 2	3 ÷ 3	15 ÷ 5	18 ÷ 3
27 ÷ 3	30 ÷ 3	20 ÷ 2	12 ÷ 6	12 ÷ 4	18 ÷ 6

Selected Number Fact	Player A Quotient	Player B Quotient

Total Points _____   _____

Name_____   Date_____

Problem Solving & Practice: Dividing by 2 and 3

Write a division sentence to solve each problem. Draw a picture when needed.

a 3 people equally share 18 pieces of candy. How many pieces of candy does each person get? Show your work.

b Jane and Mary wanted to equally share $18.00. Jane told Mary 18 ÷ 2 = 8. She took $8.00. Is Jane correct? Explain your answer.

c There are 24 students in Chuck's class. Chuck wants to make 3 equal groups of students. How many students are in each of the 3 groups? Show your work.

d Jim equally shared 27 shells with 2 other friends. Sue equally shared 16 shells with 1 other friend. Does Jim or Sue have more shells?

Write the answer for each division problem.

e 14 ÷ 2 = _____   **f** 8 ÷ 2 = _____   **g** 12 ÷ 2 = _____

h 12 ÷ 3 = _____   **i** 18 ÷ 2 = _____   **j** 21 ÷ 3 = _____

k 27 ÷ 3 = _____   **l** 6 ÷ 2 = _____   **m** 4 ÷ 2 = _____

n 9 ÷ 3 = _____   **o** 15 ÷ 3 = _____   **p** 10 ÷ 2 = _____

Lesson 10: Divide by 2 and 3

Name_____ Date_____

Lesson 10 Quiz

Solve each problem.

a) 15 ÷ 3 = ____   b) 8 ÷ 2 = ____
c) 12 ÷ 2 = ____   d) 12 ÷ 3 = ____
e) 18 ÷ 3 = ____   f) 18 ÷ 2 = ____
g) 27 ÷ 3 = ____   h) 16 ÷ 2 = ____
i) 14 ÷ 2 = ____   j) 9 ÷ 3 = ____

Review Problems

k) 4 × 4 = 8   l) 8 × 3 = ____
m) 7 × 2 = 14   n) 7 × 3 = 15
o) 6 × 6 = 36   p) 8 × 8 = ____
q) 5 × 8 = ____ r) 4 × 7 = ____
s) 9 × 3 = ____ t) 4 × 3 = ____

These are the number facts I missed on the quiz:

Lesson 10: Divide by 2 and 3

LESSON 11: Divide by 4, 5, and 6

OBJECTIVES

Students will be introduced to the strategy of repeated subtraction to perform division by 4, 5, and 6.

Students will master division by 4, 5, and 6.

DIRECT INSTRUCTION

Teach students that repeated subtraction is a strategy they can use to help them solve a division problem. Gather **plastic coins** or cut apart the **Coins reproducible (page 128)** to help students visualize this strategy. Hold up four nickels and write on the board *20 cents*. Ask the class to help you figure out how many times a person can take away 5 cents from 20 cents. Invite volunteers to each take away one nickel (5 cents) from the nickels you have. Each time a student takes a nickel, show the written form of this subtraction by subtracting 5 from the amount written on the board. Count how many students were able to take away a nickel, and explain that 5 can be subtracted from 20 four times and, therefore, 20 ÷ 5 = 4. Repeat this visual explanation for several division problems. Remind students that when they divide, they must equally share the items (see lesson 10).

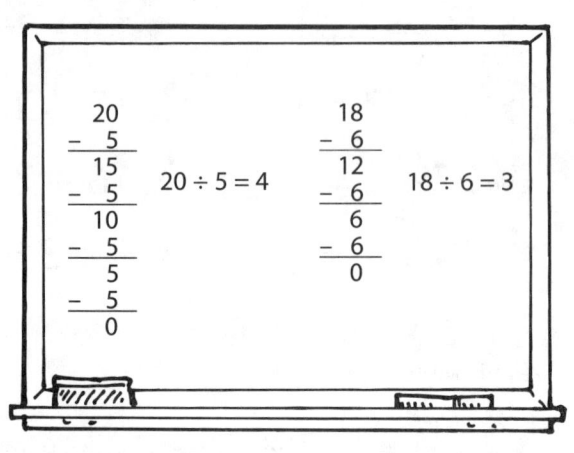

$$\begin{array}{r}20\\-5\\\hline 15\\-5\\\hline 10\\-5\\\hline 5\\-5\\\hline 0\end{array} \quad 20 \div 5 = 4 \qquad \begin{array}{r}18\\-6\\\hline 12\\-6\\\hline 6\\-6\\\hline 0\end{array} \quad 18 \div 6 = 3$$

GUIDED PRACTICE

✓ Have students work in small groups as you help them complete the **Repeated Subtraction and Equal Sharing reproducible (page 89)**. Give students **play money** and **manipulatives** to help them solve problems.

✓ Give each student a set of **Triangular Cards for 4, 5, and 6 (page 90)** to practice fact families. Tell students to find a specific card (e.g., the card that has the numbers 4, 5, and 20). Have them cover a number on the card with their finger and tell a partner what the answer is. Then, invite the class to say the answer. Repeat this with each card. (Students can also use these cards with a partner for independent practice of fact families.)

✓ Give each pair of students the **4, 5, and 6 Fact Families reproducible (page 91)**. As students play, walk around the classroom to help them and assess their understanding of fact families.

INDEPENDENT PRACTICE

✓ Invite students to use the **4, 5, and 6 Flipping Cards (page 92)** with a partner for 10 minutes to practice their number facts.

✓ Have students play with a partner the **4, 5, and 6 Quotient Game (page 93)**.

✓ Give each student the **Problem Solving & Practice: Dividing by 4, 5, and 6 reproducible (page 94)** to complete independently.

ASSESSMENT

✓ Have students complete the **Lesson 11 Quiz (page 95)** in 3 minutes. Challenge students to "beat their time" and complete the quiz in 2 minutes and then in 1 minute (or less) to show that they have mastered the number facts.

Name_____   Date_____

Repeated Subtraction and Equal Sharing

Use repeated subtraction and equal sharing to solve each problem. Circle objects to help you share equally and show division.

a You want to make teams that each have 4 people on them. How many teams can you make with 20 people?

_20_ ÷ _4_ = _5_
_5_ teams
The answer is correct because
_4_ × _5_ = _20_ .

b You want to keep 5 cats in each cage. How many cages do you need for 15 cats?

_____ ÷ _____ = _____
_____ cages
The answer is correct because
_____ × _____ = _____ .

c You want to put 4 fish in each bowl. How many bowls can you fill with 16 fish?

_____ ÷ _____ = _____
_____ bowls
The answer is correct because
_____ × _____ = _____ .

d You want to put 6 calculators in each box. How many boxes do you need for 30 calculators?

_____ ÷ _____ = _____
_____ boxes
The answer is correct because
_____ × _____ = _____ .

Use play money and manipulatives to help you solve each problem.

e You have $32.00. You spend $4.00 every day. How many days will your money last?

_____ ÷ _____ = _____
_____ days

The answer is correct because
_____ days × $_____ = $_____ .

f Your club has $42.00. 6 people will be sharing the money. How much money does each person get?

_____ ÷ _____ = _____
Each person gets $_____ .

The answer is correct because
_____ people × $_____ = $_____ .

g You have 40 apples. You eat 5 apples a day. How many days will the apples last?

_____ ÷ _____ = _____
_____ days

The answer is correct because
_____ days × _____ apples = _____ apples.

Lesson 11: Divide by 4, 5, and 6

Triangular Cards for 4, 5, and 6

Cut out the triangular number cards and use them to practice fact families. Cover one number on a card with your finger. The card now reveals a question. Read the question and answer to your partner. Check if your answer is correct by removing your finger.

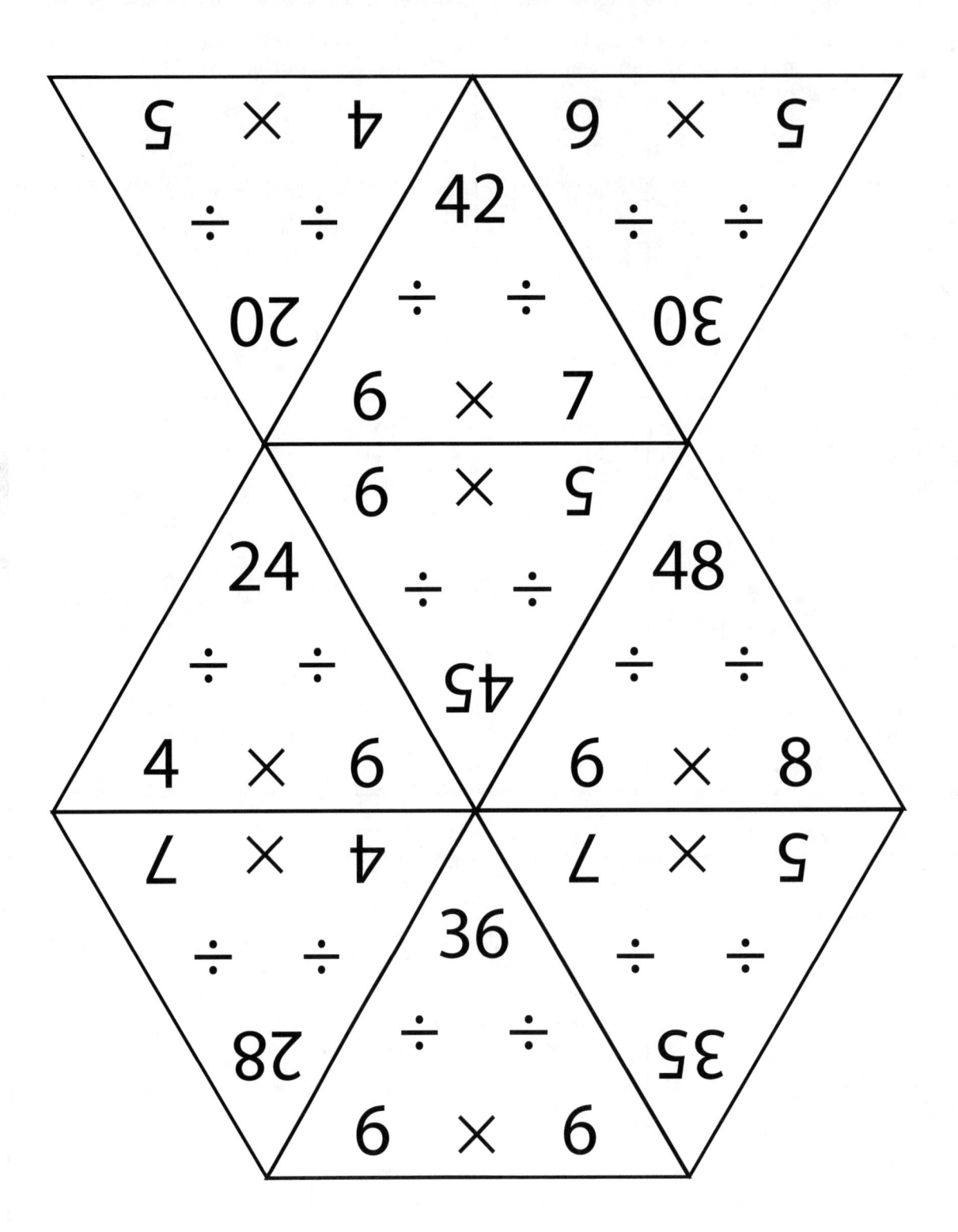

90   Lesson 11: Divide by 4, 5, and 6

4, 5, and 6 Fact Families

- Each fact family lives together. When you know one pair in the fact family, you can find the other family member.
- Take turns filling in one number of a fact family.
- If you fill in the last number in a family's box, you buy the family. Write your initials on the box.
- The winner is the player who owns the most families (boxes).

Player A _____   Player B _____

a $\begin{array}{r}5\\\times\,6\\\hline 30\end{array}$ $\begin{array}{r}6\\\times\,5\\\hline 30\end{array}$ $5\overline{)30}^{\,6}$ $6\overline{)30}^{\,5}$	b $\begin{array}{r}4\\\times\,3\\\hline\end{array}$ $\begin{array}{r}3\\\times\,4\\\hline\end{array}$ $3\overline{)12}$ $4\overline{)12}$	c $\begin{array}{r}5\\\times\,7\\\hline\end{array}$ $\begin{array}{r}7\\\times\,5\\\hline\end{array}$ $5\overline{)35}$ $7\overline{)35}$
d $\begin{array}{r}6\\\times\,7\\\hline\end{array}$ $\begin{array}{r}\\\times\,\\\hline\end{array}$ $6\overline{)42}$ $7\overline{)42}$	e $\begin{array}{r}4\\\times\,9\\\hline\end{array}$ $\begin{array}{r}\\\times\,\\\hline\end{array}$ $4\overline{)36}$ $9\overline{)36}$	f $\begin{array}{r}\\\times\,\\\hline\end{array}$ $\begin{array}{r}\\\times\,\\\hline\end{array}$ $4\overline{)32}$ $8\overline{)32}$
g $\begin{array}{r}\\\times\,\\\hline\end{array}$ $\begin{array}{r}\\\times\,\\\hline\end{array}$ $3\overline{)18}$ $\overline{)}$	h $\begin{array}{r}4\\\times\,6\\\hline\end{array}$ $\begin{array}{r}\\\times\,\\\hline\end{array}$ $\overline{)}$ $\overline{)}$	i $\begin{array}{r}6\\\times\,8\\\hline\end{array}$ $\begin{array}{r}\\\times\,\\\hline\end{array}$ $\overline{)}$ $\overline{)}$
j $\begin{array}{r}\\\times\,\\\hline\end{array}$ $\begin{array}{r}\\\times\,\\\hline\end{array}$ $4\overline{)20}$ $\overline{)}$	k $\begin{array}{r}5\\\times\,8\\\hline\end{array}$ $\begin{array}{r}\\\times\,\\\hline\end{array}$ $\overline{)}$ $\overline{)}$	l $\begin{array}{r}6\\\times\,9\\\hline\end{array}$ $\begin{array}{r}\\\times\,\\\hline\end{array}$ $\overline{)}$ $\overline{)}$

4, 5, and 6 Flipping Cards

Cut apart the cards on the solid lines. Fold each card on the dotted line. Practice the number facts for 10 minutes. The answer is on the back of each card in the upper left corner.

8 $4\overline{)12}$	3 $6\overline{)48}$
6 $5\overline{)45}$	9 $4\overline{)24}$
6 $5\overline{)10}$	2 $6\overline{)36}$
4 $5\overline{)40}$	8 $4\overline{)16}$
1 $6\overline{)12}$	2 $5\overline{)5}$

4, 5, and 6 Quotient Game

- <u>Player A</u>: Select a number fact from the list, and draw an X over it.
- Write the fact under **Selected Number Fact.**
- Write the answer under **Player A Quotient.**
- <u>Player B</u>: Repeat steps 1–3. (Write the answer under **Player B Quotient.**)
- Take turns and continue playing until there are no more number facts.
- Add together all of your quotient to get your total points. The player with the most points is the winner.

Player A _____   Player B _____

40 ÷ 5	48 ÷ 6	54 ÷ 6	42 ÷ 6	30 ÷ 5	36 ÷ 4
16 ÷ 4	15 ÷ 5	20 ÷ 5	25 ÷ 5	36 ÷ 6	18 ÷ 6
32 ÷ 4	20 ÷ 4	24 ÷ 4	28 ÷ 4	35 ÷ 5	6 ÷ 6

Selected Number Fact	**Player A Quotient**	**Player B Quotient**

Total Points _____   _____

Name_____   Date_____

Problem Solving & Practice: Dividing by 4, 5, and 6

Solve each problem. Draw a picture when needed.

a Jim is grouping the children into basketball teams. There are 55 children. He wants 6 children on a team. He divides 55 by 6 and gets 9. He wants to have 9 equal teams. Did he solve the problem correctly?

A. Yes, because 55 ÷ 6 = 9.
B. No, because 55 cannot be equally divided by 6.
C. Yes, because 9 + 6 = 55.
D. No, because a basketball team must have 12 players on it.

b Pat has 42 books. She wants to put only 6 books on each of her shelves. Which equation could **not** be used to figure out how many shelves she will need for her books?

A. 42 ÷ n = 6
B. 42 ÷ 6 = n
C. n x 6 = 42
D. 6 + n = 42

c There are 24 students in Mr. Bell's class. Mr. Bell wants to make 4 groups. How many students will be in each of the 4 groups? Show your work.

d The human heart pumps about 25 liters of blood in 5 minutes. You would like to know about how many liters of blood are pumped in 1 minute. Which equation below shows how you can find the answer?

A. 25 x 5 = 125
B. 25 ÷ 5 = 5
C. 25 + 5 = 30
D. 25 − 5 = 20

Write the answer for each division problem.

e 4 ÷ 4 = _____
f 24 ÷ 4 = _____
g 32 ÷ 4 = _____
h 12 ÷ 4 = _____
i 10 ÷ 5 = _____
j 30 ÷ 5 = _____
k 25 ÷ 5 = _____
l 45 ÷ 5 = _____
m 18 ÷ 6 = _____
n 54 ÷ 6 = _____
o 60 ÷ 6 = _____
p 42 ÷ 6 = _____

Name_____ Date_____

Lesson 11 Quiz

Solve each problem.

a 8 ÷ 4 = ____   **b** 35 ÷ 5 = ____

c 24 ÷ 6 = ____ **d** 32 ÷ 4 = ____

e 15 ÷ 5 = ____ **f** 36 ÷ 6 = ____

g 20 ÷ 4 = ____ **h** 45 ÷ 5 = ____

i 48 ÷ 6 = ____ **j** 28 ÷ 4 = ____

Review Problems

k 10 × 4 = 40 **l** 8 × 5 = ____

m 7 × 3 = ____ **n** 0 × 2 = ____

o 8 × 8 = ____ **p** 9 × 2 = ____

q 8 × 9 = ____ **r** 7 × 1 = ____

s 9 × 6 = ____ **t** 4 × 4 = ____

These are the number facts I missed on the quiz:

Lesson 11: Divide by 4, 5, and 6

LESSON 12

Divide by 7, 8, and 9

OBJECTIVES

Students will use repeated subtraction and equal sharing to solve division problems. Students will master division by 7, 8, and 9.

DIRECT INSTRUCTION

Introduce students to division by 7, 8, and 9 by writing all of the equations (7 ÷ 7 through 7 ÷ 1, 8 ÷ 8 through 8 ÷ 1, and 9 ÷ 9 through 9 ÷ 1) on an **overhead transparency** and displaying it for the class. Invite volunteers to solve each problem on the board using the repeated subtraction or equal sharing strategy learned in lessons 10 and 11. Have students explain how they found the quotient. Write the quotients on the overhead transparency. Invite the class to read through all of the equations after they have been solved correctly.

GUIDED PRACTICE

✓ Have students work in small groups as you help them complete the **Dividing by 7, 8, and 9 reproducible (page 97)**. Give students **plastic or paper coins** to help them solve problems.

✓ Give each student a set of **Triangular Cards for 7, 8, and 9 (page 98)** to practice fact families. Tell students to find a specific card (e.g., the card that has the numbers 3, 9, and 27). Have them cover a number on the card with their finger and tell a partner what the answer is. Then, invite the class to say the answer. Repeat this with each card. (Students can also use these cards with a partner for independent practice of fact families.)

✓ Give each pair of students the **7, 8, and 9 Fact Families reproducible (page 99)**. As students play, walk around the classroom to help them and assess their understanding of fact families.

INDEPENDENT PRACTICE

✓ Invite students to use the **7, 8, and 9 Flipping Cards (page 100)** with a partner for 10 minutes to practice their number facts.

✓ Have students play with a partner the **7, 8, and 9 Quotient Game (page 101)**.

✓ Give each student the **Problem Solving & Practice: Dividing by 7, 8, and 9 reproducible (page 102)** to complete independently.

ASSESSMENT

✓ Have students complete the **Lesson 12 Quiz (page 103)** in 3 minutes. Challenge students to "beat their time" and complete the quiz in 2 minutes and then in 1 minute (or less) to show that they have mastered the number facts.

Name_____   Date_____

Dividing by 7, 8, and 9

Use repeated subtraction or equal sharing to solve each problem.

a You want to put flowers in vases. You have 36 flowers and you can put 9 flowers in each vase. How many vases do you need? _____ ÷ _____ = _____ _____ vases The answer is correct because _____ × _____ = _____.	**b** There are 14 birds in the tree. Each tree branch can hold 7 birds. What is the smallest number of branches needed for all of the birds to be able to sit on one tree? _____ ÷ _____ = _____ _____ tree branches The answer is correct because _____ × _____ = _____.	**c** You are going river rafting with a group of 24 people. Each raft can have 8 people in it. How many rafts do you need for your trip? _____ ÷ _____ = _____ _____ rafts The answer is correct because _____ × _____ = _____.
d Your grandma has 16 cats. Each bowl of food will feed 8 cats. How many bowls of food does she need to feed all of her cats? _____ ÷ _____ = _____ _____ bowls of food The answer is correct because _____ × _____ = _____.	**e** You are putting away your clean clothes. You have 35 shirts to put into drawers. You can put 7 shirts in each drawer. How many drawers will you need to put away all of your clean shirts? _____ ÷ _____ = _____ _____ drawers The answer is correct because _____ × _____ = _____.	**f** A squirrel has 18 acorns. It needs to store them in holes for the winter. It can fit 9 acorns in each hole. How many holes does it need to make? _____ ÷ _____ = _____ _____ holes The answer is correct because _____ × _____ = _____.

Use play money and manipulatives to help you solve each problem.

g There are 7 people in your house. You are going to equally share $42.00. How much money does each person get? _____ ÷ _____ = _____ Each person gets $_____. The answer is correct because $_____ × _____ people = $_____.	**h** You have $64.00. You spend $8.00 every day. How many days will your money last? _____ ÷ _____ = _____ _____ days The answer is correct because _____ days × $_____ = $_____.	**i** You have 72 baseball cards. You want to put the same number of cards in 9 envelopes. How many cards will you have in each envelope? _____ ÷ _____ = _____ Each envelope will have _____ baseball cards. The answer is correct because _____ cards × _____ envelopes = _____ baseball cards.

Lesson 12: Divide by 7, 8, and 9

Triangular Cards for 7, 8, and 9

Cut out the triangular number cards and use them to practice fact families. Cover one number on a card with your finger. The card now reveals a question. Read the question and answer to your partner. Check if your answer is correct by removing your finger.

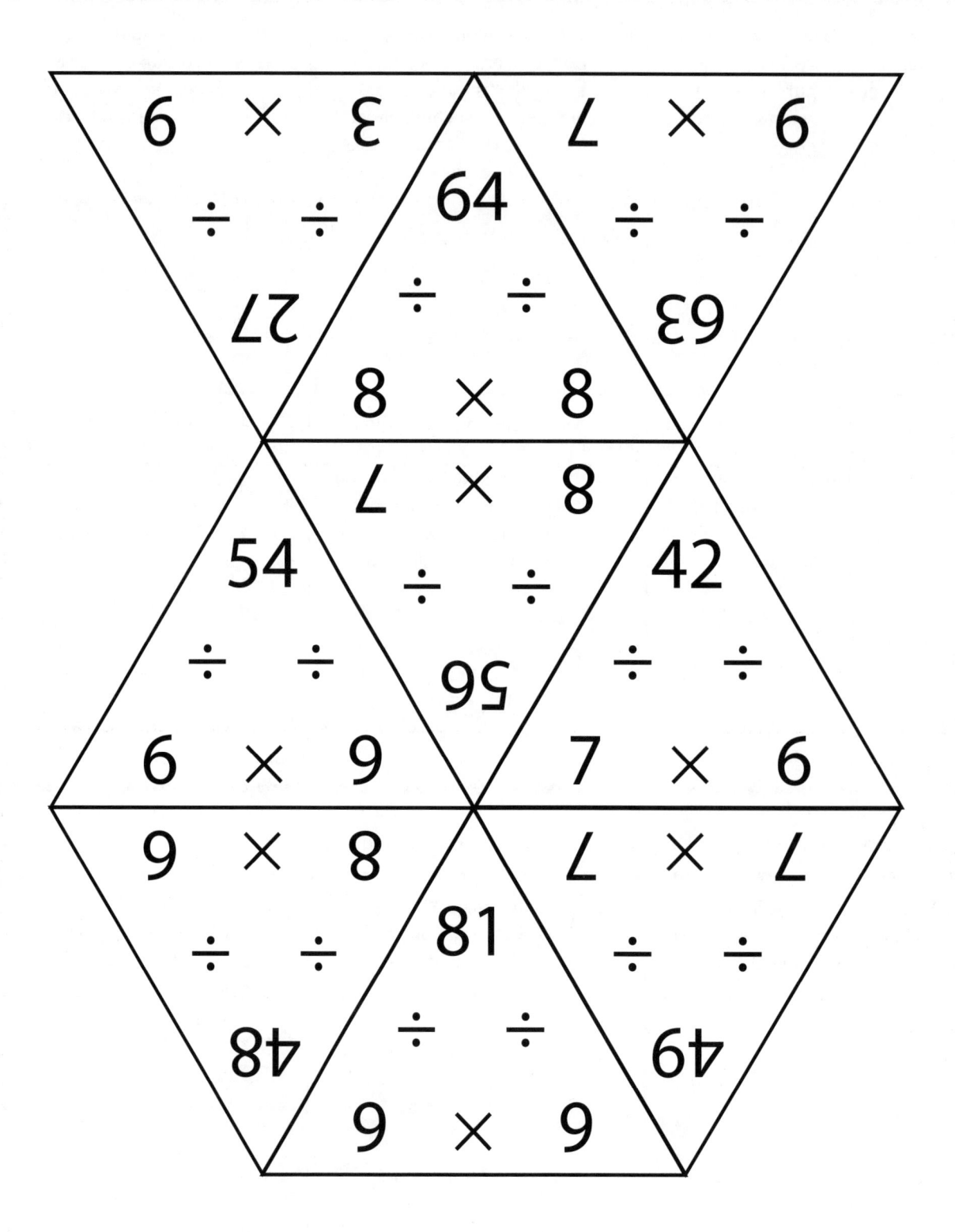

7, 8, and 9 Fact Families

- Each fact family lives together. When you know one pair in the fact family, you can find the other family member.
- Take turns filling in one number of a fact family.
- If you fill in the last number in a family's box, you buy the family. Write your initials on the box.
- The winner is the player who owns the most families (boxes).

Player A _____   Player B _____

a $\;\;7\;\;\;\;\;2$ $\times 2\;\;\times 7$ $\overline{14}\;\;\;\;\overline{14}$ $2\overline{)14}\;\;\;7\overline{)14}$	**b** $\;\;8$ $\times 4\;\;\;\times\underline{\;\;}$ $\overline{\;\;\;\;\;}\;\;\;\overline{\;\;\;\;\;}$ $4\overline{)32}\;\;\;8\overline{)32}$	**c** $\;\;7$ $\times 4\;\;\;\times\underline{\;\;}$ $\overline{\;\;\;\;\;}\;\;\;\overline{\;\;\;\;\;}$ $4\overline{)28}\;\;\;7\overline{)28}$
d $\;\;7\;\;\;\;\;5$ $\times 5\;\;\times 7$ $\overline{\;\;\;\;}\;\;\;\overline{\;\;\;\;}$ $7\overline{)35}\;\;\;\;\overline{)\;\;\;\;}$	**e** $\;\;7$ $\times 8\;\;\;\times\underline{\;\;}$ $\overline{\;\;\;\;\;}\;\;\;\overline{\;\;\;\;\;}$ $\overline{)\;\;\;\;}\;\;\;8\overline{)56}$	**f** $\;\;7$ $\times 9\;\;\;\times\underline{\;\;}$ $\overline{\;\;\;\;\;}\;\;\;\overline{\;\;\;\;\;}$ $\overline{)\;\;\;\;}\;\;\;7\overline{)63}$
g $\;\;\;\;\;\;\;\;\;\;\;\;\;\;\;$ $\times\underline{\;\;}\;\;\;\times\underline{\;\;}$ $\overline{\;\;\;\;\;}\;\;\;\overline{\;\;\;\;\;}$ $9\overline{)18}\;\;\;2\overline{)18}$	**h** $\;\;9$ $\times 6\;\;\;\times\underline{\;\;}$ $\overline{\;\;\;\;\;}\;\;\;\overline{\;\;\;\;\;}$ $\overline{)\;\;\;\;}\;\;\;\overline{)\;\;\;\;}$	**i** $\;\;\;\;\;\;\;\;\;\;\;\;\;\;\;$ $\times\underline{\;\;}\;\;\;\times\underline{\;\;}$ $\overline{\;\;\;\;\;}\;\;\;\overline{\;\;\;\;\;}$ $9\overline{)72}\;\;\;8\overline{)72}$
j $\;\;\;\;\;\;\;\;\;\;\;\;\;\;\;$ $\times\underline{\;\;}\;\;\;\times\underline{\;\;}$ $\overline{\;\;\;\;\;}\;\;\;\overline{\;\;\;\;\;}$ $9\overline{)27}\;\;\;\overline{)\;\;\;\;}$	**k** $\;\;8$ $\times 6\;\;\;\times\underline{\;\;}$ $\overline{\;\;\;\;\;}\;\;\;\overline{\;\;\;\;\;}$ $\overline{)\;\;\;\;}\;\;\;\overline{)\;\;\;\;}$	**l** $\;\;\;\;\;\;\;\;\;\;\;\;\;\;\;$ $\times\underline{\;\;}\;\;\;\times\underline{\;\;}$ $\overline{\;\;\;\;\;}\;\;\;\overline{\;\;\;\;\;}$ $\overline{)\;\;\;\;}\;\;\;9\overline{)45}$

Lesson 12: Divide by 7, 8, and 9

7, 8, and 9 Flipping Cards

Cut apart the cards on the solid lines. Fold each card on the dotted line. Practice the number facts for 10 minutes. The answer is on the back of each card in the upper left corner.

4 $7\overline{)21}$	3 $8\overline{)32}$
8 $9\overline{)81}$	9 $7\overline{)56}$
1 $7\overline{)42}$	6 $8\overline{)8}$
5 $9\overline{)63}$	7 $7\overline{)35}$
3 $8\overline{)16}$	2 $9\overline{)27}$

7, 8, and 9 Quotient Game

- Player A: Select a number fact from the list, and draw an X over it.
- Write the fact under **Selected Number Fact.**
- Write the answer under **Player A Quotient.**
- Player B: Repeat steps 1–3. (Write the answer under **Player B Quotient.**)
- Take turns and continue playing until there are no more number facts.
- Add together all of your quotient to get your total points. The player with the most points is the winner.

Player A _____   Player B _____

18 ÷ 9	64 ÷ 8	49 ÷ 7	24 ÷ 8	63 ÷ 7	35 ÷ 7
72 ÷ 9	9 ÷ 9	54 ÷ 9	45 ÷ 9	56 ÷ 8	48 ÷ 8
40 ÷ 8	32 ÷ 8	70 ÷ 7	42 ÷ 7	21 ÷ 7	28 ÷ 7

Selected Number Fact	Player A Quotient	Player B Quotient

Total Points _____   _____

Name_____   Date_____

Problem Solving & Practice: Dividing by 7, 8 and 9

Solve each problem. Draw a picture when needed.

a Joy and Brett and six of their friends want to divide a bag of potato chips equally between them. They counted 52 chips in the bag. Can they divide the chips evenly without needing to break any of them?

A. Yes. Each friend will get 7 chips.
B. Yes, but they need to break many of the chips.
C. No. There aren't enough chips in the bag for everyone to have one.
D. No, because 52 cannot be evenly divided by 8 friends.

b Jana needed a total of 42 pieces of paper. She had 7 different colors of paper and she wanted an equal number of each color. How many pieces of each color will she have? Show your work.

c There are 9 children working together to rake leaves in their neighborhood. The group earned $9.00 every day for 10 days. After 10 days, they equally shared the money they earned. How much money did each child earn? Show your work.

d A box can hold 8 apples. How many apple boxes do you need to pack 48 apples?

Write the answer for each division problem.

e 49 ÷ 7 = _____   **f** 42 ÷ 7 = _____   **g** 70 ÷ 7 = _____

h 56 ÷ 7 = _____   **i** 8 ÷ 8 = _____   **j** 40 ÷ 8 = _____

k 72 ÷ 8 = _____   **l** 16 ÷ 8 = _____   **m** 36 ÷ 9 = _____

n 27 ÷ 9 = _____   **o** 63 ÷ 9 = _____   **p** 81 ÷ 9 = _____

Lesson 12: Divide by 7, 8, and 9

Name_____ Date_____

Lesson 12 Quiz

Solve each problem.

a 7 ÷ 7 = ____   **b** 64 ÷ 8 = ____
c 56 ÷ 8 = ____   **d** 45 ÷ 9 = ____
e 54 ÷ 9 = ____   **f** 63 ÷ 7 = ____
g 80 ÷ 8 = ____   **h** 14 ÷ 7 = ____
i 48 ÷ 8 = ____   **j** 90 ÷ 9 = ____

Review Problems

k 18 ÷ 2 = ____   **l** 6 ÷ 3 = ____
m 12 ÷ 4 = ____   **n** 40 ÷ 5 = ____
o 36 ÷ 6 = ____   **p** 16 ÷ 2 = ____
q 27 ÷ 3 = ____   **r** 20 ÷ 4 = ____
s 35 ÷ 5 = ____   **t** 24 ÷ 6 = ____

These are the number facts I missed on the quiz:

Lesson 12: Divide by 7, 8, and 9

LESSON 13: Multiply with Multiples of 10

OBJECTIVES

Students will use mental math to multiply with multiples of 10. Students will show mastery of multiplication with multiples of 10 using mental math.

DIRECT INSTRUCTION

Gather a set of **base ten blocks (tens, hundreds, and thousands).** Write on the board *2 x 10 = 20* and use two tens blocks to show this problem to the class. Repeat this for 2 x 20, 2 x 30, 2 x 100, 2 x 200, 2 x 1,000, and 2 x 2,000. Discuss an easy way to multiply with multiples of ten by introducing students to the "trailing zero method." Have them multiply the values of each number (3 x 3 hundreds = 9 hundreds) and then write the answer with the zeroes. (See the examples below.)

> 3 x 50 = 3 x 5 tens = 15 tens = 150
>
> 2 x 600 = 2 x 6 hundreds = 12 hundreds = 1,200
>
> 6 x 3,000 = 6 x 3 thousands = 18 thousands = 18,000

GUIDED PRACTICE

- ✓ Have students work in small groups as you help them complete the **Multiply with Multiples of 10 reproducible (page 105).**
- ✓ Work with students in small groups to help them complete the **Multiples of 10 Practice reproducible (page 106).**
- ✓ Copy the **I Have It: Multiples of 10 reproducible (page 107)** on **construction paper or tagboard** for every four students. Cut apart the cards, and laminate them. Put each set of cards in an **envelope,** and write the title (i.e., *Multiples of 10*) on it. Model how the game works and the correct answers. Tell students that the student who has the card that says *I have the first card* will begin the game by reading aloud his or her card. After the first card is read aloud, have the student with the answer to the problem read aloud his or her card. Tell students to continue until they get back to the first card. (The game ends after a student reads *Who has the first card?* and a student answers *I have the first card.*) As students play, walk around the classroom to provide assistance and assess their learning.

INDEPENDENT PRACTICE

- ✓ Invite students to use the **Flipping Cards for Multiples of 10 (page 108)** with a partner for 10 minutes to practice their number facts.
- ✓ Invite students to play with a partner the **Multiples of 10 Product Game (page 109).**
- ✓ Give each student the **Problem Solving & Practice: Multiples of 10 reproducible (page 110)** to complete independently.

ASSESSMENT

- ✓ Have students complete the **Lesson 13 Quiz (page 111)** in 3 minutes. Challenge students to "beat their time" and complete the quiz in 2 minutes and then in 1 minute (or less) to show that they have mastered the number facts.

Name_____ Date_____

Multiply with Multiples of 10

Use the base ten blocks to help you solve each multiplication problem.

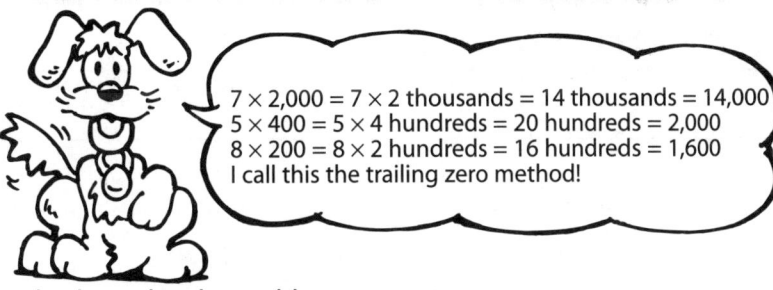

a	2 × 10 =	b	2 × 20 =
c	2 × 30 =	d	2 × 40 =
e	2 × 50 =	f	2 × 60 =
g	2 × 100 =	h	2 × 200 =
i	2 × 1,000 =	j	2 × 2,000 =
k	2 × 6,000 =	l	2 × 800 =

7 × 2,000 = 7 × 2 thousands = 14 thousands = 14,000
5 × 400 = 5 × 4 hundreds = 20 hundreds = 2,000
8 × 200 = 8 × 2 hundreds = 16 hundreds = 1,600
I call this the trailing zero method!

Use the trailing zero method to solve the problems.

m	2 × 300 = 2 × 3 hundreds = 6 hundreds = 600	n	6 × 500 =
o	4 × 1,000 =	p	9 × 3,000 =
q	5 × 100 =	r	8 × 300 =
s	5 × 400 =	t	4 × 700 =
u	9 × 800 =	v	5 × 1,000 =
w	6 × 2,000 =	x	2 × 500 =

Lesson 13: Multiply with Multiples of 10 105

Name_____ Date_____

Multiples of 10 Practice

Change each repeated addition problem into a multiplication problem and solve using the trailing zero method.

a) $100 + 100 + 100 = ?$ $3 \times 100 =$ __300__ 3×1 hundred $= 3$ hundreds	b) $1{,}000 + 1{,}000 + 1{,}000 = ?$ ____ $\times$ ____ $=$ ____	c) $200 + 200 + 200 = ?$ ____ $\times$ ____ $=$ ____
d) $400 + 400 + 400 = ?$ ____ $\times$ ____ $=$ ____	e) $2{,}000 + 2{,}000 + 2{,}000 = ?$ ____ $\times$ ____ $=$ ____	f) $500 + 500 + 500 = ?$ ____ $\times$ ____ $=$ ____
g) $600 + 600 + 600 = ?$ ____ $\times$ ____ $=$ ____	h) $4{,}000 + 4{,}000 + 4{,}000 = ?$ ____ $\times$ ____ $=$ ____	i) $800 + 800 + 800 = ?$ ____ $\times$ ____ $=$ ____

Use the trailing zero method to solve each problem.

j) $4 \times 10 = 4 \times 1$ ten $= 4$ tens $= 40$

k) $12 \times 100 =$

l) $3 \times 100 =$

m) $4 \times 300 =$

n) $2 \times 700 =$

o) $9 \times 900 =$

p) $1 \times 40 =$

q) $7 \times 100 =$

r) $8 \times 2{,}000 =$

s) $4 \times 700 =$

I Have It: Multiples of 10

• I have the first card. • Who has the product of **3 x 6 tens**?	• I have it. The product is **18 tens or 180**. • Who has the product of **4 x 7 tens**?	• I have it. The product is **28 tens or 280**. • Who has the product of **2 x 7 tens**?
• I have it. The product is **14 tens or 140**. • Who has the product of **3 x 7 hundreds**?	• I have it. The product is **21 hundreds or 2,100**. • Who has the product of **4 x 6 hundreds**?	• I have it. The product is **24 hundreds or 2,400**. • Who has the product of **3 x 5 hundreds**?
• I have it. The product is **15 hundreds or 1,500**. • Who has the product of **4 x 4 thousands**?	• I have it. The product is **16 thousands or 16,000**. • Who has the product of **9 x 1 thousand**?	• I have it. The product is **9 thousand or 9,000**. • Who has the product of **8 x 6 thousands**?
• I have it. The product is **48 thousands or 48,000**. • Who has the product of **3 x 3 hundreds**?	• I have it. The product is **9 hundreds or 900**. • Who has the product of **5 x 7 tens**?	• I have it. The product is **35 tens or 350**. • Who has the first card?

Flipping Cards for Multiples of 10

Cut apart the cards on the solid lines. Fold each card on the dotted line. Practice the number facts for 10 minutes. The answer is on the back of each card in the upper left corner.

60	300
$3 \times 100 =$	$2 \times 30 =$

240	2,500
$5 \times 500 =$	$6 \times 40 =$

240	350
$7 \times 50 =$	$3 \times 80 =$

80	120
$2 \times 60 =$	$4 \times 20 =$

2,100	400
$5 \times 80 =$	$7 \times 300 =$

Multiples of 10 Product Game

- **Player A:** Select a number fact from the list, and draw an X over it.
- Write the fact under **Selected Number Fact.**
- Write the answer under **Player A Product.**
- **Player B:** Repeat steps 1–3. (Write the answer under **Player B Product.**)
- Take turns and continue playing until there are no more number facts.
- Add together all of your products to get your total points. The player with the most points is the winner.

Player A _____   Player B _____

5 × 40	6 × 100	6 × 50	2 × 70	5 × 30	3 × 50
4 × 90	5 × 800	4 × 200	6 × 70	5 × 80	6 × 60
4 × 70	10 × 10	2 × 40	8 × 60	3 × 50	7 × 30

Selected Number Fact	Player A Product	Player B Product

Total Points _____   _____

Lesson 13: Multiply with Multiples of 10

Name_____   Date_____

Problem Solving & Practice: Multiples of 10

Write a multiplication sentence to solve each problem. Use the trailing zero method.
Draw a picture when needed.

a) The circus is in town. One of the clowns has 3 bags of toys. Each bag has 70 toys in it. How many toys does the clown have?

b) Each of 3,000 people bought a pack of tickets for summer concerts. Each pack had tickets for 6 concerts in it. How many tickets were bought altogether?

c) Mickey collects football cards. He puts them into stacks of 10 cards. He has 300 stacks of cards. How many cards has he collected?

d) Write the missing numbers in the boxes

a	2	3	4	5	6
b	600	900			1,800

What is the rule to find the missing numbers? Write the rule.

Write the answer for each multiplication problem.

e) 4 × 100 = _____   **f)** 7 × 70 = _____   **g)** 2 × 50 = _____

h) 6 × 40 = _____   **i)** 8 × 60 = _____   **j)** 3 × 40 = _____

k) 9 × 60 = _____   **l)** 3 × 200 = _____   **m)** 8 × 400 = _____

n) 5 × 400 = _____   **o)** 2 × 900 = _____   **p)** 1 × 6,000 = _____

q) 7 × 6,000 = _____   **r)** 5 × 1,000 = _____   **s)** 6 × 3,000 = _____

Name_____   Date_____

Lesson 13 Quiz

Solve each problem.

- **a** $4 \times 30 =$ ____
- **b** $7 \times 50 =$ ____
- **c** $6 \times 70 =$ ____
- **d** $2 \times 70 =$ ____
- **e** $9 \times 400 =$ ____
- **f** $5 \times 40 =$ ____
- **g** $8 \times 30 =$ ____
- **h** $3 \times 90 =$ ____
- **i** $1 \times 200 =$ ____
- **j** $2 \times 600 =$ ____

Review Problems

- **k** $49 \div 7 =$ ____
- **l** $64 \div 8 =$ ____
- **m** $81 \div 9 =$ ____
- **n** $45 \div 5 =$ ____
- **o** $36 \div 6 =$ ____
- **p** $16 \div 4 =$ ____
- **q** $27 \div 3 =$ ____
- **r** $20 \div 4 =$ ____
- **s** $35 \div 5 =$ ____
- **t** $42 \div 6 =$ ____

These are the number facts I missed on the quiz:

LESSON 14

Divide by One-Digit Divisors

OBJECTIVES

Students will be introduced to using mental math to divide by a one-digit divisor. Students will show mastery of division by a one-digit divisor without a remainder using mental math.

DIRECT INSTRUCTION

Copy a class set of the **Dollars reproducible (page 129)**. Cut apart the money, and give a set to each student. Have students use the money to solve problems at their desk as you solve them on the board. Write on the board *20 ÷ 2 = ?* Tape two $10 bills to the board, and tell the class you want to find out how much each person will get when you divide $20 between two people. Have the class solve the problem, and then repeat this with 12 ÷ 2, 40 ÷ 4, 42 ÷ 2, and 64 ÷ 2. Discuss the connection between sharing equally with money and solving a written number sentence.

Show students how to divide using mental math. Write on the board $2\overline{)46}$. Explain how to complete this division equation by dividing 4 by 2 and writing the quotient 2 above the 4 and then dividing 6 by 2 and writing the quotient 3 above the 6 to find the quotient of 23 when 46 is divided by 2. Tell students that they can do this type of division in their head by dividing the divisor into each digit separately.

GUIDED PRACTICE

✓ Have students work in small groups as you help them complete the **Using Money to Divide reproducible (page 113)**.
✓ Work with students in small groups to help them complete the **Write the Quotient reproducible (page 114)**.
✓ Make an **overhead transparency** of the **Divide into Teams Game (page 115)**. Divide the class into two teams. Display the transparency with **white paper** covering all of the equations. Have a member of each team stand to play against each other. Move the white paper so one equation is showing and have the players raise their hand or shout out the quotient when they know it. Determine which player correctly answered first, and give his or her team a point by drawing a tally mark on the game sheet. Continue to play with team members alternating until all of the equations have been answered. The team with the most points is the winner.

INDEPENDENT PRACTICE

✓ Invite students to use the **Flipping Cards for Dividing by Ones (page 116)** with a partner for 10 minutes to practice their number facts.
✓ Invite students to play with a partner the **Dividing by Ones Quotient Game (page 117)**.
✓ Give each student the **Problem Solving & Practice: Divide by One-Digit Divisors reproducible (page 118)** to complete independently.

ASSESSMENT

✓ Have students complete the **Lesson 14 Quiz (page 119)** in 3 minutes. Challenge students to "beat their time" and complete the quiz in 2 minutes and then in 1 minute (or less) to show that they have mastered the number facts.

Name_____   Date_____

Using Money to Divide

Use the money in each box to solve the division problem.

a. 78 ÷ 3 = ___	b. 44 ÷ 2 = ___	c. 36 ÷ 2 = ___
d. 48 ÷ 4 = ___	e. 99 ÷ 9 = ___	f. 102 ÷ 2 = ___
g. 252 ÷ 6 = ___	h. 155 ÷ 5 = ___	i. 224 ÷ 4 = ___

Lesson 14: Divide by One-Digit Divisors

Write the Quotient

Use mental math to solve each division problem.

a $1\overline{)3}$ $1\overline{)38}$	b $1\overline{)5}$ $1\overline{)59}$	c $2\overline{)2}$ $2\overline{)26}$
d $2\overline{)4}$ $2\overline{)48}$	e $2\overline{)8}$ $2\overline{)82}$	f $2\overline{)12}$ $2\overline{)124}$
g $2\overline{)14}$ $2\overline{)144}$	h $3\overline{)3}$ $3\overline{)36}$	i $3\overline{)6}$ $3\overline{)69}$
j $3\overline{)12}$ $3\overline{)126}$	k $4\overline{)12}$ $4\overline{)128}$	l $5\overline{)15}$ $5\overline{)155}$
m $6\overline{)18}$ $6\overline{)186}$	n $6\overline{)24}$ $6\overline{)240}$	o $7\overline{)21}$ $7\overline{)217}$
p $8\overline{)40}$ $8\overline{)408}$	q $8\overline{)16}$ $8\overline{)168}$	r $9\overline{)36}$ $9\overline{)369}$

Divide into Teams Game

Have two teams play against each other to solve the equations. Show one equation and give a point to the team whose member correctly answers first. Continue to play until all of the equations have been answered. The team with the most points is the winner.

Team 1 _____   Team 2 _____

$2\overline{)46}$	$5\overline{)55}$	$4\overline{)84}$	$3\overline{)96}$	$2\overline{)20}$
$3\overline{)39}$	$2\overline{)86}$	$9\overline{)90}$	$2\overline{)66}$	$5\overline{)50}$
$7\overline{)70}$	$2\overline{)82}$	$8\overline{)88}$	$4\overline{)48}$	$4\overline{)248}$
$7\overline{)217}$	$6\overline{)180}$	$6\overline{)546}$	$3\overline{)339}$	$9\overline{)279}$
$3\overline{)969}$	$5\overline{)250}$	$1\overline{)732}$	$2\overline{)182}$	$8\overline{)328}$
$9\overline{)639}$	$8\overline{)568}$	$3\overline{)219}$	$7\overline{)707}$	$1\overline{)1975}$
$3\overline{)2793}$	$4\overline{)2040}$	$2\overline{)1628}$	$6\overline{)1206}$	$6\overline{)3666}$

Flipping Cards for Dividing by Ones

Cut apart the cards on the solid lines. Fold each card on the dotted line. Practice the number facts for 10 minutes. The answer is on the back of each card in the upper left corner.

11 $\overline{4)48}$	12 $\overline{5)55}$
31 $\overline{2)86}$	43 $\overline{9)279}$
82 $\overline{5)455}$	91 $\overline{3)246}$
50 $\overline{7)490}$	70 $\overline{8)400}$
12 $\overline{6)186}$	31 $\overline{3)36}$

Lesson 14: Divide by One-Digit Divisors

Dividing by Ones Quotient Game

- Player A: Select a number fact from the list, and draw an X over it.
- Write the fact under **Selected Number Fact.**
- Write the answer under **Player A Quotient.**
- Player B: Repeat steps 1–3. (Write the answer under **Player B Quotient.**)
- Take turns and continue playing until there are no more number facts.
- Add together all of your quotient to get your total points. The player with the most points is the winner.

Player A _____   Player B _____

82 ÷ 2	648 ÷ 8	44 ÷ 2	126 ÷ 3	60 ÷ 2	357 ÷ 7
729 ÷ 9	189 ÷ 9	455 ÷ 5	248 ÷ 4	568 ÷ 8	255 ÷ 5
42 ÷ 2	66 ÷ 6	213 ÷ 3	276 ÷ 3	217 ÷ 7	357 ÷ 1

Selected Number Fact	Player A Quotient	Player B Quotient

Total Points _____   _____

Lesson 14: Divide by One-Digit Divisors

Name_____ Date_____

Problem Solving & Practice: Divide by One-Digit Divisors

Write a division sentence to solve each problem. Draw a picture when needed.

a Don, Mark, Sara, and Amy made $160 by selling vegetables. How much money will each person get when they equally share the money?

b Mr. Lucky, Jon's father, and 5 other people won the lottery jackpot worth $36 million. How much money will Jon's father receive from his lottery winnings if the people share the money equally?

c Margie has to make ice-cream sundaes for 8 people. She has 88 cherries. If she puts the same number of cherries on each sundae, how many cherries will each person get?

d Jane sold popcorn at the school fair. Each bag was $2.00. At the end of the day, she counted $640.00. How many bags of popcorn did she sell that day?

Write the answer for each division problem.

e 2)128 = _____   **f** 3)96 = _____   **g** 1)52 = _____

h 3)123 = _____   **i** 5)450 = _____   **j** 6)66 = _____

k 7)140 = _____   **l** 8)168 = _____   **m** 9)189 = _____

n 9)99 = _____   **o** 4)48 = _____   **p** 6)126 = _____

q 8)328 = _____   **r** 2)628 = _____   **s** 3)603 = _____

118 Lesson 14: Divide by One-Digit Divisors

Name_____ Date_____

Lesson 14 Quiz

Solve each problem.

a $8\overline{)88}$ = _____   **b** $2\overline{)62}$ = _____

c $4\overline{)84}$ = _____   **d** $2\overline{)46}$ = _____

e $9\overline{)459}$ = _____   **f** $8\overline{)568}$ = _____

g $5\overline{)255}$ = _____   **h** $3\overline{)123}$ = _____

i $4\overline{)248}$ = _____   **j** $5\overline{)355}$ = _____

Review Problems

k 5×30 = ____   **l** 8×50 = ____

m 6×60 = ____   **n** 4×400 = ____

o 7×300 = ____   **p** 2×40 = ____

q 5×20 = ____   **r** 9×700 = ____

s 3×800 = ____   **t** $2 \times 9,000$ = ____

These are the number facts I missed on the quiz:

Lesson 14: Divide by One-Digit Divisors

Lesson 15: Estimate Products

OBJECTIVES

Students will be introduced to estimation as a strategy to solve multiplication problems. Students will master the strategy of estimating products.

DIRECT INSTRUCTION

Discuss with the class what it means to estimate. Explain that students will "round down" when the digit is 4 or less and will "round up" when the digit is 5 or higher. Give the following example: *If Corina watches TV for 43 hours per month, how many hours does she watch TV in 6 months?* Explain that this problem can be solved by finding the answer to 43 x 6. Tell students that they can estimate to find a close answer rather than compute this multiplication problem to make it easier for themselves. Show them that they can round 43 to 40 because it is easier to quickly calculate 40 x 6 than 43 x 6. (Remind students that they can use mental math.) Their estimated answer would be 240. Tell students that when they are estimating products, they will round tens to the nearest ten and hundreds to the nearest hundred. Invite the class to help you solve several multiplication problems by estimating the products.

```
5 x 68 : 5 x 70 = 350
5 x 630 : 5 x 600 = 3,000

2 x 37 : 2 x 40 = 80
9 x 280 : 9 x 300 = 2,700
```

GUIDED PRACTICE

✓ Have students work in small groups as you help them complete the **Estimating Products reproducible (page 121)**.
✓ Work with students in small groups to help them complete the **Estimate It! reproducible (page 122)**.
✓ Display an **overhead transparency** of the **True or False? reproducible (page 123)**. Invite the class to read each problem with you. Give each student a sheet of **scratch paper**. Invite a volunteer to choose a problem. Use an **overhead pen** to write the problem under *Selected Problem*. Have the class solve the problem on their scratch paper and state whether the problem is true or false and why. Record the response. Repeat this for each problem.

INDEPENDENT PRACTICE

✓ Invite students to play with a partner the **Estimating Products Game (page 124)**.
✓ Divide the class into pairs, and give each student a **Create the Greatest Product Game (page 125)**. Have students use a **spinner (with the numbers 0–9),** or give them **10 index cards** and have them write the numbers 0–9 on the cards. Have students choose a box on their paper and take turns spinning or choosing a number and writing it in any circle in that box. (Students cannot move a number once it is written.) After all three circles are filled in, have students compute their answers, compare the two answers, and circle the answer that is larger. Have them repeat this for each box on their paper. The winner is the player who has the most answers circled.
✓ Give each student the **Problem Solving & Practice: Estimating Products reproducible (page 126)** to complete independently.

ASSESSMENT

✓ Have students complete the **Lesson 15 Quiz (page 127)** in 3 minutes. Challenge students to "beat their time" and complete the quiz in 2 minutes and then in 1 minute (or less) to show that they have mastered estimating products.

Name_____ Date_____

Estimating Products

When you estimate the product of 8 x 205, round 205 to 200. When you multiply 8 x 200, the product is 1,600.

Estimate to solve each problem.

a) $2 \times 51 = 2 \times 50 = 100$	**b)** $3 \times 203 =$	**c)** $5 \times 561 =$
d) $42 \times 9 =$	**e)** $47 \times 2 =$	**f)** $52 \times 6 =$
g) $281 \times 7 =$	**h)** $4 \times 613 =$	**i)** $524 \times 8 =$

Write whether each statement is true or false. Estimate the product to help you.

Problems	True or False?	Why?
j) The product of 4 and 36 is greater than 160.	False	$4 \times 40 = 160$ $4 \times 36 < 160$
k) The product of 5 and 41 is greater than 200.		
l) The product of 49 and 3 is greater than 150.		
m) The product of 52 and 6 is greater than 300.		
n) The product of 7 and 38 is greater than 266.		
o) The product of 8 and 34 is greater than 280.		
p) The product of 9 and 19 is greater than 135.		
q) The product of 6 and 39 is greater than 234.		
r) The product of 3 and 31 is greater than 105.		

Name_____   Date_____

Estimate It!

Estimate the solution to each problem. Write the estimated product.

a 39 × 3 40 × 3 = 120	b 51 × 2	c 66 × 1	d 12 × 8
e 82 × 5	f 43 × 7	g 284 × 9	h 333 × 4
i 77 × 8	j 167 × 3	k 93 × 5	l 212 × 6

Match the multiplication problem on the left with its correctly written estimated partner. Write the correct letter on each line.

53 × 6   _____

225 × 7   _____

47 × 2   _____

269 × 5   _____

38 × 2   _____

58 × 6   _____

184 × 5   _____

337 × 7   _____

k) 40 × 2 = 80

l) 200 × 7 = 1,400

m) 50 × 6 = 300

n) 200 × 5 = 1,000

o) 300 × 7 = 2,100

p) 300 × 5 = 1,500

q) 50 × 2 = 100

r) 60 × 6 = 360

122   Lesson 15: Estimate Products

True or False?

Select a problem from below, draw an X over it, and write the fact under **Selected Problem.** Determine if the equation is true or false by estimating the product. Repeat this for each problem.

$42 \times 5 > 200$	$42 \times 6 < 240$	$59 \times 6 > 360$	$71 \times 6 > 420$
$98 \times 4 < 400$	$88 \times 5 > 450$	$22 \times 4 > 80$	$67 \times 7 > 490$
$72 \times 4 > 280$	$27 \times 4 < 120$	$2 \times 42 < 80$	$8 \times 67 > 560$
~~$38 \times 5 > 200$~~	$52 \times 4 < 200$	$3 \times 58 < 180$	$7 \times 31 > 210$

Selected Problem	True or False?	Why?
38 × 5 > 200	False.	40 × 5 = 200. Therefore, the product of 38 × 5 will be less than 200.

Estimating Products Game

- Player A: Select a number fact from the list, and draw an X over it.
- Write the fact under **Selected Number Fact.**
- Write the answer under **Player A Estimated Product.**
- Player B: Repeat steps 1–3. (Write the answer under **Player B Estimated Product.**)
- Take turns and continue playing until there are no more number facts.
- Add together all of your estimated products to get your total points. The player with the most points is the winner.

Player A _____   Player B _____

47×5	420×9	59×6	71×2	38×5	520×9
98×4	88×5	220×4	67×7	52×8	68×6
720×1	270×3	2×42	8×67	3×58	7×310

Selected Number Fact	Player A Estimated Product	Player B Estimated Product

Total Points _____   _____

Name_____   Date_____

Create the Greatest Product Game

- Choose a box. (Both you and your partner will fill in the same box on your own paper.)
- Take turns spinning or choosing a number and writing it in any circle in your chosen box.
- When all three circles are filled in, compute your answer.
- Compare your answer with your partner's answer. Circle the product that is larger.
- Repeat steps 1–4 to complete each box on your paper.
- The winner is the player who has the most answers circled.

a	b	c
d	e	f
g	h	i
j	k	l

Lesson 15: Estimate Products   **125**

Name_____   Date_____

Problem Solving & Practice: Estimating Products

Estimate the solution for each problem. Show your work. Draw a picture when needed.

a. Sally's mom made popcorn for her and 4 of her friends. Each person received 33 pieces of popcorn. Approximately, how many pieces of popcorn were there in all?

b. George's family is driving to New York. They drove for 7 hours today. They drove 58 miles each hour. About how many miles did they drive today?

c. When Matthew was swimming, he saw 4 schools of fish that all looked about the same size. He counted 41 fish in one of the schools. About how many fish did he see in all?

d. Cathy picked a bouquet of daisies from her mom's garden. There were 8 flowers in her bouquet. Each flower has between 9 and 11 petals. Estimate to figure out how many petals are on all of the flowers she picked for her bouquet.

Estimate the product for each multiplication problem.

e. 38   40
    × 2   × 2
            ——
             80

f. 48
    × 8

g. 86
    × 3

h. 44
    × 5

i. 61
    × 7

j. 57
    × 6

126   Lesson 15: Estimate Products

Name_____   Date_____

Lesson 15 Quiz

Estimate each product.

a 321
× 4

b 58
× 4

c 62
× 7

d 48
× 9

e 423
× 5

f 69
× 7

g 38
× 3

h 463
× 2

i 68
× 6

j 173
× 3

Review Problems.

k 5 × 3 = ____
l 9 × 5 = ____
m 6 × 8 = ____
n 1 × 6 = ____
o 32 ÷ 8 = ____
p 21 ÷ 3 = ____
q 56 ÷ 7 = ____
r 18 ÷ 2 = ____
s 20 ÷ 5 = ____
t 4 × 9 = ____

These are the number facts I missed on the quiz:

Lesson 15: Estimate Products 127

Coins

128 Money Manipulatives

Dollars

Teacher Record Sheet

	Pretest	Lesson 1 Quiz	Lesson 2 Quiz	Lesson 3 Quiz	Lesson 4 Quiz	Lesson 5 Quiz	Lesson 6 Quiz	Lesson 7 Quiz	Lesson 8 Quiz	Lesson 9 Quiz	Lesson 10 Quiz	Lesson 11 Quiz	Lesson 12 Quiz	Lesson 13 Quiz	Lesson 14 Quiz	Lesson 15 Quiz	Master Multiplication Table	Master Division Table	Cumulative Test

Name_____ Date_____

Pretest

Lesson 1

| 7 × 1 = ____ | 5 × 10 = ____ | 9 × 0 = ____ | 8 × 1 = ____ |

Lesson 2

| 3 × 2 = ____ | 6 × 2 = ____ | 4 × 2 = ____ | 1 × 2 = ____ |

Lesson 3

| 5 × 5 = ____ | 8 × 5 = ____ | 7 × 5 = ____ | 3 × 5 = ____ |

Lesson 4

| 0 × 9 = ____ | 10 × 9 = ____ | 9 × 9 = ____ | 2 × 9 = ____ |

Lesson 5

| 6 × 4 = ____ | 7 × 4 = ____ | 2 × 4 = ____ | 8 × 4 = ____ |

Lesson 6

| 4 × 3 = ____ | 7 × 3 = ____ | 9 × 3 = ____ | 0 × 3 = ____ |

Lesson 7

| 6 × 6 = ____ | 1 × 6 = ____ | 10 × 6 = ____ | 5 × 6 = ____ |

Lesson 8

| 7 × 7 = ____ | 8 × 7 = ____ | 8 × 8 = ____ | 6 × 8 = ____ |

Lesson 9

| 32 × 4 | 51 × 7 | 63 × 3 | 42 × 9 |

Lesson 10

| 14 ÷ 2 = ____ | 15 ÷ 3 = ____ | 18 ÷ 2 = ____ | 21 ÷ 3 = ____ |

Lesson 11

| 16 ÷ 4 = ____ | 45 ÷ 5 = ____ | 36 ÷ 6 = ____ | 12 ÷ 6 = ____ |

Name_____ Date_____

Pretest

Lesson 12

| 49 ÷ 7 = _____ | 32 ÷ 8 = _____ | 81 ÷ 9 = _____ | 28 ÷ 7 = _____ |

Lesson 13

| 4 × 30 = _____ | 7 × 50 = _____ | 8 × 60 = _____ | 9 × 40 = _____ |
| 2 × 400 = _____ | 5 × 300 = _____ | 3 × 2,000 = _____ | 6 × 7,000 = _____ |

Lesson 14

| 7)77 | 3)63 | 4)48 | 2)82 |
| 9)189 | 8)248 | 5)300 | 1)57 |

Lesson 15

Estimate the products as shown in the example.

| 432   400
× 5 → × 5
       2,000 | 321
× 4 | 58
× 7 | 23
× 6 |
| 42
× 9 | 48
× 8 | 228
× 5 | 67
× 3 |

132 Assessment

Name_____   Date_____

Master Multiplication Table

0 × 0 = ___	1 × 0 = ___	2 × 0 = ___	3 × 0 = ___
4 × 0 = ___	5 × 0 = ___	6 × 0 = ___	7 × 0 = ___
8 × 0 = ___	9 × 0 = ___	10 × 0 = ___	1 × 1 = ___
2 × 1 = ___	3 × 1 = ___	4 × 1 = ___	5 × 1 = ___
6 × 1 = ___	7 × 1 = ___	8 × 1 = ___	9 × 1 = ___
10 × 1 = ___	2 × 2 = ___	3 × 2 = ___	4 × 2 = ___
5 × 2 = ___	6 × 2 = ___	7 × 2 = ___	8 × 2 = ___
9 × 2 = ___	10 × 2 = ___	3 × 3 = ___	4 × 3 = ___
5 × 3 = ___	6 × 3 = ___	7 × 3 = ___	8 × 3 = ___
9 × 3 = ___	10 × 3 = ___	4 × 4 = ___	5 × 4 = ___
6 × 4 = ___	7 × 4 = ___	8 × 4 = ___	9 × 4 = ___
10 × 4 = ___	5 × 5 = ___	6 × 5 = ___	7 × 5 = ___
8 × 5 = ___	9 × 5 = ___	10 × 5 = ___	6 × 6 = ___
7 × 6 = ___	8 × 6 = ___	9 × 6 = ___	10 × 6 = ___
7 × 7 = ___	8 × 7 = ___	9 × 7 = ___	10 × 7 = ___
8 × 8 = ___	9 × 8 = ___	10 × 8 = ___	9 × 9 = ___
10 × 9 = ___	10 × 10 = ___		

The Complete Book of Multiplication and Division • 2–3 © 2004 Creative Teaching Press

Assessment

Master Division Table

2)2	2)4	2)6	2)8	2)10	2)12
2)14	2)16	2)18	3)3	3)6	3)9
3)12	3)15	3)18	3)21	3)24	3)27
4)4	4)8	4)12	4)16	4)20	4)24
4)28	4)32	4)36	5)5	5)10	5)15
5)20	5)25	5)30	5)35	5)40	5)45
6)6	6)12	6)18	6)24	6)30	6)36
6)42	6)48	6)54	7)7	7)14	7)21
7)28	7)35	7)42	7)49	7)56	7)63
8)8	8)16	8)24	8)32	8)40	8)48
8)56	8)64	8)72	9)9	9)18	9)27
9)36	9)45	9)54	9)63	9)72	9)81

Name_____   Date_____

Cumulative Test

Remember the strategies you learned to multiply and divide. Use them to solve each problem.

a 6 × 8 = ___	b 7 × 7 = ___	c 5 × 6 = ___	d 2 × 3 = ___
e 4 × 4 = ___	f 3 × 9 = ___	g 1 × 5 = ___	h 8 × 2 = ___
i 9 × 0 = ___	j 6 × 10 = ___	k 2 × 1 = ___	l 4 × 5 = ___
m 18 ÷ 3 = ___	n 18 ÷ 2 = ___	o 25 ÷ 5 = ___	p 72 ÷ 9 = ___
q 36 ÷ 4 = ___	r 12 ÷ 6 = ___	s 8 ÷ 8 = ___	t 21 ÷ 7 = ___
u 3 × 50 = ___	v 6 × 100 = ___	w 2 × 20 = ___	x 9 × 300 = ___
y 7 × 6,000 = ___		z 5 × 9,000 = ___	

Solve each problem.

a 31 × 7	b 22 × 4	c 52 × 3	d 64 × 2
e 7)217	f 5)450	g 6)366	h 9)810
i 59 × 8	j 164 × 2	k 217 × 5	l 694 × 9
m 2)126	n 3)909	o 4)168	p 8)888

Estimate the product for each problem. Rewrite the problem to show an estimated problem.

a 34 × 6 30 × 6	b 67 × 8	c 23 × 2	d 59 × 9
e 831 × 5	f 784 × 3	g 473 × 4	h 925 × 7

Congratulations!

_____

knows how to multiply by _____.

_____
Date

Great Job!

_____

can divide by _____.

_____
Date

Answer Key

Page 9
a. 50; 5 x 10 = 50
b. 8; 8 x 1 = 8
c. 70; 7 x 10 = 70
d. 0; 10 x 0 = 0
e. 0; 9 x 0 = 0
f. 6; 6 x 1 = 6
g. 20; 10 + 10 = 20
h. 2; 1 + 1 = 2
i. 0; 0 + 0 + 0 + 0 + 0 + 0 = 0
j. 5; 1 + 1 + 1 + 1 + 1 = 5
k. The answer is 0.
l. The answer is the number being multiplied by 1.
m. Place a zero to the right of the number being multiplied by 10 to find the answer.

Page 10
f, a, d, g, c, e, b
a. 0   b. 1   c. 10   d. 4
e. 0   f. 2   g. 20   h. 0
i. 0   j. 3   k. 30   l. 10
m. 0   n. 4   o. 40   p. 5
q. 0   r. 5   s. 50   t. 90
u. 0   v. 6   w. 60   x. 6
y. 0   z. 7   aa. 70   bb. 0
cc. 0   dd. 8   ee. 80   ff. 20
gg. 0   hh. 9   ii. 90   jj. 1
kk. 0   ll. 10   mm. 100   nn. 0

Page 11
a. 0; 2 zeroes are 0
b. 8; 8 ones are 8
c. 20; 2 tens are 20
d. 40; 4 tens are 40
e. 0; 0 ones are 0
f. 5; 5 ones are 5
g. 0; 3 zeroes are 0
h. 0; 9 zeroes are 0
i. 8; 8 ones are 8
j. 70; 7 tens are 70
k. 1; 1 one is 1

Page 14
a. 2 x 1 = 2; 1 + 1 = 2; He has two puppies.
b. 2 x 10 = 20; 10 + 10 = 20; She saw 20 birds.
c. 7 x 0 = 0; 0 + 0 + 0 + 0 + 0 + 0 + 0 = 0; She has 0 stickers.
d. 3 x 10 = 30; 10 + 10 + 10 = 30; He needs 30 paintbrushes.
e. 9   f. 0   g. 100

h. 60   i. 3   j. 20
k. 0   l. 7   m. 0
n. 1   o. 80   p. 5
q. 2   r. 10   s. 0

Page 15 Lesson 1 Quiz
a. 4   b. 0   c. 40   d. 0
e. 7   f. 90   g. 8   h. 30
i. 8   j. 60
e, c, f, b, a, d, g

Page 17
a. 2; 2 x 1 = 2   b. 6; 2 x 3 = 6
c. 8; 2 x 4 = 8   d. 14; 2 x 7 = 14
e. 4; 2 x 2 = 4   f. 20; 2 x 10 = 20
g. 10; 2 x 5 = 10   h. 18; 2 x 9 = 18
i. 2; 1 + 1 = 2   j. 6; 3 + 3 = 6
k. 8; 4 + 4 = 8   l. 14; 7 + 7 = 14
m. 4; 2 + 2 = 4   n. 20; 10 + 10 = 20
o. 12; 6 + 6 = 12   p. 10; 5 + 5 = 10
q. 16; 8 + 8 = 16   r. 18; 9 + 9 = 18

Page 18
a. 2 x 5 = 10; 5 x 2 = 10
b. 5 x 2 = 10; 2 x 5 = 10
c. 2 x 6 = 12; 6 x 2 = 12
d. 6 x 2 = 12; 2 x 6 = 12
e.
f.

g. 2; 1 x 2 = 2
h. 0; 0 x 2 = 0
i. 14; 2 x 7 = 14
j. 20; 10 x 2 = 20
k. 18; 9 x 2 = 18
l. 4; 2 x 2 = 4
m. 6; 2 x 3 = 6
n. 16; 8 x 2 = 16
o. 12; 2 x 6 = 12
p. 8; 4 x 2 = 8
q. 10; 2 x 5 = 10
r. 0; 2 x 0 = 0

Page 19
a. 0; 2 zeroes are 0
b. 2; 2 ones are 2
c. 4; 2 twos are 4
d. 6; 2 threes are 6
e. 8; 2 fours are 8
f. 10; 2 fives are 10
g. 12; 2 sixes are 12
h. 14; 2 sevens are 14
i. 16; 2 eights are 16
j. 18; 2 nines are 18
k. 20; 2 tens are 20

Page 22
a. 9 x 2 = 18; 2 + 2 + 2 + 2 + 2 + 2 + 2 + 2 = 18; She saw 18 birds.
b. 2 x 5 = 10; 5 + 5 = 10; She collected 10 shells.
c. 2 x 6 = 12; 6 + 6 = 12; 12 children went to the beach.
d. 16; 10; Multiply the "letter a" number by 2 to find the missing "letter b" number.
e. 2   f. 10   g. 4
h. 12   i. 12   j. 10
k. 14   l. 14   m. 8
n. 16   o. 6   p. 6
q. 18   r. 20   s. 0

Page 23 Lesson 2 Quiz
a. 8   b. 2
c. 10   d. 12
e. 14   f. 18
g. 0   h. 6
i. 16   j. 20
k. 5   l. 0
m. 30   n. 0
o. 7   p. 0
q. 8   r. 4
s. 0   t. 60

Answer Key 137

Page 26

Value of nickels 5, 10, 15, 20, 25, 30, 35, 40, 45, 50

a. 1 x 5 = 5; 5 x 1 = 5
b. 2 x 5 = 10; 5 x 2 = 10
c. 3 x 5 = 15; 5 x 3 = 15
d. 4 x 5 = 20; 5 x 4 = 20
e. 5 x 5 = 25; 5 x 5 = 25
f. 6 x 5 = 30; 5 x 6 = 30
g. 7 x 5 = 35; 5 x 7 = 35
h. 8 x 5 = 40; 5 x 8 = 40
i. 9 x 5 = 45; 5 x 9 = 45
j. 10 x 5 = 50; 5 x 10 = 50

How many minutes? 5, 15, 30, 45, 20, 25, 35, 40, 50, 55, 60

Page 27

a. 0; 5 zeroes are 0
b. 5; 5 ones are 5
c. 10; 5 twos are 10
d. 15; 5 threes are 15
e. 20; 5 fours are 20
f. 25; 5 fives are 25
g. 30; 5 sixes are 30
h. 35; 5 sevens are 35
i. 40; 5 eights are 40
j. 45; 5 nines are 45
k. 50; 5 tens are 50

Page 30

a. 5 x 6 = 30; He needs $30.
b. 3 x 5 = 15; She has 15 dresses.
c. 2 x 5 = 10; He bought 10 comic books.
d. 20, 25; Multiply the "letter a" number by 5 to find the missing "letter b" number
e. 35   **f.** 30   **g.** 25
h. 30   **i.** 35   **j.** 20
k. 40   **l.** 40   **m.** 15
n. 50   **o.** 0   **p.** 10
q. 5   **r.** 50   **s.** 5

Page 31 Lesson 3 Quiz

a. 10   **b.** 5
c. 15   **d.** 20
e. 35   **f.** 45
g. 40   **h.** 30
i. 25   **j.** 50
k. 4   **l.** 16
m. 10   **n.** 8
o. 10   **p.** 18
q. 14   **r.** 0
s. 0   **t.** 0

Page 34

a. 9   **b.** 90   **c.** 81
d. 45   **e.** 72   **f.** 18

g. 27   **h.** 54   **i.** 63
j. 0   **k.** 36   **l.** 45
m. 27   **n.** 9   **o.** 63
p. 45   **q.** 18   **r.** 90
s. 54   **t.** 0   **u.** 36

a. 5 x 9 = 45   **b.** 6 x 9 = 54
c. 4 x 9 = 36   **d.** 3 x 9 = 27
e. 7 x 9 = 63   **f.** 8 x 9 = 72
g. 9 x 9 = 81   **h.** 10 x 9 = 90

Page 35

a. 0; 9 zeroes are 0
b. 9; 9 ones are 9
c. 18; 9 twos are 18
d. 27; 9 threes are 27
e. 36; 9 fours are 36
f. 45; 9 fives are 45
g. 54; 9 sixes are 54
h. 63; 9 sevens are 63
i. 72; 9 eights are 72
j. 81; 9 nines are 81
k. 90; 9 tens are 90

Page 38

a. 9 x 2 = 18; He needs 18 sacks of sand.
b. 10 x 9 = 90; He has 90 cards.
c. 8 x 9 = 72; 10 x 8 = 80; 80 − 72 = 8; Barb saved $8 more than Tova.
d. 9 x 10 = 90; The Army band has 90 members.
e. 81   **f.** 72   **g.** 18
h. 63   **i.** 54   **j.** 90
k. 27   **l.** 36   **m.** 63
n. 45   **o.** 0   **p.** 54
q. 9   **r.** 90   **s.** 45

Page 39 Lesson 4 Quiz

a. 18   **b.** 63
c. 72   **d.** 54
e. 9   **f.** 45
g. 36   **h.** 27
i. 90   **j.** 0
k. 10   **l.** 25
m. 30   **n.** 81
o. 14   **p.** 7
q. 0   **r.** 6
s. 9   **t.** 80

Page 41

b.

2 x 8 = 16 + 2 x 8 = 16; 4 x 8 is double 8 twice = 32

c.

2 x 7 = 14 + 2 x 7 = 14; 4 x 7 is double 7 twice = 28

d.

2 x 6 = 12 + 2 x 6 = 12; 4 x 6 is double 6 twice = 24

e.

2 x 4 = 8 + 4 x 2 = 8; 4 x 4 is double 4 twice = 16

f.

2 x 3 = 6 + 2 x 3 = 6; 4 x 3 is double 3 twice = 12

g.

2 x 1 = 2 + 2 x 1 = 2; 4 x 1 is double 1 twice = 4

h.

2 x 10 = 20 + 2 x 10 = 20; 4 x 10 is double 10 twice = 40

138   Answer Key

Page 42
a. 3 x 4 = 12; 7 x 4 = 28

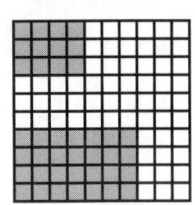

b. 4 x 4 = 16; 10 x 4 = 40

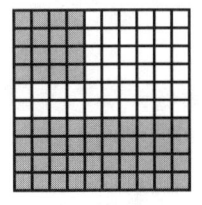

c. 2 x 4 = 8; 9 x 4 = 36

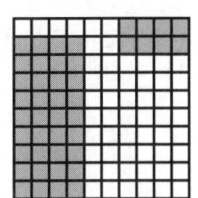

d. 5 x 4 = 20; 1 x 4 = 4

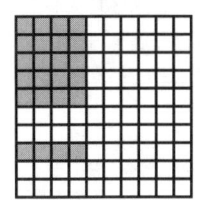

Page 46
a. 4 x 3 = 12; He spent $12.
b. 4 x 6 = 24; She bought 24 cans.
c. 2 x 3 = 6 + 2 x 3 = 6 and 6 + 6 = 12
OR 4 x 3 = 12
12 squares are colored.

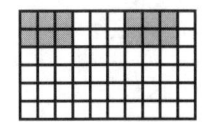

d. 4 x 7 = 28 bananas; 4 x 8 = 32 apples; 32 - 28 = 4
She bought 4 more apples.

e. 4	**f.** 28	**g.** 12
h. 20	**i.** 24	**j.** 0
k. 4	**l.** 36	**m.** 8
n. 8	**o.** 40	**p.** 0
q. 32	**r.** 16	**s.** 36

Page 47 Lesson 5 Quiz
a. 4	**b.** 20
c. 28	**d.** 24
e. 40	**f.** 32
g. 0	**h.** 12
i. 16	**j.** 36
k. 10	**l.** 36
m. 30	**n.** 5
o. 8	**p.** 6
q. 0	**r.** 63
s. 20	**t.** 18

Page 49
a.  3 x 2 = 6
3 x 3 = 9 

b.  6 x 2 = 12
6 x 3 = 18 

c.  7 x 2 = 14
7 x 3 = 21 

d.  8 x 2 = 16
8 x 3 = 24 

e.  4 x 2 = 8
4 x 3 = 12 

f.  2 x 2 = 4
2 x 3 = 6 

g.  9 x 2 = 18
9 x 3 = 27 

h.  5 x 2 = 10
5 x 3 = 15 

Page 50
a. 93	**b.** 24	**c.** 210
d. 66	**e.** 33	**f.** 126
g. 159	**h.** 189	**i.** 48
j. 75	**k.** 207	**l.** 222
m. 111	**n.** 255	**o.** 144

p. 3 x 3 = 9; 5 x 3 = 15

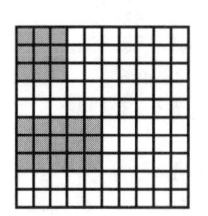

q. 6 x 3 = 18; 9 x 3 = 27

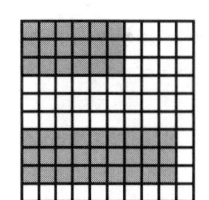

Page 54
a. 7 x 3 = 21; The clown has 21 toys.
b. 3 x 6 = 18; 20 - 18 = 2;
Jane received $2.
c. B. 9 x 30
d. 10 x 3 = 30; Barbara has 30 tiles.

e. 6	**f.** 3	**g.** 27
h. 12	**i.** 21	**j.** 15
k. 24	**l.** 0	**m.** 9
n. 30	**o.** 24	**p.** 18
q. 3	**r.** 6	**s.** 15

Page 55 Lesson 6 Quiz
a. 6	**b.** 3
c. 27	**d.** 12
e. 21	**f.** 15
g. 24	**h.** 18
i. 9	**j.** 30
k. 0	**l.** 6
m. 18	**n.** 7

o. 40	p. 20
q. 1	r. 81
s. 25	t. 80

Page 57
a. 30; 36 b. 20; 24
c. 40; 48 d. 10; 12
e. 25; 30 f. 5; 6
g. 35; 42 h. 15; 18

Page 58
a. 6 x 6 = 36
b. 6 x 1 = 6; 6 x 1 = 6; 66
c. 0 x 0 = 0; 6 x 9 = 54; 540
d. 0 x 0 = 0; 6 x 5 = 30; 300
e. 6 x 2 = 12; 6 x 3 + 1 = 19; 192
f. 6 x 5 = 30; 6 x 8 + 3 = 51; 510
g. 6 x 7 = 42; 6 x 2 + 4 = 16; 162
h. 6 x 6 = 36; 6 x 1 + 3 = 9; 96
i. 6 x 9 = 54; 6 x 4 + 5 = 29; 294
j. 6 x 4 = 24; 6 x 6 + 2 = 38; 384
k. 6 x 1 = 6; 6 x 8 = 48; 486
l. 6 x 9 = 54; 6 x 3 + 5 = 23; 234

Page 62
a. Howard's room: 4 x 5 = 20 tiles; Nikki's room: 4 x 6 = 24 tiles; 24 − 20 = 4; Nikki has 4 more tiles.
b. A. 45 x 10
c. Walt: $6 x 6 days = $36; Soo: $5 x 6 days = $30; 36 + 30 = 66; They saved $66.
d. Calvin: 6 x 6 = 36; Maria: 5 x 8 = 40; 40 − 36 = 4; Maria has 4 more panes of glass.
e. 12	f. 42	g. 54
h. 24	i. 42	j. 30
k. 54	l. 0	m. 48
n. 18	o. 60	p. 36
q. 48	r. 6	s. 12

Page 63 Lesson 7 Quiz
a. 12	b. 42
c. 18	d. 6
e. 30	f. 60
g. 54	h. 36
i. 0	j. 24
k. 24	l. 12
m. 0	n. 6
o. 48	p. 15
q. 81	r. 5
s. 20	t. 14

Page 65
b, g, e, c, f, a, d
h. 1 x 7 = 7; 10 x 7 = 70

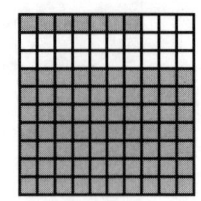

i. 1 x 8 = 8; 9 x 8 = 72

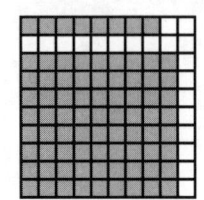

Page 66
a. 7 x 8 = 56
b. 8 x 0 = 0; 8 x 7 = 56; 560
c. 7 x 1 = 7; 7 x 6 = 42; 427
d. 8 x 2 = 16; 8 x 5 + 1 = 41; 416
e. 8 x 6 = 48; 8 x 9 + 4 = 76; 768
f. 7 x 7 = 49; 7 x 1 + 4 = 11; 119
g. 8 x 3 = 24; 8 x 8 + 2 = 66; 664
h. 7 x 5 = 35; 7 x 2 + 3 = 17; 175
i. 49	j. 24	k. 28
l. 40	m. 0	n. 63
o. 80	p. 42	

Page 70
a. 2 adults x $8 = $16; 3 children x $5 = $15; 16 + 15 = 31; Alison's family paid $31.
b. 8 + 7 = 15; 8 x 7 = 56; The two numbers are 8 and 7.
c. 7 bags x $2 = $14; 8 drinks x $2 = $16; 14 + 16 = 30; They spent $30.
d. D. 130 x 42
e. 72	f. 16	g. 8
h. 49	i. 42	j. 56
k. 24	l. 28	m. 48
n. 0	o. 64	p. 63
q. 80	r. 35	s. 14

Page 71 Lesson 8 Quiz
a. 16	b. 64
c. 63	d. 49
e. 42	f. 56
g. 24	h. 21
i. 8	j. 28
k. 3	l. 40
m. 36	n. 32
o. 35	p. 72

| q. 12 | r. 0 |
| s. 8 | t. 36 |

Page 73
a. 22	b. 33
c. 66	d. 11
e. 24	f. 48
g. 60	h. 96
i. 44	j. 11
k. 55	l. 77
m. 88	n. 36
o. 12	p. 108
q. 84	r. 72

Page 74
a. 33	b. 99	c. 48
d. 24	e. 60	f. 42
g. 123	h. 39	i. 35
j. 126	k. 140	l. 130
m. 312	n. 216	o. 468
p. 232	q. 329	r. 324
s. 57	t. 360	u. 246
v. 903	w. 1050	x. 3284
y. 2169	z. 942	aa. 1030
bb. 1572	cc. 6648	dd. 1308

Page 75
a. 63	b. 355	c. 88
d. 128	e. 97	f. 108
g. 468	h. 81	i. 304
j. 172	k. 200	l. 234
m. 385	n. 470	o. 574
p. 288	q. 153	r. 258
s. 310	t. 216	u. 1284
v. 5670	w. 1062	x. 348
y. 265	z. 1959	aa. 3168
bb. 2095	cc. 5550	dd. 3384

Page 78
a. 32 x 6 = 192; The store needs 192 balloons.
b. 5 x 12 = 60; She has 60 shells.
c. 30 x 7 = 210; He reads 210 pages each week.
d. 11 x 2 = 22; He will walk 22 miles.
e. 306	f. 225	g. 40
h. 96	i. 76	j. 154
k. 170	l. 33	m. 90

Page 70 Lesson 9 Quiz
a. 128	b. 153
c. 434	d. 369
e. 210	f. 448
g. 24	h. 38
i. 0	j. 66
k. 18	l. 20
m. 56	n. 0

o. 10   p. 4
q. 0   r. 40
s. 54   t. 70

Page 81

a.

$12 \div 2 = 6; 6$

b.

$18 \div 3 = 6; 6$

c.

$24 \div 2 = 12; 12$

d.

$21 \div 3 = 7; 7$

e.

$16 \div 2 = 8; 8$

f.

$15 \div 3 = 5; 5$
g. $20 \div 2 = 10; 10; 10$
h. $27 \div 3 = 9; 9; 9$
i. $22 \div 2 = 11; 11; 11$

Page 83

a. $3 \times 4 = 12$ **b.** $2 \times 7 = 14$
$4 \times 3 = 12$ $7 \times 2 = 14$
$12 \div 3 = 4$ $14 \div 7 = 2$
$12 \div 4 = 3$ $14 \div 2 = 7$
c. $3 \times 8 = 24$ **d.** $2 \times 6 = 12$
$8 \times 3 = 24$ $6 \times 2 = 12$
$24 \div 3 = 8$ $12 \div 6 = 2$
$24 \div 8 = 3$ $12 \div 2 = 6$

e. $3 \times 10 = 30$ **f.** $2 \times 9 = 18$
$10 \times 3 = 30$ $9 \times 2 = 18$
$30 \div 10 = 3$ $18 \div 2 = 9$
$30 \div 3 = 10$ $18 \div 9 = 2$
g. $3 \times 6 = 18$ **h.** $2 \times 5 = 10$
$6 \times 3 = 18$ $5 \times 2 = 10$
$18 \div 6 = 3$ $10 \div 5 = 2$
$18 \div 3 = 6$ $10 \div 2 = 5$
i. $3 \times 5 = 15$
$5 \times 3 = 15$
$15 \div 5 = 3$
$15 \div 3 = 5$

Page 86

a. $18 \div 3 = 6$; Each person will get 6 pieces of candy.
b. No, Jane is not correct. $18 \div 2 = 9$
c. $24 \div 3 = 8$; There are 8 students in each group.
d. $27 \div 3 = 9$; $16 \div 2 = 8$; Jim has 9 shells and Sue has 8 shells. Jim has more shells.
e. 7   **f.** 4   **g.** 6
h. 4   **i.** 9   **j.** 7
k. 9   **l.** 3   **m.** 2
n. 3   **o.** 5   **p.** 5

Page 87 Lesson 10 Quiz

a. 5   **b.** 4
c. 6   **d.** 4
e. 6   **f.** 9
g. 9   **h.** 8
i. 7   **j.** 3
k. 16   **l.** 24
m. 14   **n.** 21
o. 36   **p.** 64
q. 40   **r.** 28
s. 27   **t.** 12

Page 89

b.

$15 \div 5 = 3$; 3 cages; $5 \times 3 = 5$

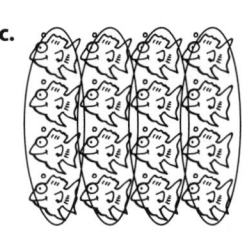

c.

$16 \div 4 = 4$; 4 bowls; $4 \times 4 = 16$

d.

$30 \div 6 = 5$; 5 boxes; $6 \times 5 = 30$

e. $32 \div 4 = 8$; 8 days; 8 days x $4 = $32
f. $42 \div 6 = 7$; $7 per person; 6 people x $7 = $42
g. $40 \div 5 = 8$; 8 days; 8 days x 5 apples = 40 apples

Page 91

b. 12; 12; 4; 3
c. 35; 35; 7; 5
d. 42; $7 \times 6 = 42$; 7; 6
e. 36; $9 \times 4 = 36$; 9; 4
f. $8 \times 4 = 32$; $4 \times 8 = 32$; 8; 4
g. $6 \times 3 = 18$; $3 \times 6 = 18$; $18 \div 3 = 6$; $18 \div 6 = 3$
h. 24; $6 \times 4 = 24$; $24 \div 6 = 4$; $24 \div 4 = 6$
i. 48; $8 \times 6 = 48$; $48 \div 8 = 6$; $48 \div 6 = 8$
j. $4 \times 5 = 20$; $5 \times 4 = 20$; $20 \div 4 = 5$; $20 \div 5 = 4$
k. 40; $8 \times 5 = 40$; $40 \div 8 = 5$; $40 \div 5 = 8$
l. 54; $9 \times 6 = 54$; $54 \div 6 = 9$; $54 \div 9 = 6$

Page 94

a. B. No, because 55 cannot be equally divided by 6.
b. D. $6 + n = 42$
c. $24 \div 4 = 6$; 6 children will be in each group.
d. B. $25 \div 5 = 5$
e. 1   **f.** 6   **g.** 8
h. 3   **i.** 2   **j.** 6
k. 5   **l.** 9   **m.** 3
n. 9   **o.** 10   **p.** 7

Page 95 Lesson 11 Quiz

a. 2   **b.** 7
c. 4   **d.** 8
e. 3   **f.** 6
g. 5   **h.** 9
i. 8   **j.** 7
k. 40   **l.** 40
m. 21   **n.** 0
o. 64   **p.** 18
q. 72   **r.** 7
s. 54   **t.** 16

Page 97
a. 36 ÷ 9 = 4; 4 vases; 9 x 4 = 36
b. 14 ÷ 7 = 2; 2 tree branches; 7 x 2 = 14
c. 24 ÷ 8 = 3; 3 rafts; 8 x 3 = 24
d. 16 ÷ 8 = 2; 2 bowls of food; 8 x 2 = 16
e. 35 ÷ 7 = 5; 5 drawers; 7 x 5 = 35
f. 18 ÷ 9 = 2; 2 holes; 9 x 2 = 18
g. 42 ÷ 7 = 6; $6 each; 6 x 7 = 42
h. 64 ÷ 8 = 8; 8 days; 8 x 8 = 64
i. 72 ÷ 9 = 8; 8 cards per envelope; 8 x 9 = 72

Page 99
b. 32; 4 x 8 = 32; 8; 4
c. 28; 4 x 7 = 28; 7; 4
d. 35; 35; 5; 35 ÷ 5 = 7
e. 56; 8 x 7 = 56; 56 ÷ 7 = 8; 7
f. 63; 9 x 7 = 63; 63 ÷ 9 = 7; 9
g. 9 x 2 = 18; 2 x 9 = 18; 2; 9
h. 54; 6 x 9 = 54; 54 ÷ 9 = 6; 54 ÷ 6 = 9
i. 9 x 8 = 72; 8 x 9 = 72; 8; 9
j. 9 x 3 = 27; 3 x 9 = 27; 3; 27 ÷ 3 = 9
k. 48; 6 x 8 = 48; 48 ÷ 6 = 8; 48 ÷ 8 = 6
l. 9 x 5 = 45; 5 x 9 = 45; 45 ÷ 5 = 9; 5

Page 102
a. D. No, because 52 cannot be evenly divided by 8 friends.
b. 42 ÷ 7 = 6; She will have 6 pieces of each color.
c. 10 days x $9 = $90; $90 ÷ 9 children = $10; Each child earned $10
d. 48 ÷ 8 = 6. You need 6 boxes.
e. 7   f. 6   g. 10
h. 8   i. 1   j. 5
k. 9   l. 2   m. 4
n. 3   o. 7   p. 9

Page 103 Lesson 12 Quiz
a. 1   b. 8
c. 7   d. 5
e. 6   f. 9
g. 10   h. 2
i. 6   j. 10
k. 9   l. 2
m. 3   n. 8
o. 6   p. 8
q. 9   r. 5
s. 7   t. 4

Page 105
a. 20   b. 40
c. 60   d. 80
e. 100 f. 120
g. 200 h. 400
i. 2,000 j. 4,000
k. 12,000 l. 1,600

n. 6 x 5 hundreds = 30 hundreds = 3,000
o. 4 x 1 thousand = 4 thousands = 4,000
p. 9 x 3 thousands = 27 thousands = 27,000
q. 5 x 1 hundred = 5 hundreds = 500
r. 8 x 3 hundreds = 24 hundreds = 2,400
s. 5 x 4 hundreds = 20 hundreds = 2,000
t. 4 x 7 hundreds = 28 hundreds = 2,800
u. 9 x 8 hundreds = 72 hundreds = 7,200
v. 5 x 1 thousand = 5 thousands = 5,000
w. 6 x 2 thousands = 12 thousands = 12,000
x. 2 x 5 hundreds = 10 hundreds = 1,000

Page 106
b. 3 x 1,000 = 3,000
c. 3 x 200 = 600
d. 3 x 400 = 1,200
e. 3 x 2,000 = 6,000
f. 3 x 500 = 1,500
g. 3 x 600 = 1,800
h. 3 x 4,000 = 12,000
i. 3 x 800 = 2,400
k. 12 x 1 hundred = 12 hundreds = 1,200
l. 3 x 1 hundred = 3 hundreds = 300
m. 4 x 3 hundreds = 12 hundreds = 1,200
n. 2 x 7 hundreds = 14 hundreds = 1,400
o. 9 x 9 hundreds = 81 hundreds = 8,100
p. 1 x 4 tens = 4 tens = 40
q. 7 x 1 hundred = 7 hundreds = 700
r. 8 x 2 thousands = 16 thousands = 16,000
s. 4 x 7 hundreds = 28 hundreds = 2,800

Page 110
a. 3 bags x 70 toys = 3 x 7 tens = 21 tens = 210
The clown has 210 toys.
b. 6 tickets x 3,000 people = 6 x 3 thousands = 18 thousands = 18,000
18,000 tickets were bought.
c. 10 cards x 300 stacks = 10 x 3 hundreds = 30 hundreds = 3,000
He has collected 3,000 cards.
d. 1,200, 1,500; Multiply the numbers in row "a" by 300 to find the numbers in row "b."
e. 400   f. 490   g. 100
h. 240   i. 480   j. 120
k. 540   l. 600   m. 3,200
n. 2,000 o. 1,800 p. 6,000
q. 42,000 r. 5,000 s. 18,000

Page 111 Lesson 13 Quiz
a. 120   b. 350
c. 420   d. 140
e. 3,600 f. 200
g. 240   h. 270
i. 200   j. 1,200
k. 7   l. 8

m. 9   n. 9
o. 6   p. 4
q. 9   r. 5
s. 7   t. 7

Page 113
a. 26

20	5	1
20	5	1
20	5	1

b. 22

| 20 | 1 | 1 |
| 20 | 1 | 1 |

c. 18

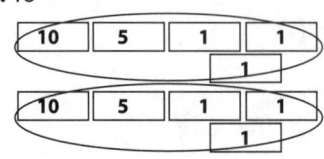

10	5	1	1
			1
10	5	1	1
			1

d. 12

10	1	1
10	1	1
10	1	1
10	1	1

e. 11

10	1
10	1
10	1
10	1
10	1
10	1
10	1
10	1
10	1

f. 51

| 50 | 1 |
| 50 | 1 |

g. 42

20	20	1	1
20	20	1	1
20	20	1	1
20	20	1	1
20	20	1	1
20	20	1	1

h. 31

i. 56

Page 114
a. 3; 38 b. 5; 59 c. 1; 13
d. 2; 24 e. 4; 41 f. 6; 62
g. 7; 72 h. 1; 12 i. 2; 23
j. 4; 42 k. 3; 32 l. 3; 31
m. 3; 31 n. 4; 40 o. 3; 31
p. 5; 51 q. 2; 21 r. 4; 41

Page 115
23; 11; 21; 32; 10
13; 43; 10; 33; 10
10; 41; 11; 12; 62
31; 30; 91; 113; 31
323; 50; 732; 91; 41
71; 71; 73; 101; 1975
931; 510; 814; 201; 611

Page 118
a. $160 ÷ 4 = $40; Each person will get $40.
b. $36 million ÷ 6 = $6 million = 6,000,000; Jon's father will get $6 million.
c. 88 ÷ 8 = 11; Each person will get 11 cherries.
d. $640.00 ÷ $2.00 = 320 bags. She sold 320 bags.
e. 64 f. 32 f. 52
h. 41 i. 90 j. 11
k. 20 l. 21 m. 21
n. 11 o. 12 p. 21
q. 41 r. 314 s. 201

Page 119 Lesson 14 Quiz
a. 11 b. 31
c. 21 d. 23
e. 51 f. 71
g. 51 h. 41
i. 62 j. 71
k. 150 l. 400
m. 360 n. 1,600
o. 2,100 p. 80
q. 100 r. 6,300
s. 2,400 t. 18,000

Page 121
b. 3 x 200 = 600
c. 5 x 600 = 3,000
d. 40 x 9 = 360
e. 50 x 2 = 100
f. 50 x 6 = 300
g. 300 x 7 = 2,100
h. 4 x 600 = 2,400
i. 500 x 8 = 4,000
j. False. 4 x 40 = 160; 4 x 36 <160.
k. True. 5 x 40 = 200; 5 x 41 >200.
l. False. 50 x 3 = 150; 49 x 3 <150.
m. True. 50 x 6 = 300; 52 x 6 >300.
n. False. 7 x 40 = 280; 7 x 38 <280.
o. True. 8 x 30 = 240; 8 x 34 >240.
p. False. 9 x 20 = 180; 9 x 19 <180.
q. False. 6 x 40 = 240; 6 x 39 <240.
r. True. 3 x 30 = 90; 3 x 31 >90.

Page 122
a. 40 x 3 = 120 b. 50 x 2 = 100
c. 70 x 1 = 70   d. 10 x 8 = 80
e. 80 x 5 = 400 f. 40 x 7 = 280
g. 300 x 9 = 2,700
h. 300 x 4 = 1,200
i. 80 x 8 = 640 j. 200 x 3 = 600
k. 90 x 5 = 450
l. 200 x 6 = 1,200
m, l, q, p, k, r, n, o

Page 123
Selected Problem	True or False
42 x 5 > 200	True. 40 x 5 = 200; 42 x 5 > 200
98 x 4 < 400	True. 100 x 4 = 400; 98 x 4 < 400
72 x 4 > 280	True. 70 x 4 = 280; 72 x 4 > 280
38 x 5 > 200	False. 40 x 5 = 200; 38 x 5 < 200
42 x 6 < 240	False. 40 x 6 = 240; 42 x 6 > 240
88 x 5 > 450	False. 90 x 5 = 450; 88 x 5 < 450
27 x 4 < 120	True. 30 x 4 = 120; 27 x 4 < 120
52 x 4 <200	False. 50 x 4 = 200; 52 x 4 > 200
59 x 6 > 360	False. 60 x 6 = 360; 59 x 6 < 360
22 x 4 > 80	True. 20 x 4 = 80; 22 x 4 > 80
2 x 42 < 80	False. 2 x 40 = 80; 2 x 42 > 80
3 x 58 < 180	True. 3 x 60 = 180; 3 x 58 < 180
71 x 6 > 420	True. 70 x 6 = 420;
67 x 7 > 490	False. 70 x 7 = 490; 67 x 7 < 490
8 x 67 > 560	False. 8 x 70 = 560; 8 x 67 < 560
7 x 31 > 210	True. 7 x 30 = 210; 7 x 31 > 210

Page 126
a. 5 people x 33 pieces of popcorn; 5 x 30 = approximately 150 pieces of popcorn.
b. 58 miles x 7 hours; 60 x 7 = approximately 420 miles
c. 41 fish x 4 schools; 40 x 4 = approximately 160 fish
d. 8 flowers x 9-11 petals each; 8 x 10 = approximately 80 petals
e. 40 x 2 = 80   f. 50 x 8 = 400
g. 90 x 3 = 270   h. 40 x 5 = 200
i. 60 x 7 = 420   j. 60 x 6 = 360

Page 127 Lesson 15 Quiz
a. 1,200
b. 240
c. 420
d. 450
e. 2,000
f. 490
g. 1,200
h. 1,000
i. 420
j. 600
k. 15   l. 45
m. 48   n. 6
o. 4   p. 7
q. 8   r. 9
s. 4   t. 36

Page 131 Pretest
Lesson 1
7; 50; 0; 8

Lesson 2
6; 12; 8; 2

Lesson 3
25; 40; 35; 15

Lesson 4
0; 90; 81; 18

Lesson 5
24; 28; 8; 32

Lesson 6
12; 21; 27; 0

Answer Key 143

Lesson 7
36; 6; 60; 30

Lesson 8
49; 56; 64; 48

Lesson 9
128; 357; 189; 378

Lesson 10
7; 5; 9; 7

Lesson 11
4; 9; 6; 2

Lesson 12
7; 4; 9; 4

Lesson 13
120; 350; 480; 360
800; 1,500; 6,000; 42,000

Lesson 14
11; 21; 12; 41
21; 31; 60; 57

Lesson 15
300 x 4 = 1,200; 60 x 7 = 420; 20 x 6 = 120
40 x 9 = 360; 50 x 8 = 400;
200 x 5 = 1,000; 70 x 3 = 210

Page 135 Cumulative Test

a. 48   b. 49
c. 30   d. 6
e. 16   f. 27
g. 5   h. 16
i. 0   j. 60
k. 2   l. 20
m. 6   n. 9
o. 5   p. 8
q. 9   r. 2
s. 1   t. 3
u. 150   v. 600
w. 40   x. 2,700
y. 42,000   z. 45,000

a. 217   b. 88
c. 156   d. 128
e. 31   f. 90
g. 61   h. 90
i. 472   j. 328
k. 1,085 l. 6,246
m. 63   n. 303
o. 42   p. 111

a. 30 x 6 = 180
b. 70 x 8 = 560
c. 20 x 2 = 40
d. 60 x 9 = 540
e. 800 x 5 = 4,000
f. 800 x 3 = 2,400
g. 500 x 4 = 2,000
h. 900 x 7 = 6,300